見　表　の　見　方

○　収録内容

各ページの上欄に損益……び国外取引を含む。）及び貸借対照表の勘定科目別に区分……収録項目がひと目でわかります。

○　勘定科目別の区分

項目欄に、ゴシック文字を【　】で記載しています。

課否判定を知りたい区分が掲載されているページを探す方法は、総目次からと、巻末の50音順の索引を使う方法があります。

○　勘定科目別区分による具体的取引項目

項目欄に勘定科目別の区分ごとに該当する具体的項目を掲げ課否判定しています。

課否判定を知りたい項目が掲載されているページは、巻末の50音順の索引を使うと便利です。

○　「項目の説明及び取扱い」欄

項目欄に記載した区分・項目に係る具体的な取扱例を掲げています。

（チェックポイント）　◎

項目に係るチェックポイントを掲げています。

（アドバイス）　★

採りあげた事例の中で、必要に応じて、実務上知っておいていただきたいことをアドバイスとして掲げています。

（誤りやすい事例）　◆

日常の税務処理に役立つように、実務において、誤りやすい事例を掲げています。

○　「判　定」欄

「項目の説明及び取扱い」欄に掲げた取扱例について、消費税が課税・非課税・免税・不課税のいずれに取り扱われるかを判定しています。

課税・非課税・免税・不課税の相違等については、60ページの「判定用語解説」及び「第1章　消費税の概要」、「第2章　課税の対象」における解説を参照してください。

○　「参考法令等」欄

「判定」欄における、消費税の課税・非課税・免税・不課税の判定の根拠となる消費税関係法令及び基本通達等を掲げてあります。なお、巻末に消費税法基本通達を収録しています。

令和**6**年 改訂

消費税

課否判定
軽減税率判定 早見表

武田 恒男　宮川 博行 編著

米山 英一　名取 和彦 著

■ 勘定科目別取引の「課税」「非課税」「免税」「不課税」
の課否判定をひと目で解決

■ 軽減税率適用対象 飲食料品・取引等判定を瞬時に判断

■ 前版以降の消費税法や通達の改正を踏まえ、制度概要の解説を充実

■ 適格請求書等保存方式（インボイス制度）など最新制度に対応

一般財団法人 大蔵財務協会

はしがき

　消費税は、課税期間中の課税売上げに係る消費税額から課税仕入れ等に係る消費税額を差し引いた残額を納付する仕組みとなっており、その計算上、消費税の課税事業者が、日々行う様々な取引についての消費税の課税・非課税・免税・不課税の課否判定を正しく行い区分することは、消費税額計算等の税務処理に必須であり、消費税率の引上げによってますます重要な実務となります。

　本書は、損益計算書、貸借対照表等の勘定科目に沿った日常的に行われる具体的な取引を勘定科目別に区分し、取引項目ごとに消費税の課否判定を行い、併せて根拠法令・通達、アドバイス、誤りやすい事例、チェックポイント等を掲載しております。会社や会計事務所で実務を担当する皆さんだけでなく、インボイス制度の開始により初めて消費税の実務に携わることとなった個人事業者の皆さんにも活用していただけるよう、見やすく、かつ、分かりやすく解説しており、消費税事務の実務必携書として活用していただければ幸いです。

　併せて「軽減税率制度」は、令和元年10月１日以降に行う次の①及び②の品目の譲渡を対象として実施され、消費税は軽減税率８％と標準税率10％の複数税率になりました。

①　飲食料品（酒類を除く。）

②　週２回以上発行される新聞（定期購読契約に基づくもの）

　本書においては、８％商品と10％商品の区分について網羅的に掲載しております。

　今後とも、より良いものに改めてまいりたいと考えておりますので、きたんのないご意見、ご叱正を賜りますようお願いいたします。

　なお、執筆にあたり文中意見にわたる部分は、個人的見解であることを申し添えます。

　終わりに、本書刊行の機会を与えてくださいました一般財団法人大蔵財務協会の木村理事長をはじめ、編集局の諸氏に心から感謝申し上げます。

　令和５年12月

武　田　恒　男

宮　川　博　行

-------------------------------------〔凡　例〕-------------------------------------

　本書の文中、文末引用条文の略称は、次のとおりです。

(1)　法　令

　　法、消法……………消費税法

　　令………………………消費税法施行令

　　規………………………消費税法施行規則

　　改正法………………所得税法等の一部を改正する法律

　　改正令………………消費税法施行令等の一部を改正する政令

　　改正規………………消費税法施行規則等の一部を改正する省令

　　所法…………………所得税法

　　所令…………………所得税法施行令

　　法法…………………法人税法

　　法令…………………法人税法施行令

　　通則法………………国税通則法

　　措法…………………租税特別措置法

　　関法…………………関税法

　　輸徴法………………輸入品に対する内国消費税の徴収等に関する法律

　　輸徴令………………輸入品に対する内国消費税の徴収等に関する法律施行令

　　所得臨時法…………日本国とアメリカ合衆国との間の相互協力及び安全保障条約第6条
　　　　　　　　　　　　に基づく施設及び区域並びに日本国における合衆国軍隊の地位に関
　　　　　　　　　　　　する協定の実施に伴う所得税法等の臨時特例に関する法律

　　平成27年改正法……所得税法等の一部を改正する法律（平成27年法律第9号）

(2)　通　達

　　基通…………………消費税法基本通達（平7.12.25付課消2―25）

　　所基通………………所得税基本通達

　　法基通………………法人税基本通達

　　措通…………………租税特別措置法関係通達

(3)　国税庁Q＆A

　　制度Q＆A…………国税庁公表「消費税の軽減税率制度に関するQ＆A（制度概要編）
　　　　　　　　　　　　平成28年4月（令和2年9月改訂)」

個別Q＆A…………国税庁公表「消費税の軽減税率制度に関するQ＆A（個別事例編）
平成28年4月（令和2年9月改訂）」

㊟　本書は、令和5年10月1日現在の法令通達によっています。

〔目　　次〕

〔第1編　解　　説〕

第1章　消費税の概要

第2章　課税の対象

第3章　軽減税率制度の概要

第4章　適格請求書等保存方式（インボイス制度）の概要

〔第2編　消費税　課否判定早見表〕

第1　損益計算書科目

I　売上高

〔第3編　軽減税率判定早見表〕

第1　軽減税率適用対象取引等判定早見表

第2　食品表示法・食品表示基準の分類からみた判定表

〔第4編　参　　考〕

第1編

解　説

第1章　消費税の概要

事業者の課税売上高からみた消費税制度の概要を示すと次の図のとおりとなります。

〔消費税制度の概要図〕

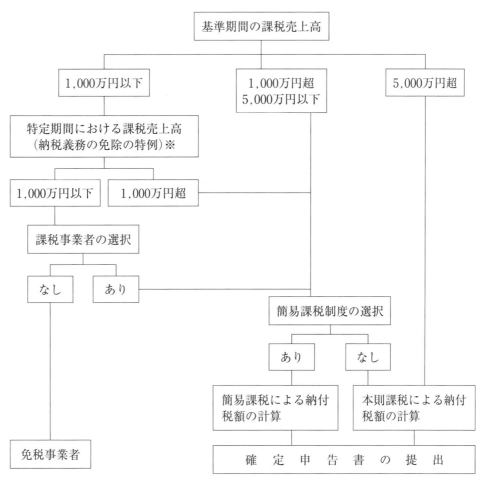

※　特定期間における1,000万円の判定は、課税売上高に代えて給与等支払額の合計額により判定することもできます（法9の2③）。

㊟　「本則課税」とは、特例計算である簡易課税（法37）を適用せずに、仕入控除税額の計算を行う原則的な方法で、「一般課税」、「原則課税」とも呼ばれています。

1　納税義務者

⑴　原　　則

① 　国内取引についての納税義務者（法5①）

　　事業者は、国内において行った課税資産の譲渡等（特定課税資産の譲渡等に該当

するものを除きます。）及び特定課税仕入れについて、消費税を納める義務があります。

② 輸入取引についての納税義務者（法5②）

外国貨物を保税地域から引き取る者は、その課税貨物につき消費税を納める義務があります。

《ポイント》

○ 「事業者」とは？（法2①四、3、5、60①）

個人事業者及び法人（人格のない社団等、国、地方公共団体、公共法人、公益法人等を含む。）

○ 「課税資産の譲渡等」とは？（法2①八、八の二、②、4①）

事業として対価を得て行われる資産の譲渡及び貸付け並びに役務の提供のうち、消費税法第6条第1項の規定により消費税を課さないこととされているもの以外のものをいいます。したがって、非課税取引は課税資産の譲渡等に含まれませんが、消費税法第7条《輸出免税等》等の規定により消費税が免除される取引については、課税資産の譲渡等に含まれます。

また、資産の譲渡等のうち特定資産の譲渡等に該当するものは、特定課税仕入れとしての役務の提供を受けた事業者に納税義務が課されます。

○ 「特定課税仕入れ」とは？（法5①、4①、2八の二）

課税仕入れのうち「特定仕入れ」に該当するもの、すなわち、事業として他の者から受けた特定資産の譲渡等（事業者向け電気通信利用役務の提供及び特定役務の提供）をいいます。

なお、「特定役務の提供」とは、国外事業者が国内事業者に対して行う音楽又はスポーツ等の役務の提供をいいます。

この「特定課税仕入れ」については、納税義務の転換が行われ、いわゆる「リバースチャージ方式」が採用されます。

○ 外国貨物を保税地域から引き取る者は、事業者以外の消費者個人でも納税義務者になります。

---

(2) 特　例

① 免税事業者

イ　基準期間による判定

その課税期間の基準期間における課税売上高が1,000万円以下である事業者

は、その課税期間の消費税の納税義務が免除されます（法9①）。

―《ポイント》――――――――――――――――――――――――――

○　基準期間とは？（法2①十四）

個人事業者	⟶	そ　の　年　の　前　々　年
法　　　人	⟶	その事業年度の前々事業年度

○　「基準期間における課税売上高」とは？

基準期間中の課税資産の譲渡　　　　　基準期間中の課税資産の譲渡等の
等の対価の額（税抜き）　　ー　　対価の返還等の金額（税抜き）

(注)1　基準期間が1年でない場合は、基準期間の課税売上高を1年に換算します（法9②二）。

2　基準期間である課税期間において免税事業者であった場合は、基準期間における課税売上高は、その事業者が国内において行った課税資産の譲渡等に伴って収受し、又は収受すべき金額等の金額となり、税抜計算は行いません（基通1－4－5）。

3　合併、分割等があった場合の納税義務の判定については、別途特例が設けられています。

ロ　特定期間による判定

　　その課税期間の基準期間における課税売上高が1,000万円以下であっても、特定期間の課税売上高が1,000万円超の事業者については、免税事業者とはなりません（法9の2①）。

―《ポイント》――――――――――――――――――――――――――

○　特定期間とは？

　　個人事業者の場合は、その年の前年の1月1日から6月30日までの期間をいい、法人の場合は、原則として、その事業年度の前事業年度開始の日以後6か月の期間をいいます（法9の2④）。

(注)1　特定期間における課税売上高については、個人事業者又は法人が特定期間中に支払った所得税法第231条第1項《給与等、退職手当等又は公的年金等の支払明細書》に規定する支払明細書に記載すべき給与等の金額に相当するものの金額とすることができます（法9の2③）。

2　特定期間における課税売上高と給与等の金額のいずれかの基準で判断するかは、

事業者の選択に委ねられていますので、いずれか一方の金額が1,000万円を超えている場合であっても、他方の金額が1,000万円以下であれば、免税事業者と判定することができます。

② 「課税事業者の選択」(法9④)

免税事業者が「消費税課税事業者選択届出書」を提出した場合には、原則として提出した日の属する課税期間の翌課税期間以後の各課税期間については、課税事業者になることができます。

《ポイント》

○ 課税事業者とは？

事業者のうち免税事業者以外の事業者をいいます。

○ 課税事業者を選択した場合は、2年間は免税事業者に戻ることはできません(法9⑥)。特定非常災害の被災事業者について、指定日までに消費税の課税事業者選択届出書等を提出した場合には本来の提出期限までに提出したものとみなされることとされており、また、課税事業者等を選択した場合の2年間の継続適用等の要件は適用されないこととされています(措法86の5)。

---

③ 基準期間がない法人の特例

イ 新設法人

基準期間がない法人のうち、その事業年度開始の日における資本等の金額が1,000万円以上である法人については、基準期間がない事業年度の納税義務は免除されません(法12の2)。

ロ 特定新規設立法人

その事業年度の基準期間がない資本金1,000万円未満の新設法人のうち、その事業年度開始の日において他の者により新設法人の株式等の50%超を直接又は間接に保有されている場合で、かつ、当該他の者及び他の者と特殊な関係にある法人のうちいずれかの者の課税売上高が5億円を超える場合にはその新設法人の基準期間がない事業年度については、事業者免税点制度は適用されません。

ハ 調整対象固定資産を取得した新設法人及び特定新規設立法人

新設法人及び特定新規設立法人が、次の期間(簡易課税制度の適用を受ける課税期間を除く)中に調整対象固定資産(棚卸資産以外の資産でその取得価額(税抜き)が100万円以上のもの)の仕入れ等を行った場合には、その仕入れ等の日の属する課税期間からその課税期間の初日から3年を経過する日の属する課税

期間までの課税期間については、事業者免税点制度は適用されません（法9⑦、12の2②、12の3③）。

　㈥　課税事業者を選択することにより、事業者免税点制度の適用を受けないこととした事業者のその選択の強制適用の課税期間

　㈡　資本金1,000万円以上の新設法人の設立当初の基準期間がない事業年度

ニ　高額特定資産を取得した場合等

　　課税事業者が、簡易課税制度の適用を受けない課税期間中に高額特定資産の仕入れ等を行った場合には、その高額特定資産の仕入れ等の日の属する課税期間の翌課税期間から、その高額特定資産の仕入れ等の日の属する課税期間の初日以後3年を経過する日の属する課税期間までの各課税期間については、事業者免税点制度は適用されません。

　　また、高額特定資産のうち自己建設高額特定資産については、その自己建設高額特定資産の建設等に要した仕入れ等の支払対価の額（課税事業者であった課税期間で、かつ、簡易課税制度の適用を受けない課税期間において行った原材料費及び経費に係るものに限り、消費税に相当する額を除きます。）の累計額が1,000万円以上となった日の属する課税期間の翌課税期間から、その建設等が完了した日の属する課税期間の初日以後3年を経過する日の属する課税期間までの各課税期間については、事業者免税点制度は適用されません。

　　なお、その高額特定資産の仕入れ等の日（又は自己建設高額特定資産の建設等が完了した日）の属する課税期間の初日以後3年を経過する日の属する課税期間の初日の前日までは、「消費税簡易課税制度選択届出書」を提出することができません。

　㊟1　高額特定資産とは、一の取引単位につき、課税仕入れに係る支払対価の額（税抜き）が1,000万円以上の棚卸資産または調整対象固定資産をいいます（法12の4①、令25の5①一）。

　　2　自己建設高額特定資産とは、他の者との契約に基づき、又はその事業者の棚卸資産若しくは調整対象固定資産として、自ら建設等をした高額特定資産をいいます。

ホ　高額特定資産である棚卸資産等について調整の適用を受けた場合

　　事業者が高額特定資産である棚卸資産等又は調整対象自己建設高額資産について、消費税法第36条第1項又は第3項の規定（免税事業者が課税事業者となった場合の調整等）の適用を受けた場合には、その適用を受けた課税期間の翌課税期間からその適用を受けた課税期間（その適用を受けることとなった日の前日

までに建設等が完了していない調整対象自己建設高額資産にあっては、その建設等が完了した日の属する課税期間）の初日以後３年を経過する日の属する課税期間までの各課税期間においては、事業者免税点制度を適用することができません（法12の４②）。

　また、その３年を経過する日の属する課税期間の初日の前日までの期間は、「消費税簡易課税制度選択届出書」を提出することができません（法37③四）。

㊟1　「調整対象自己建設高額資産」とは、他の者との契約に基づき、又は事業者の棚卸資産として自ら建設等をした棚卸資産で、その建設等に要した課税仕入れに係る支払対価の額の100/110に相当する金額等の累計額が1,000万円以上となったものをいいます（法12の４②、令25の５③）。

　　2　この改正は、令和２年４月１日以後に棚卸資産の調整措置の適用を受けることとなった場合から適用されています。

２　納　税　地

(1)　原　　則

　イ　個人事業者

　　住所地又は居所地等（法20、令42）

　　㊟　「住所」とは、各人の生活の本拠をいい、生活の本拠であるかどうかは客観的事実によって判定します（基通２－１－１）。

　ロ　法　　人

　　本店又は主たる事務所の所在地等（法22、令43）

(2)　特　　例

　イ　個人事業者

　　(イ)　国内に住所のほか居所を有する場合（法21①）

　　　住所地又は居所地を選択

　　(ロ)　国内に住所（又は居所）のほか事務所等を有する場合（法21②）

　　　住所地（又は居所地）又は事務所等の所在地を選択

　　(ハ)　個人事業者が死亡した場合（法21④）

　　　その死亡時における死亡した者の納税地

　ロ　法　　人

　　(イ)　人格のない社団等の本店又は主たる事務所の所在地（基通２－２－１）

　　　定款、寄附行為、規則又は規約等に本店又は主たる事務所の所在地が定められている場合は、その所在地

（ロ）　被合併法人の消費税に係る納税地（基通2-2-2）

　　　被合併法人のその合併の日後における消費税の納税地は、その合併に係る合併法人の納税地

アドバイス

　国内に住所及び居所（事務所等を除きます。）がない個人事業者又は国内に本店若しくは事務所がない法人については納税管理人を選任する必要があります。

　事務所が2以上ある場合は主たるものの所在地が納税地となります。

　消費税の納税地に異動があった場合には、遅滞なく、異動前の納税地の所轄税務署長に異動届出書を提出する必要があります（法25）。

3　課税期間

(1)　原　　則

　①　個人事業者

　　　暦年（法19①一）

　②　法　　人

　　　事業年度（法19①二）

アドバイス

　事業年度とは、法人税法第13条及び第14条に規定する事業年度をいいます（法2①十三）。

(2)　特　　例

　事業者が「消費税課税期間特例選択・変更届出書」を提出した場合には、その課税期間を1か月又は3か月単位にすることができます（法19①三～四の二）。

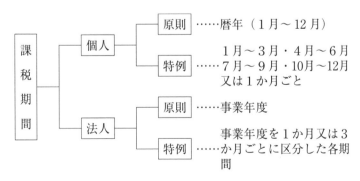

┌《ポイント》
│　○　課税期間の特例を選択した事業者が、特例をやめようとするときはその旨
│　　の届出書（消費税課税期間特例選択不適用届出書）の提出を要します。

ただし、事業を廃止した場合を除き、選択する旨の届出書の効力が生ずる日から2年を経過する日の属する課税期間の初日以降でなければ他の課税期間の特例に変更する届出書及び特例をやめようとする届出書は提出することができません（法19③⑤）。

　　【参考通達】

　　　基通3－3－1

　　㊟　不適用届出書の効力は、その提出があった課税期間の翌課税期間から生じます。したがって、2年間の継続適用のしばりがあることになります。

4　資産の譲渡等の時期

(1)　原　　則

　イ　国内取引

　　課税資産の譲渡等を行った時（通則法15②七）

　（イ）　棚卸資産の譲渡

　　　棚卸資産の譲渡を行った日は、その引渡しがあった日（基通9－1－1）

　（ロ）　請負

　　　物の引渡しを要するものは、目的物の全部を完成して引き渡した日であり、物の引渡しを要しないものは、約した役務の全部を完了した日（基通9－1－5）

　ロ　輸入取引

　　保税地域からの引取りの時（通則法15②七）

　　　《ポイント》

　　　○　具体的な資産の譲渡等の時期は、所得税法及び法人税法における収益計上時期とおおむね同様の取扱いになります。

(2)　特　　例

　（イ）　リース譲渡

　　　所得税法又は法人税法の規定により売買があったとされるリース取引について、延払基準の方法により経理した場合

　（ロ）　工事の請負

　　　所得税法又は法人税法の規定する「工事進行基準」の方法により計算した場合

(ハ)　小規模事業者

　　個人事業者で所得税法第67条の規定により、現金主義による所得計算の特例を
　　受ける者の場合

5　課税対象

(1)　課税対象

　　消費税の課税対象は、国内において事業者が行った資産の譲渡等（特定資産の譲渡
等に該当するものを除きます。）及び特定仕入れ並びに保税地域から引き取られる外国
貨物（輸入取引）です（法4①②）。

《ポイント》
　○　国外で行われた取引や国内における取引であっても事業者以外の者が行っ
　　た取引は課税の対象になりません。
　○　課税の対象となるものであっても一定の取引については非課税取引又は免
　　税取引とされ、消費税が課されなかったり、免除されるものがありますので、
　　次章「課税の対象」を参照してください。
　○　「特定仕入れ」とは事業として他の者から受けた特定資産の譲渡等をいい
　　ます（法2①八の二、八の四、八の五、4①）。

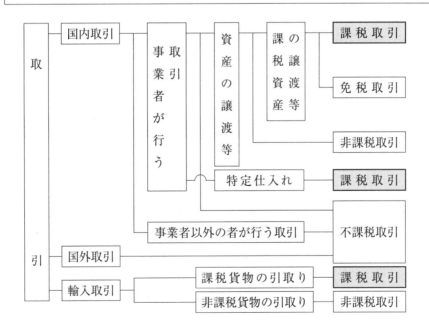

```
┌─《ポイント》───────────────────────────────┐
│                                                              │
│  ○  不課税取引とは？                                         │
│      国内取引のうち事業者以外の者が行った取引、事業者が行う取引で資産の │
│    譲渡等及び特定仕入れ以外の取引や国外取引などが該当します。 │
│  ○  輸入取引のうち課税取引に該当する取引（課税貨物の引取り）については、 │
│    引き取る者が事業者であるかどうかにかかわらず、その引取りの際に消費税 │
│    が課されます。                                            │
│  ○  資産の譲渡等は「事業として対価を得て行われる」ものが該当しますが、 │
│    法人が行う資産の譲渡及び貸付け並びに役務の提供は、そのすべてが「事業 │
│    として」行う行為であることから、「事業者が事業として」の要件判定は不 │
│    要となります（法2①八、基通5－1－1㊟2）。 │
│                                                              │
└──────────────────────────────────────┘
```

(2) **非 課 税**

　非課税取引は、消費全般に広く公平に負担を求めるという消費税の性格上、極めて限定されたものとなっています（法6①②、別表第二及び第二の二）。

　①　国内取引

　　　次のものについては、消費税が課されません（法6①、法別表第二）。

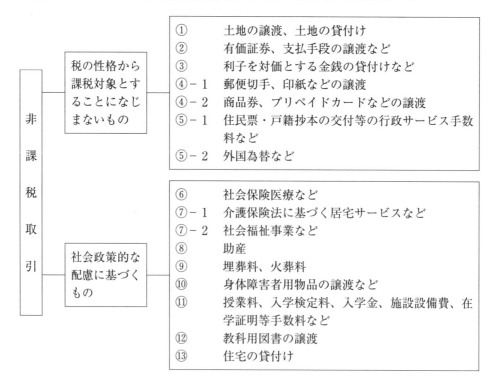

税の性格から課税対象とすることになじまないもの

①　土地の譲渡、土地の貸付け
②　有価証券、支払手段の譲渡など
③　利子を対価とする金銭の貸付けなど
④－1　郵便切手、印紙などの譲渡
④－2　商品券、プリペイドカードなどの譲渡
⑤－1　住民票・戸籍抄本の交付等の行政サービス手数料など
⑤－2　外国為替など

社会政策的な配慮に基づくもの

⑥　社会保険医療など
⑦－1　介護保険法に基づく居宅サービスなど
⑦－2　社会福祉事業など
⑧　助産
⑨　埋葬料、火葬料
⑩　身体障害者用物品の譲渡など
⑪　授業料、入学検定料、入学金、施設設備費、在学証明等手数料など
⑫　教科用図書の譲渡
⑬　住宅の貸付け

② 輸入取引

　保税地域から引き取られる外国貨物のうち、次のものについては消費税が課されません（法6②、法別表第二の二）。

イ　有価証券等

ロ　郵便切手類

ハ　印紙

ニ　証紙

ホ　物品切手等

ヘ　身体障害者用物品

ト　教科用図書

(3)　免　　税

　免税とは一定の要件を満たした場合に資産の譲渡等について課税されるべき消費税を免除することをいいます。なお、消費税が免除される取引を免税取引といいます。

①　輸出免税（輸出に類似した取引を含みます。）（法7①）

　事業者が国内において課税資産の譲渡等を行った場合において、それが輸出取引等に該当するときは、消費税が免除されます（法7①）。

　主な輸出取引等は、次のとおりです。

イ　国内からの輸出として行われる資産の譲渡又は貸付け（典型的な輸出取引）（法7①一）

《ポイント》
　○　最終的に輸出される資産の譲渡等であっても、例えば、次のような取引については、輸出免税の規定は、適用されません。

　①　輸出する物品の製造のための下請加工

　②　輸出取引を行う事業者に対する国内での資産の譲渡等

ロ　外国貨物の譲渡又は貸付け（法7①二）

《ポイント》
　○　輸入した貨物を輸入手続をしないで、外国貨物のまま転売等する場合などが該当します。

ハ　国内と国外の間の旅客や貨物の輸送又は通信（国際輸送、国際通信）（法7①三）

ニ　国内と国外の間の郵便又は信書便（国際郵便）（令17②五）

【参考通達　基通7－1－1、7－2－1～5、7－2－23】

② 輸出物品販売場における輸出物品の譲渡に係る免税（法8①、令18⑬）

　　輸出物品販売場（免税店）を経営する事業者が、外国人旅行者などの非居住者に対して免税対象物品を一定の方法で販売する場合には、消費税が免除されます。

イ　免税の対象となる者

　　輸出物品販売場における免税販売は、外国人旅行者などの「非居住者」に対する販売に限ります（法8①）。

　　なお、令和5年4月1日以後に行われる課税資産の譲渡等から、免税の対象となる者は、次の免税購入対象者に限られました（法8①、令18①、規6①、令4改正法附則1四、19①、令4改正令附則1一、令4改正規附則1二）。

免税購入対象者	非居住者	上陸の許可（出入国管理及び難民認定法14～18）を受けて在留する者
		外交の在留資格（出入国管理及び難民認定法別表第一の一）をもって在留する者
		公用の在留資格（出入国管理及び難民認定法別表第一の一）をもって在留する者
		短期滞在の在留資格（出入国管理及び難民認定法別表第一の三）をもって在留する者
	日本国籍を有する者であって、国内以外の地域に引き続き2年以上住所又は居所を有することにつき、領事官の在留証明又は戸籍の附票の写しでその者が最後に入国した日から6月前の日以後に作成された書類で確認された者	
	日米地位協定第1条に規定する合衆国軍隊の構成員、軍属及びこれらの家族	

ロ　免税対象物品

　　免税対象物品とは、通常生活の用に供する物品であって、同一の非居住者に対する同一の輸出物品販売場における1日の販売価額（税抜）の合計額が次の基準を満たすものをいいます。

免税対象物品の区分	販売価額（税抜）
一般物品（家電、バッグ、衣料品等《消耗品以外のもの》）	5,000円以上
消耗品（飲食料品、医薬品、化粧品その他の消耗品）	5,000円以上50万円以下

　　なお、一般物品と消耗品のそれぞれの販売価額（税抜）が5,000円未満であ

っても、その合計額が5,000円以上であれば、その合算対象となった一般物品については、消耗品と同様、特殊包装をして販売することで、消耗品として免税販売手続を行うこととができます（令18③）。

　輸出物品販売場を開設しようとする事業者は、販売場ごとに事業者の納税地を所轄する税務署長の許可が必要です。

┌─《ポイント》────────────────────────────────┐
│ ○　通常生活の用に供する物品とは？
│ 　事業用又は販売用として購入することが明らかな物品及び金又は白金の地金は、免税対象物品から除かれており、①消耗品以外の一般物品と②食品類、飲料類、薬品類、化粧品類その他の消耗品に区分されます。
│ 　なお、対価の額の合計額は、一般物品、消耗品ごとに判定します。
│ 【参考法令等】
│ 　　法8①、令18①、基通8－1－2
└──────────────────────────────────────┘

③　その他の免税（消費税法以外の法律に基づくもの）

　イ　外航船等に積み込む物品の譲渡等（措法85①）

　ロ　外国公館等に対する課税資産の譲渡等（措法86①）

　ハ　海軍販売所等に対する物品の譲渡（措法86の2①）

　ニ　合衆国軍隊等に対する資産の譲渡等（所得臨特法7①等）

┌─《ポイント》────────────────────────────────┐
│ ○　免税と非課税の違いは何か？

	区　　分	免　　税	非　課　税
非課税と免税の違い	条文の規定の仕方	消費税を免除する	消費税を課さない
	その仕入れに係る仕入税額控除	できる	できない
	適用要件	証明書保存等	ない
	基準期間の課税売上高	含まれる	含まれない
	課税売上割合	分子・分母ともに算入する	分母のみ算入する

└──────────────────────────────────────┘

⑷ 不 課 税

　国外で行う取引（国外取引）、事業者が事業として行う取引ではない取引（個人事業者が行う家計に属する取引も含まれます。）、対価性のない取引並びに資産の譲渡、資産の貸付け及び役務の提供のいずれにも該当しない取引は、課税の対象になりません。これらの取引をいわゆる不課税取引といいます。

《ポイント》

○　不課税取引とは例えばどのようなもの？

不課税取引	サラリーマンの自家用車の売却	事業者が事業として行うものではないので、課税されません。
	寄附金、祝金、見舞金、補助金など	一般に対価として授受されるものではないので、原則として課税されません。
	試供品、見本品の提供	無償で提供する限り、課税されません。
	保険金、共済金の受領	資産の譲渡、資産の貸付け、役務の提供のいずれにも該当しません。
	剰余金の配当、出資の分配金など	株主や出資者としての地位に基づいて支払われるものであり課税されません。
	資産の廃棄、盗難、滅失	資産の譲渡、資産の貸付け、役務の提供のいずれにも該当しません。
	損害賠償金	心身又は資産に対して加えられた損害に対するものは課税されません。
	国外取引	国内において行われる取引ではないので、課税の対象となりません。

（参考）

　国境を越えた役務の提供に係る消費税の課税関係については「国境を越えた役務の提供に係る消費税の課税関係（P.28）」をご参照ください。

6　課税標準

⑴　国内取引（法28①②）

①　課税資産の譲渡等の対価の額（対価として収受し、又は収受すべき一切の金銭又は金銭以外の物若しくは権利その他経済的な利益の額とし、消費税及び地方消費税は含みません。）

②　特定課税仕入れに係る支払対価の額（対価として支払い、又は支払うべき一切の

金銭又は金銭以外の物若しくは権利その他経済的な利益の額をいいます。）

⑵　輸入取引（法28④）

外国貨物の関税課税価格（通常はＣＩＦ価格）に消費税以外の個別消費税額と関税
額を加算した金額（附帯税を除きます。）

《ポイント》

○　「個別消費税」とは？（通則法２三）

酒税、たばこ税、揮発油税、石油ガス税及び石油石炭税等をいいます。

7　税　　　率

税率は、7.8％又は6.24％の複数税率です（法29）。

このほかに地方消費税が消費税額を課税標準として22／78（地方税法72の83）（消費
税率2.2％又は1.76％相当）の税率で課されるので、消費税と地方消費税とを合わせた
税率は10％又は８％となります。

区　　分	内　　　　容	消費税の税率(消法29、平成28改正法附則34①)	地方消費税の税率（地方税法72の83）	消費税と地方消費税を合わせた税率
軽減税率	1　飲食料品の譲渡及び保税地域からの引取り 2　定期購読契約に基づく新聞の譲渡	6.24％	1.76％相当 （消費税額の$\frac{22}{78}$）	８％
標準税率	軽減税率対象以外のもの	7.8％	2.2％相当 （消費税額の$\frac{22}{78}$）	10％
改正前の税率	課税対象となる全てのもの （単一税率）	6.3％	1.7％相当 （消費税額の$\frac{17}{63}$）	８％

軽減税率制度の概要については、43ページの「軽減税率制度の概要」を、標準税率
と軽減税率の判定については、第３編の「軽減税率判定早見表」をご覧ください。

8　税額控除

⑴　仕入税額控除

課税事業者は、国内において行った課税仕入れ、特定課税仕入れ及び保税地域から

引き取る課税貨物に係る消費税額を、課税仕入れ等の日の属する課税期間の課税標準額に対する消費税額から控除することとなっています。これを仕入税額控除といいます（法30①）。

　なお、その課税期間における課税売上高が5億円を超えるとき、又は、課税売上割合が95％未満の場合には、課税仕入れ等の税額は全額控除できません（法30②⑥、令48）。

―《ポイント》―

○　仕入税額控除の95％ルールの見直し（平成23年度改正）

　課税売上割合が95％以上の場合に課税仕入れ等の税額の全額を仕入税額控除することができる制度については、その課税期間の課税売上高が5億円を超える事業者には適用されません。

○　課税仕入れとは？

　事業者が、事業として他の者から資産を譲り受け、若しくは借り受け、又は役務の提供（給与等を対価とする役務の提供を除きます。）を受けること（当該他の者が事業として当該資産を譲り渡し、若しくは貸し付け、又は当該役務の提供をしたとした場合に課税資産の譲渡等に該当することとなるもので、輸出取引等その他の法律又は条約の規定により消費税が免除されるもの以外のものに限ります。）をいい、特定課税仕入れに該当するものを除きます（法2①十二、30①）。

　なお、「課税仕入れ等」とは課税仕入に「特定課税仕入れ」と「課税貨物の引取り」を含めたものをいいます。

㊟　「特定課税仕入れ」とは、1の(1)の「ポイント」を参照。

(2)　仕入れに係る消費税の控除額の調整

　イ　仕入れに係る対価の返還等を受けた場合の仕入控除税額の調整

　　事業者が国内において行った課税仕入れ又は特定課税仕入れにつき、返品をし、又は値引き若しくは割戻しを受けたことにより、仕入れに係る対価の返還等を受けた場合又は保税地域からの引取りに係る課税貨物に係る消費税額につき還付を受ける場合には、その対価の返還等を受けた日又は還付を受ける日の属する課税期間の仕入控除税額を調整します（法32①④）。

　ロ　調整対象固定資産に係る仕入控除税額の調整

　　固定資産等のように長期間にわたって使用されるものについて、その課税仕入

れ等を行った課税期間における課税売上割合や使用形態のみで税額控除を完結させることは、その後の課税期間において課税売上割合が著しく変動した場合や使用形態を変更した場合などを考慮すると必ずしも適切な方法とはいえませんので、固定資産等のうち一定金額以上のもの（調整対象固定資産）については、一定の方法により仕入控除税額を調整します。

ハ　居住用賃貸建物の取得等に係る仕入控除税額の調整

　　令和2年10月1日以後、事業者が、国内において行う居住用賃貸建物に係る課税仕入等の税額については、仕入税額控除の対象としないこととされました。ここでいう「居住用賃貸建物」とは、住宅の貸付けの用に供しないことが明らかな建物以外の建物であって、高額特定資産又は調整対象自己建設高額資産に該当するもので、課税仕入れに係る支払対価の額が1,000万円以上で取得又は自ら建設等をした資産になります。

　　「住宅の貸付けの用に供しないことが明らかな建物」とは、「建物の構造や設備等の状況により住宅の貸付けの用に供しないことが客観的に明らかなもの」とされています。建物の一部が明らかに居住用賃貸建物以外、例えば、店舗用の賃貸建物である場合は、店舗部分については、合理的に区分して仕入税額控除の対象とすることができます。

　　また、居住用賃貸建物として仕入税額控除の制限を受けた場合で、第3年度の課税期間の末日にその建物を有しており、かつ、その居住用賃貸建物の全部又は一部を調整期間（居住用賃貸建物の仕入れ等の日から第3年度の課税期間の末日まで）に課税賃貸用に供した場合は、調整税額を第3年度の仕入税額に加算します。

　　居住用賃貸建物の全部又は一部を調整期間に他の者に譲渡した場合も調整税額を第3年度の仕入税額に加算することとされています。

　　これらの改正は、取得時における店舗部分の課税仕入れの金額の合理性やその後の居住用賃貸建物の売買価格の適性等が問題になるケースがあると思われます。また、長期保有の賃貸建物で、例えば、4年後以降に売却した場合は、その居住用賃貸建物の課税仕入れに係る仕入税額控除ができないことになります（法30⑩、35の2、令53の2）。

ニ　免税事業者が課税事業者となった場合等の棚卸資産に係る仕入控除税額の調整

　　免税事業者が課税事業者となった場合又は課税事業者が免税事業者となった場合には、棚卸資産に係る課税仕入れ等の税額について、次の方法により消費税額の調整を行います（法36）。

(イ) 免税事業者が課税事業者となった場合

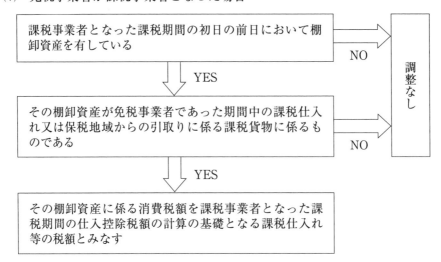

(ロ) 課税事業者が免税事業者となった場合

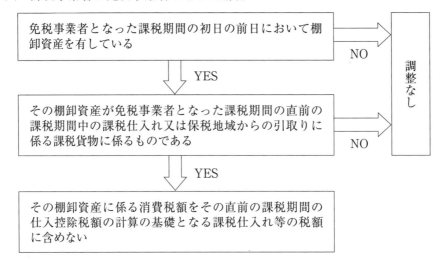

(3) 簡易課税制度

　課税事業者が、基準期間における課税売上高が5,000万円以下である課税期間について、簡易課税制度を適用する旨の届出書「消費税簡易課税制度選択届出書」を税務署長に提出している場合には、実際の課税仕入れ等の税額を計算することなく、課税売上高を基に仕入税額方式を計算する簡易な方式を簡易課税制度といいます。簡易課税制度の適用を受けた場合は、次の算式により計算した金額を仕入控除税額とみなして、その課税期間の課税標準額に対する消費税額から控除することができ、本則課税による課税仕入れ等の税額を基礎として仕入控除税額の計算を行う必要がないこととなります（法37①）。

仕入控除税額	=	課税資産の譲渡等に係る課税標準額に対する消費税額	×	みなし仕入率	+	特定課税仕入れに係る課税標準額に対する消費税額

　なお、簡易課税制度は、原則として「消費税簡易課税制度選択届出書」を提出した日の属する課税期間の翌課税期間から適用されます（法37①、令56）。また、「消費税簡易課税制度選択不適用届出書」を提出することにより、提出した日の属する課税期間の翌課税期間から原則的な方法に戻ることができます（法37②～④）。

　㊟　「消費税簡易課税制度選択不適用届出書」は、選択届出書を提出した課税期間の翌課税期間の初日から２年を経過する日の属する課税期間の初日以後でなければ提出できません。したがって、２年間の継続適用のしばりがあることになります。

　この特例が適用された場合には、消費税法第30条から第36条の規定の適用はありません。

┌─《ポイント》───────────────────────────
│
│　○　基準期間における課税売上高が5,000万円以下の課税期間に限り適用されます。
│
│　○　簡易課税制度を選択した場合、原則２年間継続適用しなければなりません。
│
└────────────────────────────────────

○ みなし仕入率

みなし仕入率は次の6区分とされ、それぞれの事業の課税売上高に対する消費税額に、その事業のみなし仕入率を適用して仕入控除税額を算出することになります（法37①、令57）。

事業区分	みなし仕入率	該　当　す　る　事　業
第一種事業 （卸売業）	90%	卸売業（他の者から購入した商品をその性質及び形状を変更しないで、他の事業者に販売する事業）
第二種事業 （小売業）	80%	小売業（他の者から購入した商品をその性質及び形状を変更しないで販売する事業で、第一種事業以外のもの→消費者に販売する事業） 農業・林業・漁業（飲食料品の譲渡に係る事業）
第三種事業 （製造業等）	70%	農業・林業・漁業（飲食料品の譲渡に係る事業を除きます。）、鉱業、建設業、製造業（製造小売業を含む。）、電気業、ガス業、熱供給業及び水道業（第一種事業又は第二種事業に該当するもの及び加工賃その他これに類する料金を対価とする役務の提供を行う事業を除きます。）
第四種事業 （飲食店等）	60%	第一種事業、第二種事業、第三種事業、第五種事業及び第六種事業以外の事業 例えば、飲食店業等が該当し、事業者が自己で使用していた固定資産を譲渡する場合も該当します。
第五種事業 （サービス業）	50%	第一種事業から第三種事業までの事業以外の事業のうち、運輸通信業、金融業・保険業、サービス業（飲食店業に該当する事業を除きます。）が該当します。
第六種事業 （不動産業）	40%	第一種事業、第二種事業、第三種事業及び第五種事業以外の事業のうち、不動産業が該当します。

アドバイス

事業区分は取引ごとに判定し、いずれかに区分します。

このため、2種類以上の事業を営む事業者は、課税売上げを事業の種類ごとに区分する必要があります。

事業区分のフローチャート（目安）

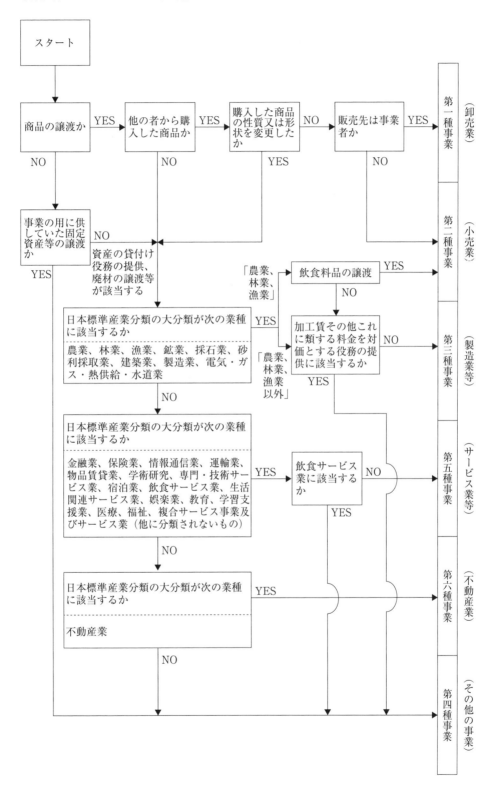

（フローチャートの使用に当たっての注意事項）

このフローチャートは、事業区分の判定に当たっての目安です。

㊟1　事業区分の判定は、原則として、個々の課税資産の譲渡等ごとに行います。

2　課税資産の譲渡等からは、輸出免税等の適用により消費税が免除されるものを除きます。

3　固定資産等とは、建物、建物附属設備、構築物、機械及び装置、船舶、航空機、車両及び運搬具、工具、器具及び備品、無形固定資産のほか、ゴルフ場利用株式等をいいます。

4　令和元年10月1日以後、農業、林業又は漁業のうち、飲食料品の譲渡を行う部分は、第二種事業となります。

9　申告・納付

⑴　国内取引に係る申告・納付

①　確定申告

イ　課税事業者は、課税期間の末日の翌日から2か月以内に確定申告書を提出し、その申告に係る税額を納付しなければなりません（法45①、49）。

なお、個人事業者の12月31日の属する課税期間の確定申告書の提出期限及び納期限は、翌年3月31日になります（措法86の4①）。

㊟　地方消費税については、その執行は当分の間、国が消費税と併せて行います。確定申告及び納付についても、消費税と地方消費税（譲渡割）を併せて税務署長に申告し、納付します。

――《ポイント》――――――――――――――――――――――――――――――

○　法人の場合は、課税期間の特例を選択した場合を除き、原則として、課税期間と事業年度は同じであり、例えば、3月決算の法人は5月末日までに申告及び納付を行うことになります。

――――――――――――――――――――――――――――――――――――――

ロ　課税事業者であっても、国内における課税資産の譲渡等（輸出免税など免税取引を除きます。）及び特定課税仕入れがなく、かつ、納付すべき消費税額がない課税期間については申告義務はありません（法45①ただし書）。

ただし、仕入控除税額の控除不足額又は中間納付税額の控除不足額があり、還付を受けることができる場合には、還付のための申告書を提出し、還付を受けることができます（法46）。

ハ　法人に係る消費税の申告期限の特例

法人税の申告期限の延長の特例の適用を受ける法人が、「消費税申告期限延長届出書」を提出した場合には、その提出した日の属する事業年度以降の各事業年度終了の日の属する課税期間に係る消費税の確定申告の期限が1月延長されます（法45の2）。

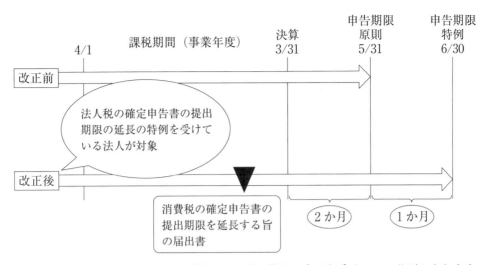

（注）1　法人税の確定申告の提出期限の延長の特例の適用を受けている必要があります。

　　　2　申告期限が延長された期間の消費税及び地方消費税の納付については、その延長された期間に係る利子税を併せて納付することとなります。

　　　3　令和3年3月31日以後終了する事業年度の末日の属する課税期間が適用されます。

② 中間申告

　直前の課税期間の確定消費税額（年税額）が48万円を超える課税事業者は、中間申告書を提出し、その申告に係る税額を納付しなければなりません（法42、43、48）。なお、48万円以下であっても事業者の選択により中間申告を行う旨の届出書を提出することにより中間申告を行うことができます（法42⑧）。

直前の課税期間の確定消費税額	区　分	中間申告対象期間	申告・納期限	中間申告税　　額	1年の合計申告回数
4,800万円超【年11回の中間申告】	個人事業者	1月～3月分	5月末日	直前の課税期間の確定消費税額〔A〕×1/12	確定申告1回中間申告11回年12回
		4月分から11月分までの各月分	中間申告対象期間の末日の翌日から2月以内		
	法　人	課税期間開始後の1月分	その課税期間開始の日から2月を経過した日から2月以内		
		上記1月分の翌月以降の10月分	中間申告対象期間の末日の翌日から2月以内		

400万円超、 4,800万円以下 【年3回の中間申告】	個人 事業者 ・ 法人	課税期間開始 の日以後3月 ごとに区分し た期間	中間申告対象期 間の末日の翌日 から2月以内	$\widehat{A} \times 3/12$	確定申告1回 中間申告3回 年4回
48万円超、 400万円以下 【年1回の中間申告】	個人 事業者 ・ 法人	課税期間開始 の日以後6月 の期間	中間申告対象期 間の末日の翌日 から2月以内	$\widehat{A} \times 6/12$	確定申告1回 中間申告1回 年2回
48万円以下	中間申告不要 (注) 事業者が中間申告を行う旨の届出書を提出した場合に は、6月中間申告書を提出することができます。				確定申告1回 年1回

(注)1　課税期間が1年である課税事業者を前提にしています。
　2　確定消費税額とは、原則として、その課税期間の直前の課税期間の確定申告書に記載すべき消費税額で、中間申告対象期間の末日までに確定したものをいいます。

---《ポイント》---

○　課税期間の特例（課税期間を1か月又は3か月単位とする特例）の適用を受ける事業者は、中間申告・納付の必要はありません。

○　各中間申告対象期間について仮決算を行い、計算した消費税額及び地方消費税額により中間申告・納付することができます。

○　仮決算を行い、中間申告において計算した税額がマイナスとなった場合でも、還付を受けることはできません。

○　中間申告書の提出を要する事業者が中間申告書を提出期限までに提出しない場合であっても、その提出期限において提出があったものとみなされます（法44）。

《ポイント》

○ **個人事業者** 年11回の中間申告及び確定申告の申告・納付期限

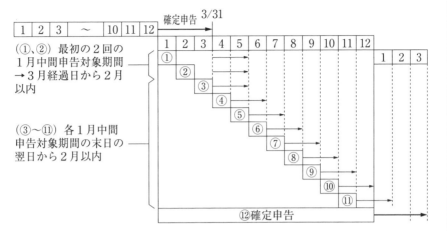

(①、②) 最初の2回の1月中間申告対象期間→3月経過日から2月以内

(③～⑪) 各1月中間申告対象期間の末日の翌日から2月以内

○ **法人** 年11回の中間申告及び確定申告の申告・納付期限〈事業年度が1年の3月末決算法人の場合〉

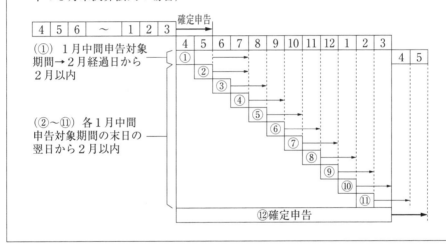

(①) 1月中間申告対象期間→2月経過日から2月以内

(②～⑪) 各1月中間申告対象期間の末日の翌日から2月以内

③ 明細書の添付

　確定申告書には、課税期間中の資産の譲渡等の対価の額及び課税仕入れ等の税額等に関する明細書その他の事項を記載した書類を添付する必要があります（法45⑤、規22②③）。なお、仮決算による中間申告書及び還付請求申告書についても同様です（法43③、46③、規21②③）。

　なお、還付を受けようとする事業者は、申告書に添付する付表とは別に「消費税の還付申告に関する明細書」を添付する必要があります。

(2) **輸入取引に係る申告・納付**

　申告納税方式が適用される課税貨物（外国貨物のうち消費税が課されるもの）を保税

地域から引き取ろうとする者（事業者に限らず、消費者も含みます。）は、課税貨物を保税地域から引き取る時までに、その保税地域の所轄税関長に輸入申告書を提出するとともに、引き取る課税貨物に課される消費税額を納付しなければなりません（法47①、50①）。

10　国境を越えた役務の提供に係る消費税の課税関係

(1)　電気通信利用役務の提供

　電子書籍、音楽、広告の配信等の電気通信回線（インターネット等）を介して行われる役務の提供については、「電気通信利用役務の提供」と位置付けられており、その役務の提供が消費税の課税の対象となる国内取引に該当するかどうかの判定（内外判定）については、「役務の提供を行う者の事務所等の所在地」によって行うのではなく、原則として「役務の提供を受ける者の住所等」によって行うこととされています。

　①　電気通信利用役務の提供

　　「電気通信利用役務の提供」とは、資産の譲渡等のうち、電気通信回線を介して行われる著作物の提供（その著作物の利用の許諾に係る取引を含みます。）その他の電気通信回線を介して行われる役務の提供であって、他の資産の譲渡等の結果の通知その他の他の資産の譲渡等に付随して行われる役務の提供以外のものをいいます（法2①八の三、基通5－8－3）。

　　なお、電話、電信その他の通信設備を用いて他人の通信を媒介する役務の提供、すなわち、電話、ＦＡＸ、インターネット回線の接続など、「通信そのもの」に該当する役務の提供は除かれます。

　②　電気通信利用役務の提供に係る内外判定

　　電気通信利用役務の提供に係る内外判定は、「役務の提供を受ける者の住所等」により行うことになりますが、課税関係を整理すると、次のようになります（法4③三）。

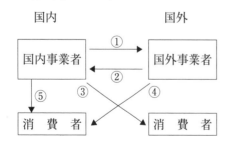

取引	内外判定：課税関係
①	国外取引：不課税
②	国内取引：課　税
③	国外取引：不課税
④	国内取引：課　税
⑤	国内取引：課　税

　ただし、平成29年1月1日以後に行われる次の「事業者向け電気通信利用役務

の提供」に係る内外判定は、次のようになります。

内　　　　　容	内外判定
国内事業者が国外事業所等（注1）において受ける「事業者向け電気通信利用役務の提供」のうち、国内以外の地域において行う資産の譲渡等にのみ要するもの	国外取引
国外事業者が恒久的施設（注2）において受ける「事業者向け電気通信利用役務の提供」のうち、国内において行う資産の譲渡等に要するもの	国内取引

(注)1　国外事業所等とは、所得税法第95条第4項第1号《外国税額控除》又は法人税法第69条第4項第1号《外国税額の控除》に規定する国外事業所等をいいます。

　　2　恒久的施設とは、所得税法第2条第1項第8号の4《定義》又は法人税法第2条第12号の19《定義》に規定する恒久的施設をいいます。

③　課税方式

　イ　事業者向け電気通信利用役務の提供（リバースチャージ方式）

　　消費税法においては、資産の譲渡等を行った事業者がその資産の譲渡等に係る申告・納税を行うこととされていますが、電気通信利用役務の提供のうち「事業者向け電気通信利用役務の提供」の課税方式については、国外事業者からその役務の提供を受けた国内事業者が、その役務の提供に係る申告・納税を行う、いわゆる「リバースチャージ方式」が導入されています（対象取引例：広告の配信）。

　ロ　消費者向け電気通信利用役務の提供（国外事業者申告納税方式）

　　国外事業者が行う「電気通信利用役務の提供」のうち、「消費者向け電気通信利用役務の提供」について、国外事業者に申告納税義務が課されます（対象取引例：電子書籍・音楽の配信）。

④　国外事業者から受けた電気通信利用役務の提供に係る仕入税額控除の制限

　イ　消費者向け電気通信利用役務の提供に係る仕入税額控除の制限

　　国外事業者が国内事業者に対して行う「消費者向け電気通信利用役務の提供」は、国内取引としてその国外事業者が申告・納税義務を行うこととなりますので、国内事業者においては、原則として、仕入税額控除の対象となります（法30〜36）。

　　しかしながら、登録国外事業者以外の国外事業者から受けた「消費者向け電気通信利用役務の提供」については、経過措置により当分の間、仕入税額控除が制限されることになります（平27改正法附則38①）。

ロ　仕入税額控除の適用を受けることができる消費者向け電気通信利用役務の提供

　　登録国外事業者から受けた「消費者向け電気通信利用役務の提供」については、登録国外事業者から交付を受けた一定の請求書等の保存を要件として、仕入税額控除の対象とすることが認められています（平27改正法附則38①ただし書）。

⑤　登録国外事業者制度

　　国外事業者から「消費者向け電気通信利用役務の提供」を受けた国内事業者は、その役務の提供に係る仕入税額控除が制限されますが、一定の要件の下、国税庁長官の登録を受けた登録国外事業者から受ける「消費者向け電気通信利用役務の提供」については、仕入税額控除を行うことができます。

⑥　リバースチャージ方式に関する経過措置

　　「事業者向け電気通信利用役務の提供」等の特定課税仕入れを行った国内事業者は、その特定課税仕入れについて、申告・納税の義務が課されるとともに、その特定課税仕入れについて、仕入税額控除の対象とすることができますが、一般課税で申告を行う事業者においては、その課税期間における課税売上割合が95％以上である者及びその課税期間について簡易課税制度が適用される事業者は、当分の間、特定課税仕入れはなかったものとされます。

　　したがって、これらの事業者は、特定課税仕入れを行ったとしても、その課税期間の消費税の確定申告については、特定課税仕入れを申告等に含める必要はありません（平27改正法附則42、44②）。

(2)　国外事業者が行う芸能・スポーツ等に係る役務の提供

　外国人タレント等が国内において行う役務の提供については、「特定役務の提供」と位置付けられており、その特定役務の提供を受ける者に納税義務が課されます（法2①八の二、八の五、4①、5①）。

　具体的には、特定役務の提供についても、「事業者向け電気通信利用役務の提供」と同様に「特定課税仕入れ」として、役務の提供を受ける事業者にリバースチャージ方式による納税義務が課されることとなります。

　したがって、国内で特定役務の提供を受ける事業者にあっては、外国人タレント等に対する報酬の支払に際しては消費税相当分を上乗せする必要がなくなり、その分、自らがリバースチャージ方式による納税義務を負うこととなります。

　なお、リバースチャージ方式による納税義務が発生する国内事業者においては、

「事業者向け電気通信利用役務の提供」を受ける場合と同様に、一般課税で申告する課税期間で課税売上割合95%以上の場合及び簡易課税制度の適用を受ける課税期間については、特定課税仕入れがなかったものとして消費税法の規定を適用することとされています（平27改正法附則42、44②）。

11 消費税の納付税額の計算の仕組み

(1) 課税標準額（法28）

① 標準税率

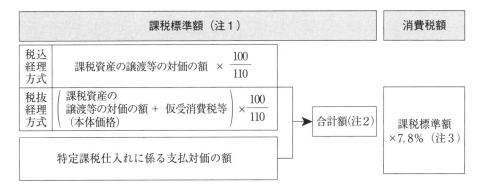

② 軽減税率

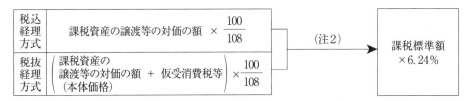

(注)1 売上げを税率の異なるごとに区分することが困難な中小事業者は、売上税額の計算の特例（経過措置）を適用することができます。

2 1,000円未満の端数があるときは、その端数を切り捨てます。

3 令和元年10月1日以後に行った課税資産の譲渡等であっても、経過措置により旧税率（6.3%）を適用する場合があります。

③　令和元年９月30日までに行われた課税資産の譲渡等及び特定課税仕入れ

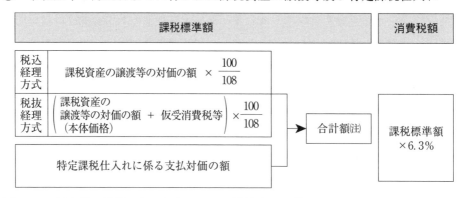

課税標準額		消費税額
税込経理方式	課税資産の譲渡等の対価の額 × $\frac{100}{108}$	
税抜経理方式	（課税資産の譲渡等の対価の額（本体価格） ＋ 仮受消費税等）× $\frac{100}{108}$	
特定課税仕入れに係る支払対価の額		
→ 合計額(注)		課税標準額×6.3％

(注)　1,000円未満の端数があるときは、その端数を切り捨てます。

(2)　消費税額（法29）

$$消費税額 = 課税標準額 \times \frac{7.8}{100} \left(又は \frac{6.24}{100}\right)$$

(注)　令和元年9月30日までの消費税額は、課税標準額に$\frac{6.3}{100}$を乗じて算出した金額となります。

(3)　課税仕入れ等に係る消費税額の控除（法30〜37の２）

課税仕入れ等に係る消費税額 ＝ 課税仕入れに係る消費税額 ＋ 特定課税仕入れに係る消費税額 ＋ 保税地域から引き取る課税貨物につき課された又は課されるべき消費税額

〈課税仕入れに係る消費税額〉

$$課税仕入れに係る消費税額 = 課税仕入れに係る支払対価の額（税込み） \times \frac{7.8}{110} \left(又は \frac{6.24^{※}}{108}\right)$$

※「6.24/108」は、軽減税率適用の課税仕入れに適用。令和元年９月30日までの課税仕入れについては、「6.3/108」を乗ずる。

〈特定課税仕入れに係る消費税額〉

特定課税仕入れに係る消費税額は、その特定課税仕入れに係る支払対価の額に7.8/100を乗じて算出した金額となります（法30①）。

(注)　令和元年９月30日までの特定課税仕入れに係る消費税額は、その特定課税仕入れに係る支払対価の額に$\frac{6.3}{100}$を乗じて算出した金額となります。

① 原則

課税売上高が５億円以下、 かつ、 課税売上割合が95％以上	全　額　控　除

課税売上高が５億円超
又は
課税売上割合95％未満

個別対応方式
（法30②一）

次の①及び②の合計額

①課税資産の譲渡等にの　課税資産の譲渡等にのみ要する課税仕入れに
み要する課税仕入れ等 － つきその課税期間において仕入れに係る対価
の税額の合計額　　　　の返還等を受けた金額に係る消費税額の合計
　　　　　　　　　　　額

②　$\left(\begin{array}{l}\text{課税資産の譲渡等とその他の資産}\\\text{の譲渡等に共通して要する課税仕}\\\text{入れ等の税額の合計額}\end{array}\right) \times \left(\begin{array}{l}\text{課税売上割合（課税}\\\text{売上割合に準ずる割}\\\text{合を含みます。）}\end{array}\right)$

$- \left(\begin{array}{l}\text{課税資産の譲渡等とその他の資産の譲渡等に共}\\\text{通して要する課税仕入れにつきその課税期間に}\\\text{おいて仕入れに係る対価の返還等を受けた金額}\\\text{に係る消費税額の合計額}\end{array}\right) \times \left(\begin{array}{l}\text{課税売上割合}\\\text{（課税売上割合}\\\text{に準ずる割合}\\\text{を含みます。）}\end{array}\right)$

（いずれか選択）

一括比例配分方式
（法30②二）

（課税仕入れ等の税額の合計額×課税売上割合）

$- \left(\begin{array}{l}\text{その課税期間において仕入れに係る対価の返}\\\text{還等を受けた金額に係る消費税額の合計額}\end{array} \times 課税売上割合\right)$

(注)1　「仕入れに係る対価の返還等を受けた金額に係る消費税額」は、その支払対価の額につき返還を受けた金額又はその減額を受けた債務の額に7.8/110（軽減対象課税資産の譲渡等に係るものである場合には6.24/108）（※）を乗じて計算します（法32①一）。

　※　平成26年４月１日から令和元年９月30日までの間に行われた課税仕入れ等について、対価の返還等を受けた場合には、6.3/108となります。

　2　保税地域からの引取りに係る課税貨物に係る消費税額の全部又は一部につき、他の法律の規定により還付を受ける場合にも、同様の方法により計算します（法32④）。

② 特例

| 簡易課税制度適用（法37） | ○ 1種類の事業のみを行っている場合 |

簡易課税制度適用（法37）

基準期間の課税売上高
が5,000万円以下の事業者
が選択できる

○ 1種類の事業のみを行っている場合

$$\text{仕入控除税額} = \left(\begin{array}{l} \text{課税資産の} \\ \text{譲渡等に係} \\ \text{る消費税額} \end{array} - \begin{array}{l} \text{売上対価の} \\ \text{返還等に係} \\ \text{る消費税額} \end{array} \right)$$

$$\times \begin{array}{c} \text{みなし} \\ \text{仕入率} \\ \text{(注)} \end{array} + \left(\begin{array}{l} \text{特定課税} \\ \text{仕入れに係} \\ \text{る消費税額} \end{array} - \begin{array}{l} \text{特定課税仕入} \\ \text{対価の返還等に} \\ \text{係る消費税額} \end{array} \right)$$

○ 2種類以上の事業を行っている場合（別途
方法により計算）

注 みなし仕入率＝第一種事業（卸売）　　　　90％

＝第二種事業（小売）　　　　80％

＝第三種事業（製造）　　　　70％

＝第四種事業（その他事業）　60％

＝第五種事業（サービス業）　50％

＝第六種事業（不動産業）　　40％

⑷ 売上対価の返還等に係る消費税額の控除（法38）

売上げに係る対価の返還等の金額に係る消費税額は、税込みの売上げに係る対価の
返還等の金額に7.8/110注（軽減対象課税資産の譲渡等に係るものである場合には
6.24/108）を乗じて算出します（法38①）。

注 平成26年4月1日から令和元年9月30日までの間に行った課税資産の譲渡等につい
て、売上げに係る対価の返還等をした場合には、6.3/108となります。

⑸ 特定課税仕入れに係る対価の返還等に係る消費税額の控除（法38の2）

特定課税仕入れに係る対価の返還等の金額に係る消費税額は、その返還等を受けた
金額又は減額を受けた債務の額に7.8/100注を乗じて算出します（法38の2①）。

注 令和元年9月30日までに行った特定課税仕入れについて、対価の返還等を受けた場
合には、6.3/100となります。

⑹ 貸倒れに係る消費税額の控除（法39）

貸倒れに係る消費税額は、税込みの貸倒額に7.8/110（軽減対象課税資産の譲渡等に
係るものである場合には6.24/108）注を乗じて算出します（法39①）。

注 平成26年4月1日から令和元年9月30日までの間に行った課税資産の譲渡等に係る
売掛金等が貸倒れとなった場合には、6.3/108となります。

―《ポイント》――――――――――――――――――――――――――――――

○　課税売上割合を算出する際の課税資産の譲渡等の対価の額の合計額（分子
　の額）と資産の譲渡等の対価の額の合計額（分母の額）の関係

売　　　上　　　高			
不課税売上げ	非課税売上げ	課 税 売 上 げ	免 税 売 上 げ

		課税資産の譲渡等の対価の額の合計額	|（分子の額）
	資産の譲渡等の対価の額の合計額		|（分母の額）

○　その課税期間中の国内における、課税資産の譲渡等の対価の額の合計額及
　び資産の譲渡等の対価の額の合計額を計算するに当たって、売上げに係る対
　価の返還等（売上返品など）がある場合には、それぞれの売上高（税抜き）
　からその売上返品等の金額（税抜き）を控除した残額によることとされてい
　ます（令48①）。

○　分母の売上高に加える特定の有価証券等及び貸付金、預金、売掛金その他
　の金銭債権（資産の譲渡等の対価として取得したものを除きます。）の譲渡の対
　価の額は、その譲渡の対価の額の５％に相当する金額とされます（令48⑤）。

―――――――――――――――――――――――――――――――――――――

12　地方消費税

　地方消費税の概要は、次のとおりです。

(1)　課税団体

①　事業者の住所地等の所在する都道府県

　㊟　地方消費税は地方税ですが、納税者の事務負担等を勘案して、譲渡割は当分の間、
　　貨物割は恒久的に国が消費税と併せて執行することとされています。

②　課税地域の所在地の都道府県

(2)　納税義務者

①　消費税の課税事業者

②　課税貨物を保税地域から引き取る者

(3) 課税標準

① 国内取引（譲渡割）については、課税標準額に対する消費税額から仕入控除税額等を控除した後の消費税額が課税標準になります。

② 課税貨物の保税地域からの引取り（貨物割）については、保税地域から引き取る課税貨物に課される消費税額が課税標準になります。

(4) 税　　率

(3)の消費税額の$\frac{22}{78}$（消費税率換算で2.2％又は1.76％）

㊟　令和元年9月30日までの税率は$\frac{17}{63}$であり、消費税率換算で1.7％となります。

(5) 申告・納付

① 消費税の確定申告書等を提出する義務がある事業者は、消費税の申告期限までに、消費税の申告書と併せて地方消費税の申告書を税務署長に提出し、申告した地方消費税額を消費税と併せて納付します。

② 課税貨物を保税地域から引き取る者は、地方消費税の申告書を消費税の申告書と併せて税関長に提出し、申告した地方消費税額を消費税と併せて納付します。

第2章 課税の対象

　消費税の課税の対象は、国内において事業者が行った資産の譲渡等及び特定仕入れ（国内取引）並びに保税地域から引き取られる外国貨物（輸入取引）に限られます（法4①②）。

　したがって、国外で行われた取引や、国内における取引であっても事業者以外の者が行った取引は課税の対象になりません。

　また、課税の対象となるものでも一定の取引については非課税取引又は免税取引とされ、消費税が課されなかったり、免除されるものもあります。

1　国内取引における課税の対象

　消費税の課税の対象は、国内において事業者が行った資産の譲渡等（特定資産の譲渡等に該当するものを除きます。）及び特定仕入れです。

(1)　資産の譲渡等

　資産の譲渡等とは、事業として対価を得て行われる資産の譲渡及び貸付け並びに役務の提供をいいます（法2①八、②、4①）。

　したがって、課税の対象となる資産の譲渡等は、次に掲げる①～⑤の全ての要件を満たす取引をいいます。

①　国内において行う取引（国内取引）であること

②　事業者が事業として行うものであること

③　対価を得て行うものであること

④　資産の譲渡、貸付け及び役務の提供であること

⑤　特定資産の譲渡等に該当しないこと

㊟　「特定資産の譲渡等」とは、「事業者向け電気通信利用役務の提供」及び「特定役務の提供」をいいます（法2①八の二）。

(2)　特定仕入れ

　特定仕入れとは、事業として他の者から受けた特定資産の譲渡等をいいます（法2①八の二、八の四、八の五、4①）。

課税対象に該当する取引かどうかは、次により判定します。

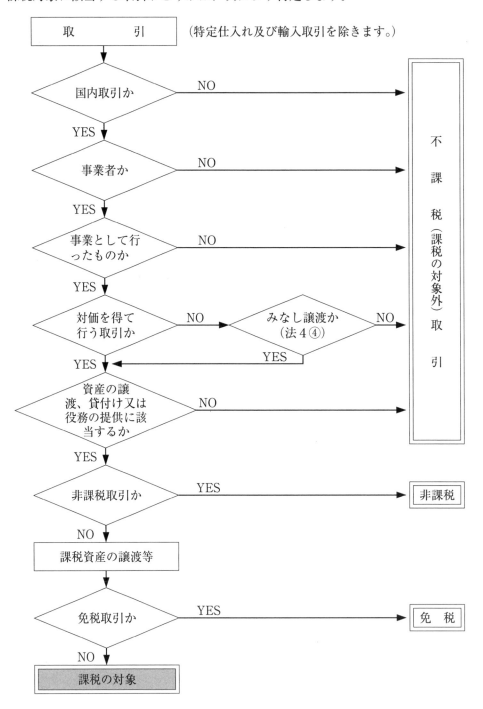

2 国内取引の判定

　資産の譲渡等が国内で行われたかどうかは、次の区分に応じ、その定める場所が国

内にあるかどうかにより判定します（法4③、令6）。

(1) 資産の譲渡又は貸付け

【原　則】

資産の譲渡又は貸付け時にその資産が国内にあれば国内取引（法4③一）

【特　例】

資　産　の　種　類				判　定　場　所	
船舶	登録（外国の登録を含みます。）のある船舶	譲渡		譲　渡　者	（令6①一）
			日本船舶	居　住　者	登録をした機関の所在地
				非居住者	譲渡を行う者の住所地
			日本船舶以外	居　住　者	登録をした機関の所在地
				非居住者	
		貸付け		貸　付　者	（令6①一）
			日本船舶	居　住　者	登録をした機関の所在地
				非居住者	貸付けを行う者の住所地
			日本船舶以外	居　住　者	
				非居住者	登録をした機関の所在地
	その他の船舶			譲渡又は貸付けに係る事務所等の所在地（令6①二）	
航空機	登録のある航空機			登録機関の所在地（令6①三）	
	登録のない航空機			譲渡又は貸付けに係る事務所等の所在地（令6①三）	
鉱業権、租鉱権、採石権等、樹木採取権				鉱区、租鉱区、採石場、樹木採取区の所在地（令6①四）	
特許権、実用新案権、意匠権、商標権、回路配置利用権、育成者権（これらの権利を利用する権利を含みます。）				権利を登録した機関の所在地（ただし、同一の権利について2以上の国において登録している場合には、これらの権利の譲渡又は貸付けを行う者の住所地）（令6①五）	
公共施設等運営権				公共施設等の所在地（令6①六）	
著作権(出版権、著作隣接権等を含みます。)、いわゆるノウハウ等				譲渡又は貸付けを行う者の住所地（令6①七）	
営業権、漁業権、入漁権				権利に係る事業を行う者の住所地（令6①八）	

	券面のある有価証券（ゴルフ会員権等を除きます。）	有価証券の所在場所（令6①九イ）
有価証券等	登録国債	登録機関の所在地（令6①九ロ）
	券面のない有価証券のうち、振替機関等において取り扱われるもの	振替機関等の所在地（令6①九ハ）
	券面のない有価証券のうち、振替機関等において取り扱われるもの以外のもの	有価証券等に係る法人の本店等の所在地（令6①九ニ）
	合名会社、合資会社、合同会社の持分	持分に係る法人の本店等の所在地（令6①九ニ）
	金銭債権(ゴルフ会員権等を除きます。)	債権者の譲渡に係る事務所等の所在地（令6①九ホ）
ゴルフ場利用株式等（ゴルフ会員権等）		ゴルフ場等の施設の所在地（令6①九ヘ）
上記以外の資産でその所在していた場所が明らかでないもの		譲渡又は貸付けに係る事務所等の所在地（令6①十）

(注)1　住所地とは、住所、本店、主たる事務所の所在地をいいます。
　　2　事務所等とは、事務所、事業所その他これらに準ずるものをいいます。

(2)　役務の提供

【原　　則】

役務の提供が行われた場所が国内であれば国内取引（法4③二）
　なお、電気通信利用役務の提供については、その提供を受ける者の住所若しくは居所又は本店若しくは主たる事務所の所在地が国内であれば国内取引（法4③三）

【特　　例】

役　務　の　提　供	判　定　場　所
国際運輸	出発地、発送地又は到着地（令6②一）
国際通信	発信地又は受信地（令6②二）
国際郵便	差出地又は配達地（令6②三）
保険	保険に係る事業を営む者の保険契約締結に係る事務所等の所在地（令6②四）
専門的な科学技術に関する知識を必要とする調査、企画、立案、助言、監督、検査で生産設備等の建設又は製造に関するもの	生産設備等の建設又は製造に必要な資材の大部分が調達される場所（令6②五）

上記以外で国内及び国外にわたって行われる役務の提供その他の役務の提供が行われた場所が明らかでないもの	役務の提供を行う者の役務の提供に係る事務所等の所在地（令6②六）

(注)　生産設備等とは、建物（その附属設備を含みます。）又は構築物、鉱工業生産施設、発電及び送電施設、鉄道、道路、港湾設備その他の運輸施設又は漁業生産施設等をいいます。

(3)　金融取引

利子を対価とする金銭の貸付け等は、その貸付け等の行為を行う者の貸付け等の行為に係る事務所等が国内であれば国内取引（令6③）

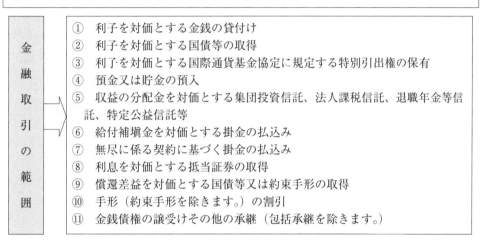

金融取引の範囲

① 利子を対価とする金銭の貸付け
② 利子を対価とする国債等の取得
③ 利子を対価とする国際通貨基金協定に規定する特別引出権の保有
④ 預金又は貯金の預入
⑤ 収益の分配金を対価とする集団投資信託、法人課税信託、退職年金等信託、特定公益信託等
⑥ 給付補塡金を対価とする掛金の払込み
⑦ 無尽に係る契約に基づく掛金の払込み
⑧ 利息を対価とする抵当証券の取得
⑨ 償還差益を対価とする国債等又は約束手形の取得
⑩ 手形（約束手形を除きます。）の割引
⑪ 金銭債権の譲受けその他の承継（包括承継を除きます。）

3　輸入取引における課税の対象

保税地域から引き取られる外国貨物には、消費税が課税されます（法4②）。

保税地域から引き取られる外国貨物については、国内において事業者が行った資産の譲渡等の場合のように「事業として対価を得て行われる……」ものには限られず、保税地域から引き取られる外国貨物に係る対価が無償であっても、また保税地域からの外国貨物の引取りが事業として行われないものであっても、いずれも課税の対象になります。

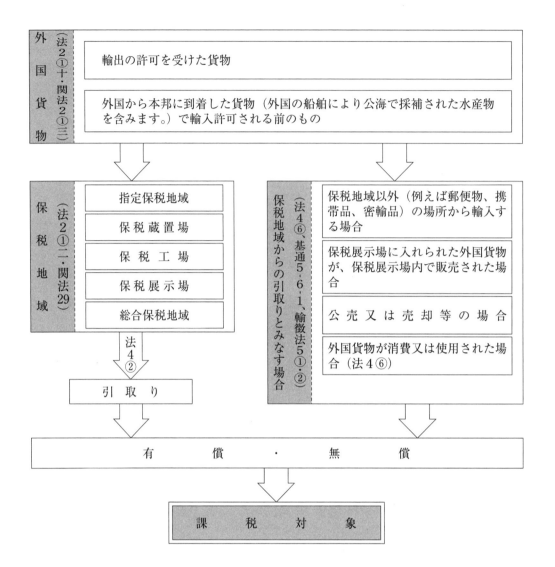

第3章　軽減税率制度の概要

　社会保障と税の一体改革の下、令和元年10月1日から、消費税及び地方消費税の税率が8％から10％に引き上げられました。また、これと同時に、低所得者の負担を軽減することを目的に、軽減税率が導入されました。

　軽減税率制度の下では、軽減税率の対象となる飲食料品等の商品を取り扱う事業者（特に、飲食料品の卸売業・小売業を営む事業者、スーパーマーケット、食品製造業者、レストラン等外食業を営む事業者）は、軽減税率（8％）の対象となる商品と標準税率（10％）の対象となる商品の区分や商品管理を行うことが必要になります。併せて、福利厚生費、会議費、交際費等として飲食料品を購入する事業者も仕入控除税額の計算において関係します。

1　軽減税率の対象品目

○　**飲食料品の譲渡**（法別表第1一）

　飲食料品とは、食品表示法に規定する食品（酒税法に規定する酒類を除く。）をいい、一定の一体資産を含みます。また、外食やケータリング等は、軽減税率の対象品目には含まれませんので、標準税率が適用になります。

○　**新聞の譲渡**（法別表第1二）

　新聞とは、一定の題号を用い、政治、経済、社会、文化等に関する一般社会的事実を掲載する週2回以上発行されるもので、定期購読契約に基づき譲渡されるものです。

2　税　率

区　分	標準税率	軽減税率
消 費 税 率	7.8%	6.24%
地方消費税率	2.2% （消費税額の22／78）	1.76% （消費税額の22／78）
合　　　計	10.0%	8.0%

3　飲食料品の範囲

《 軽 減 税 率 の 対 象 と な る 飲 食 料 品 の 譲 渡 の 範 囲 》

軽減税率対象　標準税率対象

テイクアウト・宅配等

外食

酒類

ケータリング等

有料老人ホーム等で行う飲食料品の提供

一体資産

飲食料品
（食品表示法に規定する食品）
＝
人の飲用又は食用に供されるもの

milk

医薬品・医薬部外品等

一体資産の譲渡の対価の額（税抜価額）が1万円以下であり、かつ、食品の価額の占める割合が2/3以上の場合に限り、全体が軽減税率対象（それ以外の場合は、標準税率対象）

出展　国税庁資料「消費税軽減税率制度の手引き（令和3年8月）」

⑴　「飲食料品」とは、食品表示法に規定する食品（酒税法に規定する酒類を除きます。）をいいますが、ここにいう「食品」は、人の飲用又は食用に供されるものをいいますので、例えば、工業用として販売される塩など、人の飲用又は食用以外の用途で販売されるものは該当しません。

　　なお、食品表示法に規定する「食品」には、「医薬品、医療機器等の品質、有効性及び安全性の確保等に関する法律」に規定する「医薬品」、「医薬部外品」及び「再生医療等製品」は除かれており、これらには、標準税率が適用されます。また、「食品」には、食品衛生法に規定する「添加物」を含むものとされていますので、「添加物」には軽減税率が適用されます（食品表示法2①）。

　軽減税率が適用される取引か否かの判定は、事業者が課税資産の譲渡等を行うとき、すなわち、飲食料品を提供する時点（取引を行う時点）で行うことになります。

　したがって、飲食料品を販売する事業者が人の飲用又は食用に供されるものとして商品を譲渡した場合において、顧客がそれ以外の目的で購入し、又は使用したとしても、その取引は「飲食料品の譲渡」に該当し、軽減税率の適用対象となります。

(例)・食用として販売した重曹を購入者が清掃用に用いたとしても、販売時の適用税率は軽減税率

　　・清掃用として販売した重曹を購入者が食用に用いたとしても、販売時の適用税率は標準税率

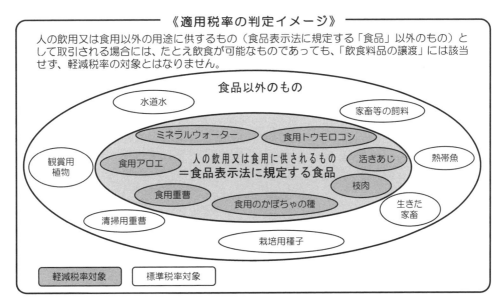

《適用税率の判定イメージ》

人の飲用又は食用以外の用途に供するもの（食品表示法に規定する「食品」以外のもの）として取引される場合には、たとえ飲食が可能なものであっても、「飲食料品の譲渡」には該当せず、軽減税率の対象とはなりません。

出展　国税庁資料「消費税軽減税率制度の手引き（令和3年8月）」

(2)　一体資産

　　例えば、おもちゃ付のおかしや紅茶とティーカップの詰め合わせなど軽減税率の対象である食品が、あらかじめ他の資産と一体として販売される場合は、①一体資産の販売価格（税抜）が1万円以下のもので、②その価額のうち食品に係る価額が2／3以上を占めているときに限り、その全体が軽減税率の対象になります（法2九の二、十一の二、別表第1一、別表第一の二、令2の3）。

(3)　次の課税資産の譲渡等は飲食料品の譲渡に含まれません。

　イ　外食

　　　いわゆる「外食」とは、食品衛生法施行令に規定する飲食店営業その他の飲食料品をその場で飲食させる事業を営む者が行う食事の提供をいいます（法別

表第1-イ)。

※ 「飲食店業等を営む者が行う食事の提供」とは、①飲食店業等を営む者がテーブル、椅子、カウンターその他の飲食に用いられる設備のある場所において、②飲食料品を飲食させる役務の提供をいいます。例えば、レストランやフードコートでの食事の提供があります。

ロ　ケータリング、出張料理

いわゆる「ケータリング・出張料理」とは、相手方の指定した場所において行う加熱、調理又は給仕等の役務を伴う飲食料品の提供をいいます（法別表第1-ロ)。

※ 「相手方が指定した場所において行う役務を伴う飲食料品の提供」とは、相手方が指定した場所で、飲食料品の提供を行う事業者が、例えば、加熱、切り分け・味付けなどの調理、盛り付け、食器の配膳、取り分け用の食器等を飲食に適する状況に配置するなどの役務を伴って飲食料品の提供をすることをいいますが、有料老人ホーム、サービス付き高齢者向け住宅、幼稚園、小学校、中学校等で提供される一定の飲食料品の提供については、軽減税率の対象とされています。

軽減税率が適用されるもの（「外食等」に当たらないもの）
　牛丼屋・ハンバーガー店のテイクアウト
　そば屋の出前
　ピザ屋の宅配
　寿司屋の「お土産」
　コンビニ等の弁当・惣菜
㊟　イートインコーナーなど飲食設備がある場合には、顧客に飲食設備での飲食か、持ち帰りかの意思確認をするなどして、軽減税率の適用対象となるかを判定する必要があります。
　有料老人ホームでの飲食料品の提供や学校給食等

標準税率が適用されるもの（「外食等」に当たるもの）
１．外食
　牛丼屋・ハンバーガー店での「店内飲食」
　そば屋の「店内飲食」
　ピザ屋の「店内飲食」
　フードコートでの飲食
　寿司屋での「店内飲食」
　コンビニ等のイートインコーナーでの飲食
　（例)　①　顧客への意思確認により、イートインコーナーで飲食するものとして提供された食品
　　　　②　トレイに載せて座席まで運ばれる、返却の必要のある食器に盛られた食品
２．ケータリング・出張料理等

```
┌─────────────────────────────────────────────────────────────────┐
│  業種ごとのポイント                                                │
│                                                                   │
│   食品製造業                                                      │
│                                                                   │
│     ・飲食料品を製造するための外注加工費　10％                    │
│     ・製造工場等における直接販売　8％                             │
│         └──────────────── 工場等の飲食設備等での飲食　10％         │
│   食品卸売業                                                      │
│                                                                   │
│     ・通常必要な容器（缶、トレイ等）に入った食品の販売　全体に8％  │
│                                                                   │
│   食品小売業                                                      │
│                                                                   │
│     ・イートインスペースを設けている小売店等                       │
│         ├──────────────── 持ち帰り販売　8％                        │
│         └──────────────── 店内における飲食　10％                   │
│   飲食業                                                          │
│                                                                   │
│     ・店内（飲食店）での食事の提供　10％                          │
│     ・ケータリング　10％                                          │
│     ・持ち帰り販売、出前　8％                                     │
│                                                                   │
│   食品製造業者 ──────→ 食品卸売業者 ──────→ 食品小売業者          │
│                                                                   │
│     ・　製造業者が飲食料品        ・　卸売業者が飲食料品          │
│          として商品を販売した          として商品を販売した       │
│          かどうか                       かどうか                  │
│                                                                   │
└─────────────────────────────────────────────────────────────────┘
```

4　新聞の譲渡の範囲

　軽減税率が適用される「新聞の譲渡」とは、一定の題号を用い、政治、経済、社会、文化等に関する一般社会的事実を掲載する週2回以上発行される新聞の定期購読契約に基づく譲渡が該当します（法別表第1二）。

　※　いわゆるスポーツ新聞や各業界新聞なども、政治、経済、社会、文化等に関する一般社会的事実を掲載するものに該当するもので、週2回以上発行され、定期購読契約に基づき譲渡する場合は軽減税率が適用されます。

　※　駅売りの新聞など定期購読契約に基づかない新聞の譲渡は、軽減税率の適用対象になりません。

第4章　適格請求書等保存方式（インボイス制度）の概要

1　適格請求書等保存方式の概要

　令和5年10月1日から、消費税の仕入税額控除の方式として適格請求書等保存方式（いわゆるインボイス制度）が導入されました。適格請求書等保存方式では、税務署長の登録を受けた課税事業者である「適格請求書発行事業者」が交付する「適格請求書（いわゆるインボイス）」等の保存が仕入税額控除の要件となります（法30⑦、57の2、57の4）。

適格請求書とは

　適格請求書とは、「売手が、買手に対し正確な適用税率や消費税額等を伝えるための手段」であり、登録番号のほか一定の事項が記載された請求書や納品書その他これらに類する書類をいいます（法57の4①、令70の9②、規26の6）。
- ○　請求書や納品書、領収書、レシート等その書類の名称は問いません。
- ○　買手が作成した仕入明細書等による対応も可能です。
- ○　適格請求書の交付に代えて、電磁的記録を提供することもできます。

2　適格請求書発行事業者登録制度

(1)　登録制度

　適格請求書を交付することができるのは、適格請求書発行事業者に限られていますが、適格請求書発行事業者の登録を受けるかどうかは事業者の任意です。また、適格請求書発行事業者となるためには、納税地を所轄する税務署長に「適格請求書発行事業者の登録申請書」を提出し、登録を受ける必要があります（法57の2②、基通1-7-1）。

　また、適格請求書発行事業者の情報（登録日、登録番号など適格請求書発行事業者登録簿に登載された事項）は、「国税庁適格請求書発行事業者公表サイト」において公表されます。

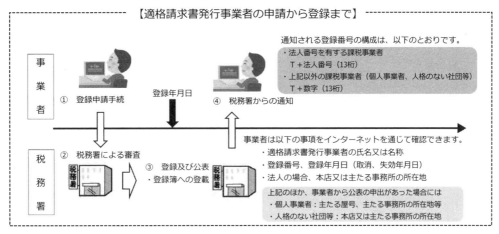

出展　国税庁資料「適格請求書等保存方式（インボイス制度）の手引き」（令和4年9月版）

(2)　課税期間の初日から登録を受ける場合

　事業者が、適格請求書発行事業者の登録を申請する場合において、課税期間の初日から登録を受けようとする場合は、その課税期間の初日から起算して15日前の日までに登録申請書を提出する必要があります（法57の2②、令70の2①）。

(3)　免税事業者の登録申請手続（適格請求書発行事業者の登録に係る経過措置）

　適格請求書発行事業者の登録申請は、課税事業者に限られていますから、免税事業者が登録を受けるためには、原則として、消費税課税事業者選択届出書を提出し、課税事業者となる必要がありますが、令和5年10月1日から令和11年9月30日までの日の属する課税期間中に登録を受ける場合には、消費税課税事業者選択届出書を提出しなくても、登録申請書を提出すれば登録を受けることができ、免税事業者がこれらの課税期間中に登録を受けることとなった場合には、登録日から課税事業者となる経過措置が設けられています（28年改正法附則44④）。

　なお、この経過措置の適用を受けて適格請求書発行事業者となった場合、登録を受けた日から2年を経過する日の属する課税期間の末日までは、免税事業者となることはできません（登録を受けた日が令和5年10月1日の属する課税期間中である場合は除かれます。）（28年改正法附則44⑤）。

```
┌─────────────────────────────────────────────────────────────────┐
│  ■登録に当たっての留意点                                          │
│  ○　登録を受けるかどうかは、事業者の任意です。                    │
│  ○　適格請求書発行事業者になると、基準期間の課税売上高が1,000万円以下となった │
│  　場合でも、登録の効力が失われない限り、免税事業者となりません。  │
│  ○　適格請求書発行事業者になると、取引の相手方（課税事業者に限ります。）の求め │
│  　に応じて、適格請求書を交付しなければなりません。                │
└─────────────────────────────────────────────────────────────────┘
```

3　適格請求書発行事業者の義務等

(1)　適格請求書発行事業者の義務

　イ　適格請求書の交付義務

　　適格請求書発行事業者には、適格請求書を交付することが困難な一定の場合（下記(2)参照）を除き、取引の相手方（課税事業者に限ります。）の求めに応じて、適格請求書を交付する義務及び交付した適格請求書の写しを保存する義務が課されます（法57の4①⑥、令70の13）。

　　※　不特定多数の者に対して販売等を行う小売業、飲食店業、タクシー業等については、記載事項を簡易なものとした「適格簡易請求書」を交付することができます（法57の4②、令70の11）。

　ロ　適格返還請求書の交付義務

　　売上げに係る対価の返還等を行った場合には、適格返還請求書を交付しなければならないこととされています（法57の4③⑤）。

　ハ　修正した適格請求書の交付義務

　　適格請求書発行事業者は、交付した適格請求書（又は適格簡易請求書、適格返還請求書）に誤りがあった場合には、修正した適格請求書等を交付しなければならないこととされています（法57の4④⑤）。

　ニ　写しの保存義務

　　適格請求書発行事業者は、交付した適格請求書（又は適格簡易請求書、適格返還請求書）の写しを保存しなければならないこととされています（法57の4⑥）。

```
┌─────────────────────────────────────────────────────────────────┐
│  ■適格請求書類似書類の交付の禁止等                                │
│  　適格請求書の交付に当たっては、以下の行為が禁止されており、違反した場合 │
│  の罰則も設けられています（法57の5、65四）。                       │
│  　①　適格請求書発行事業者の登録を受けていない事業者が、適格請求書と誤認 │
│  　　されるおそれのある書類を交付すること                          │
│  　②　適格請求書発行事業者が、偽りの記載をした適格請求書を交付すること │
│  　③　①の書類の記載事項又は②の書類の記載事項に係る電磁的記録を提供する │
│  　　こと                                                          │
└─────────────────────────────────────────────────────────────────┘
```

(2)　適格請求書の交付義務の免除

　適格請求書を交付することが困難な以下の取引は、適格請求書の交付義務が免除されます（法57の4①、令70の9②、規26の6）。

　①　公共交通機関である船舶、バス又は鉄道による旅客の運送（税込価額3万円未満のものに限ります。）

　②　出荷者が卸売市場において行う生鮮食料品等の譲渡（出荷者から委託を受けた受託者が卸売の業務として行うものに限ります。）

　③　生産者が農業協同組合、漁業協同組合又は森林組合等に委託して行う農林水産物の譲渡（無条件委託方式かつ共同計算方式により生産者を特定せずに行うものに限ります。）

　④　自動販売機又は自動サービス機により行われる課税資産の譲渡等（税込価額3万円未満のものに限ります。）

　⑤　郵便切手を対価とする郵便サービス（郵便ポストに差し出されたものに限ります。）

(3)　適格返還請求書の交付義務の免除

　上記(2)の適格請求書の交付義務が免除される場合については、適格返還請求書の交付義務についても同様に免除されます。

　また、売上げに係る対価の返還等に係る税込価額が1万円未満である場合については交付義務が免除されます（法57の4③、令70の9③）。

　（例）　売手が負担する振込手数料相当額を売上値引きとして処理している場合には、通常、この振込手数料は1万円未満と考えられますので、この売上値引きに係る返還インボイスの交付義務が免除されます。

(4)　適格請求書の交付方法の特例

　媒介又は取次ぎに係る業務を行う者（媒介者等）を介して行う課税資産の譲渡等について、委託者及び媒介者等の双方が適格請求書発行事業者である場合には、一定の要件の下、媒介者等が、自己の氏名又は名称及び登録番号を記載した適格請求書を委

託者に代わって交付することができます（令70の12①）。

4 適格請求書の記載事項等

⑴ 適格請求書の記載事項

適格請求書及び適格簡易請求書の記載事項は、次のとおりです。

なお、必要な事項が記載された書類であれば、名称を問わず、また、手書きであっても、適格請求書に該当します（法57の4①②、基通1－8－1）。

※ 下線の項目が、「区分記載請求書」の記載事項に追加された事項です。

適格請求書	適格簡易請求書
① 適格請求書発行事業者の氏名又は名称及び<u>登録番号</u>	① 適格請求書発行事業者の氏名又は名称及び<u>登録番号</u>
② 課税資産の譲渡等を行った年月日	② 課税資産の譲渡等を行った年月日
③ 課税資産の譲渡等に係る資産又は役務の内容（課税資産の譲渡等が軽減対象資産の譲渡等である場合には、資産の内容及び軽減対象資産の譲渡等である旨）	③ 課税資産の譲渡等に係る資産又は役務の内容（課税資産の譲渡等が軽減対象資産の譲渡等である場合には、資産の内容及び軽減対象資産の譲渡等である旨）
④ 課税資産の譲渡等の税抜価額又は税込価額を税率ごとに区分して合計した金額及び<u>適用税率</u>	④ 課税資産の譲渡等の税抜価額又は税込価額を税率ごとに区分して合計した金額
⑤ <u>税率ごとに区分した消費税額等</u>	⑤ <u>税率ごとに区分した消費税額等又は適用税率</u>
⑥ 書類の交付を受ける事業者の氏名又は名称	

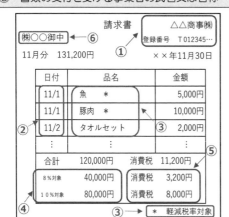 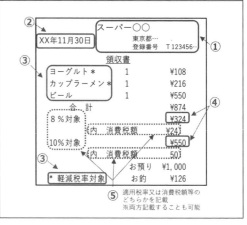

出展　国税庁資料「適格請求書等保存方式（インボイス制度）の手引き」（令和4年9月版）

（注） 区分記載請求書等保存方式の下では、仕入先から交付された請求書等に「軽減税率の対象品目である旨」や「税率ごとに区分して合計した税込対価の額」の記載がないときは、これらの項目に限って交付を受けた事業者自らが、その取引の事実に基づき追記することができましたが、適格請求書等保存方式の下では、このような追記をすることはできません。

(2) 「税率ごとに区分した消費税額等」の端数処理

　適格請求書の記載事項である「税率ごとに区分した消費税額等」に１円未満の端数が生じる場合には、一の適格請求書につき、税率ごとに１回の端数処理を行います（法57の４①五、令70の10、基通１−18−15）。

　端数処理は、切上げ、切捨て、四捨五入など任意の方法で行うこととなります。したがって、税率ごとに区分して合計した対価の額に税率を乗じるなどして、計算することとなります（例①③）。

　　㊟　例えば、一の適格請求書に記載されている個々の商品ごとに消費税額等を計算して端数処理を行い、その合計額を「税率ごとに区分した消費税額等」として記載することは認められていません（例②）。

【例①：認められる例】

請求書

○○㈱ 御中　　　　　　　　　　○年11月30日
　　　　　　　　　　　　　　　　　　　　㈱△△
請求金額（税込）60,197円　　　　　　　（T123…）
※は軽減税率対象

取引年月日	品名	数量	単価	税抜金額	消費税額
11/2	トマト ※	83	167	13,861	(注) −
11/2	ピーマン ※	197	67	13,199	
11/15	花	57	77	4,389	
11/15	肥料	57	417	23,769	
8％対象計				27,060	端数処理→2,164
10％対象計				28,158	端数処理→2,815

（注）個々の商品ごとの消費税額を**参考**として記載することは、差し支えありません。

【例②：認められない例】

　左記のように税抜価額を税率ごとに区分して合計した金額に対して10％又は8％を乗じて得た金額に端数処理を行います。以下のように、個々の商品ごとに消費税額を計算し、その計算した消費税額を税率ごとに合計し、適格請求書の記載事項とすることはできません。

取引年月日	品名	数量	単価	税抜金額	消費税額
11/2	トマト ※	83	167	13,861 → 行ごとに端数処理	1,108
11/2	ピーマン ※	197	67	13,199 →	1,055
11/15	花	57	77	4,389 →	438
11/15	肥料	57	417	23,769 →	2,376
8％対象計				27,060	2,163
10％対象計				28,158	2,814

（合算）✕

【例③：認められる例】

請求書

○○㈱ 御中　　　　　　　　　　○年11月30日
　　　　　　　　　　　　　　　　　　　　㈱△△
請求金額（税込）60,195円　　　　　　　（T123…）
※は軽減税率対象

取引年月日	品名	数量	単価	税抜金額	消費税額	税込金額
11/2	トマト ※	83	167	13,861 → 行ごとに端数処理	1,108	14,969
11/2	ピーマン ※	197	67	13,199 →	1,055	14,254
11/15	花	57	77	4,389 →	438	4,827
11/15	肥料	57	417	23,769 →	2,376	26,145
8％対象税込計(内税)					29,223	端数処理→2,164
10％対象税込計(内税)					30,972	端数処理→2,815

　左記のように税込価額を税率ごとに区分して合計した金額に対して10/110又は8／108を乗じて得た金額に端数処理を行います。

　なお、税込金額を算出するために、個々の商品ごとの消費税額を計算し、その消費税額に係る端数処理を行うことは、値決めのための参考であり、この端数処理に関しては事業者の任意です（適格請求書の記載事項としての消費税額の端数処理ではありません。）。

　また、上記【例②：認められない例】（税抜金額を基に消費税額を計算する場合）と同様に、個々の商品ごとに消費税額を計算し、その計算した消費税額を税率ごとに合計し、適格請求書の記載事項とすることはできません。

　出展　国税庁資料「適格請求書等保存方式の概要−インボイス制度の理解のために−」（令和５年７月版）

5　仕入税額控除の要件

　適格請求書等保存方式の下では、適格請求書などの請求書等の交付を受けることが困難な一定の場合を除き、一定の事項を記載した帳簿及び請求書等の保存が仕入税額控除の要件となります（法30⑦〜⑨）。したがって、免税事業者や消費者など適格請求書発行事業者以外の者から行った課税仕入れは、原則として、仕入税額控除の適用を受けることができません。

⑴　帳簿の記載事項

　保存が必要となる帳簿の記載事項は、次のとおりです（法30⑧）。

①　課税仕入れの相手方の氏名又は名称

②　取引年月日

③　取引内容（軽減税率の対象品目である旨）

④　課税仕入れの支払対価の額

⑵　請求書等の範囲

　保存が必要となる請求書等には、次のものが含まれます（法30⑨）。

①　適格請求書又は適格簡易請求書

②　仕入明細書等（適格請求書の記載事項が記載されており、相手方の確認を受けたもの）

③　卸売市場において委託を受けて卸売の業務として行われる生鮮食料品等の譲渡及び農業協同組合等が委託を受けて行う農林水産物の譲渡について、受託者から交付を受ける一定の書類（上記3⑵②③の取引が該当します。）

④　①から③の書類に係る電磁的記録

⑶　仕入明細書等による仕入税額控除

　買手が作成する一定の事項が記載された仕入明細書等を保存することにより仕入税額控除の適用を受けることができます。

　なお、この場合、記載する登録番号は課税仕入れの相手方（売手）のものであり、区分記載請求書等保存方式と同様、課税仕入れの相手方の確認を受けたものに限られます（法30⑨三、基通11－6－6）。

　相手方の確認を受ける方法としては、例えば、次のものがあります。

①　仕入明細書等の記載内容を、通信回線等を通じて相手方の端末機に出力し、確

認の通信を受けた上で、自己の端末機から出力したもの

②　仕入明細書等に記載すべき事項に係る電磁的記録につきインターネットや電子メールなどを通じて課税仕入れの相手方へ提供し、相手方から確認の通知等を受けたもの

③　仕入明細書等の写しを相手方に交付し、又は仕入明細書等の記載内容に係る電磁的記録を相手方に提供した後、一定期間内に誤りのある旨の連絡がない場合には記載内容のとおり確認があったものとする基本契約等を締結した場合におけるその一定期間を経たもの

なお、③については、仕入明細書等の記載事項が相手方に示され、その内容が確認されている実態にあることが明らかであれば、相手方の確認を受けたものと取り扱われています。

【仕入明細書等の記載例】

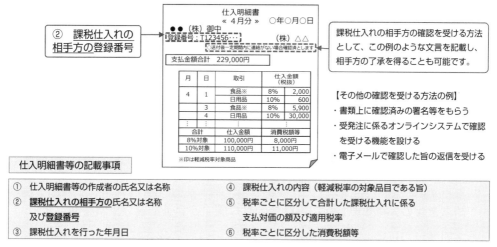

出展　国税庁資料「適格請求書等保存方式の概要－インボイス制度の理解のために－」（令和5年7月版）

(4)　複数書類による対応

適格請求書は、一定の事項が記載された請求書、納品書等これらに類するものをいいますが、一の書類のみで全ての記載事項を満たす必要はないこととされています。例えば、請求書と納品書など、相互の関連が明確な複数の書類全体で記載事項を満たしていれば、これら複数の書類を合わせて一の適格請求書とすることができます（基通1－8－1）。

(5)　請求書等の保存を要しない場合

請求書等の交付を受けることが困難な次の取引は、請求書等の保存を要せず、帳簿

のみの保存で仕入税額控除が認められます（法30⑦、令49①、規15の４）。

　①　適格請求書の交付義務が免除される前記３(2)①④⑤に掲げる取引

　②　適格簡易請求書の記載事項（取引年月日を除きます。）を満たす入場券等が、使用の際に回収される取引

　③　古物営業、質屋又は宅地建物取引業を営む者が適格請求書発行事業者でない者から棚卸資産を取得する取引

　④　適格請求書発行事業者でない者から再生資源又は再生部品を棚卸資産として購入する取引

　⑤　従業員等に支給する通常必要と認められる出張旅費、宿泊費、日当及び通勤手当等に係る課税仕入れ

(6)　**免税事業者等からの課税仕入れに係る経過措置**

　　免税事業者や消費者など適格請求書発行事業者以外の者からの課税仕入れは、原則として、仕入税額控除を行うことができません。ただし、区分記載請求書等と同様の事項が記載された請求書等及びこの経過措置の規定の適用を受ける旨を記載した帳簿を保存している場合には、次のとおり、一定の期間は、仕入税額相当額の一定割合を仕入税額として控除できる経過措置が設けられています（28年改正法附則52、53）。

　①　令和５年10月１日から令和８年９月30日までの期間　仕入税額相当額の80％

　②　令和８年10月１日から令和11年９月30日までの期間　仕入税額相当額の50％

(7)　**請求書等の保存を要しない課税仕入れに関する経過措置（少額特例）**

　　基準期間における課税売上高が１億円以下又は特定期間における課税売上高が5,000万円以下である事業者が、令和５年10月１日から令和11年９月30日までの間に行った課税仕入れについて、その税込みの支払対価の額が、１回の取引で１万円未満である場合には、一定の事項が記載された帳簿のみの保存を行うことで、仕入税額控除制度の適用を受けられることとされています（28年改正法附則53の２、30年改正消令附則24の２①）。

　　㊟　特定期間とは、個人事業者の場合はその年の前年の１月から６月まで、法人の場合は前事業年度開始の日から６月の間をいいます。

　　少額特例は適格請求書発行事業者以外の者からの課税仕入れも対象となり、その全額が仕入税額控除の対象となります。このため、適格請求書発行事業者以外の者から行う課税仕入れについて、少額特例の適用を受ける場合は、上記５(6)の消費税額相当額の80％又は50％について仕入税額控除が認められる経過措置の適用はありません

（28年改正法附則53の２）。

　また、適格請求書等の交付を受けることが困難である取引等について、帳簿のみの保存により仕入税額控除制度の適用を受ける場合は、対象となる取引のいずれかに該当する旨及び課税仕入れの相手方の住所等を帳簿に記載しなければなりません（令49①）が、少額特例の適用については、これらの帳簿への記載は不要とされています。

6　税額計算の方法等

⑴　税額計算の方法

　売上税額及び仕入税額の計算は、次の①又は②を選択することができます（法30、45、令46、62）。

　①　適格請求書に記載のある消費税額等を積み上げて計算する積上げ計算

　②　適用税率ごとの取引総額を割り戻して計算する割戻し計算

　ただし、売上税額を積上げ計算により計算する場合には、仕入税額も積上げ計算により計算しなければなりません。なお、売上税額について積上げ計算を選択できるのは、適格請求書発行事業者に限られます。

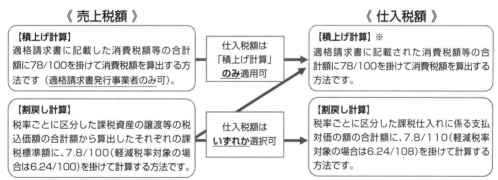

※　仕入税額の積上げ計算の方法として、課税仕入れの都度、課税仕入れに係る支払対価の額に110分の10（軽減税率の対象となる場合は108分の8）を乗じて算出した金額（1円未満の端数が生じたときは、端数を切捨て又は四捨五入します。）を仮払消費税額等などとし、帳簿に記載（計上）している場合は、その金額の合計額に100分の78を掛けて算出する方法も認められます（帳簿積上げ計算）。

　　　　　　出展　国税庁資料「適格請求書等保存方式の概要－インボイス制度のために－」（令和5年7月版）

⑵　適格請求書発行事業者となる小規模事業者に係る税額控除に関する経過措置（2割特例）

　適格請求書発行事業者（相続により適格請求書発行事業者の事業を承継したことにより、一定期間、適格請求書発行事業者とみなされる相続人を含みます。）の令和5年10月1日から令和8年9月30日までの日の属する各課税期間で、適格請求書発行事業者の登録、

課税事業者選択届出書の提出又は消費税法第10条第1項に規定する相続があった場合の納税義務の免除の特例の適用がなかったとしたら免税事業者となる課税期間については、課税標準額に対する消費税額から売上げに係る対価の返還等の金額に係る消費税額の合計額を控除した残額に8割を乗じて計算した額（特別控除税額）を、仕入控除税額とすることができます（28年改正法附則51の2①②）。

　ただし、2割特例は、インボイス制度を機に免税事業者から適格請求書発行事業者として課税事業者になった事業者が対象ですから、基準期間の課税売上高が1,000万円を超える事業者、資本金1,000万円以上の新設法人、調整対象固定資産や高額特定資産を取得して仕入税額控除を行った事業者、適格請求書発行事業者の登録と関係なく事業者免税点制度の適用を受けないこととなる場合や、課税期間特例の適用を受ける場合などについては、2割特例の対象とはなりません（詳細は平成28年改正法附則51条の2第1項を参照。）。

　また、2割特例の適用に当たっては、事前の届出は必要なく、消費税の確定申告書に2割特例の適用を受ける旨を付記することで適用を受けることができます（28改正法附則51の2③）。そのため、一般課税と簡易課税のいずれを選択している場合でも、2割特例を適用することができます。

○　2割特例を適用した課税期間後の簡易課税制度の選択

　2割特例の適用を受けた事業者がこの特例を受けなくなる課税期間においては、簡易課税制度を選択するケースが多いと思われますが、簡易課税制度を選択するためには、原則として、適用を受けようとする課税期間の前課税期間に届出書を提出する必要があります。このため、スムーズな移行ができるよう、2割特例の適用を受けた適格請求書発行事業者が、2割特例の適用を受けた課税期間の翌課税期間中に、消費税簡易課税制度選択届出書を提出したときは、その提出した日の属する課税期間から簡易課税制度の適用を受けることができることとされています（28改正法附則51の2⑥）。

第2編

消費税
課否判定早見表

○ 判定用語解説（課税取引・非課税取引・免税取引・不課税取引）

区　　分	意　　　　　　　　義
☆ 課税対象取引	事業者が国内において行う資産の譲渡等（いわゆる国内取引）及び保税地域から引き取られる外国貨物（いわゆる輸入取引）を課税対象としています（法４①②）。 　本書においては、このうち非課税又は免税とならないものを「**課税**」として判定欄に表示しています。
・　課税取引	国内において事業者が事業として対価を得て行う資産の譲渡及び貸付け並びに役務の提供で、非課税及び免税以外の取引をいいます。
・　輸入取引	保税地域から引き取る外国貨物であれば、その対価が無償であっても、また、その引取りが事業として行われない場合であっても課税対象になります（基通５−６−２）。
☆ 非 課 税 取 引	国内における資産の譲渡等（いわゆる国内取引）に該当しますが、消費税の性格から課税対象になじまないもの及び社会政策上の配慮に基づき課税対象から除かれたもので消費税を課さない取引をいいます（法６）。 　本書においては、「**非課税**」として判定欄に表示しています。 （消費税申告上の注意点） ① 消費税が課税されないことから、課税売上げ、課税仕入れのいずれにも該当しません。 ② 仕入控除税額を個別対応方式により計算する場合において、非課税売上げにのみ要する課税仕入れ（例えば、土地売却のために不動産会社に支払う仲介手数料等）は、仕入税額控除できません。 ③ 課税売上割合の計算上、その売上高を分母にのみ算入します。 　なお、取引によっては分母に全く算入しないもの又は売上額の一定割合だけを分母に算入するもの等があります。
☆ 免 税 取 引	一定の要件を満たすことを前提に、事業者が国内で行う課税資産の譲渡等について、その消費税が免除される取引をいいます。具体的には、輸出や輸出類似取引が「免税取引」に該当します（法７等）。 　本書においては、「**免税**」として判定欄に表示しています。 （消費税申告上の注意点） ① 免税売上げについては課税されませんが、消費税法上は課税売上げになります。したがって、課税事業者に該当するかどうか、簡易課税制度を適用できるかどうかの判定の基礎となる基準期間の課税売上高、課税期間の課税売上割合の計算上、分母・分子には、免税売上高も含まれます。 ② 消費税が課税されないことから、免税取引は課税仕入れに該当しません。 ③ 仕入控除税額を個別対応方式で計算する場合は、免税売上げにのみ要する課税仕入れ（例えば、輸出する商品の仕入れ）は、全額控除できます。
☆ 不 課 税 取 引	国外取引や国内における資産の譲渡等に該当せず、消費税法の適用外となる取引をいいます。したがって、国外で行われる取引、事業者でない消費者が行う取引、事業に該当しない取引及び対価性のない取引等が該当します。 　本書においては、「**不課税**」として判定欄に表示しています。 （例示） 　労働の対価である給与、株式配当金その他の出資配当金、保険金、共済金、損害賠償金、寄附金、補助金、宝くじ当せん金等 （消費税申告上の注意点） ・ 消費税法上、課税売上げ、課税仕入れのいずれにも該当しません。ただし、国、地方公共団体、消費税法別表第三に掲げる公共・公益法人等が不課税となる収入を得た場合には、仕入控除税額の調整（法60④）を行う場合があります。

（アドバイス）

① 「保税地域」とは、輸出入手続を行い、また外国貨物を蔵置し又は加工製造、展示等をすることができる特定の場所をいいます。

② 「外国貨物」とは、外国から国内に到着した貨物で、輸入が許可される前のもの及び輸出許可を受けた貨物をいいます。

第1 損益計算書科目

I 売上高

項　　目	項　目　の　説　明　及　び　取　扱　い	判　定	参考法令等
【売　上】 商品売上、 貸付収入、 請負収入等 アドバイス	・　国内において、事業者が事業として対価を得て行う「資産の譲渡及び貸付け並びに役務の提供」が課税対象になる。 ★　売買契約等において本体価額と消費税等に相当する額を区分していない場合には、その課税資産の譲渡等の対価の額は、消費税及び地方消費税を含んでいることになる。 ★　売上代金が確定していない場合でも、目的物の引渡し等があれば課税対象となり、その金額を適正に見積もることになる。その後、確定額との差額が生じた場合には、確定した日を含む課税期間において調整する。	課　　税	法2①八、九、4① 基通10-1-20
誤りやすい 事　　例	◆　相手先の未払金と相殺して売上計上し、課税売上げの計算をしていた（正しくは、相殺前の金額を課税売上げとして計算する必要がある。）。 ◆　法人税の申告調整において自己加算した課税売上げの計上もれについて消費税の課税標準に含める必要があるにもかかわらず、これを含めないで申告を行った。		
	・　非課税取引 　①　土地等の譲渡及び貸付け 　②　有価証券等、支払手段等の譲渡 　③　利子、信用保証、信託報酬、保険料 　④　郵便切手類、印紙等の譲渡 　⑤　物品切手等の譲渡 　⑥　行政手数料等 　⑦　外国為替業務 　⑧　社会保険医療等 　⑨　介護保険サービス・社会福祉事業等 　⑩　助産 　⑪　埋葬料、火葬料 　⑫　一定の身体障害者用物品の譲渡等 　⑬　一定の学校の入学検定料、入学金、授業料、施設設備費等 　⑭　教科用図書の譲渡 　⑮　住宅の貸付け	非　課　税	法6① 法別表第二

項目	項目の説明及び取扱い	判定	参考法令等
誤りやすい事例	◆ 損害保険代理店手数料収入を非課税となる「保険料収入」と誤認して、課税売上げの計算に算入していなかった。		基通6－3－2
	・ 輸出免税取引	免税	法7、8
チェックポイント	◎ 課否判定、内外判定は問題ないか。 特に国外取引に係る内外判定誤りに注意 ◎ 免税判定は問題ないか。		法4、6～8、 令2、6～18
アドバイス	★ 輸出免税の適用を受けるためには、輸出証明書等を保存する必要がある。 ★ 輸出免税の適用が受けられるのは、あくまでも輸出を自ら行う事業者に限られ、例えば、次のようなA社とC社との間の取引については、輸出取引等には該当しない。 ① 輸出する物品の製造のための下請加工 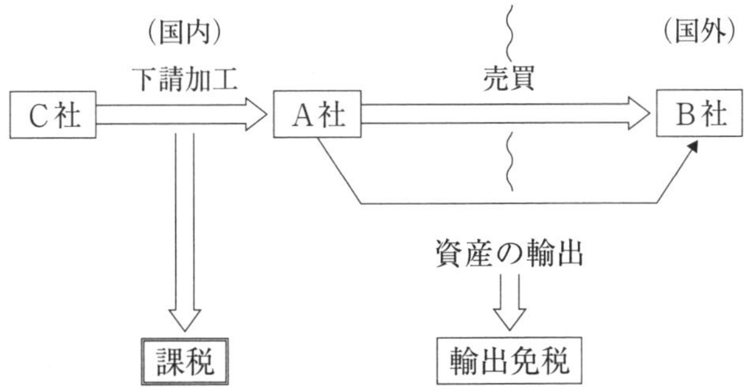 ② 輸出取引を行う事業者に対して行う国内での資産の譲渡等 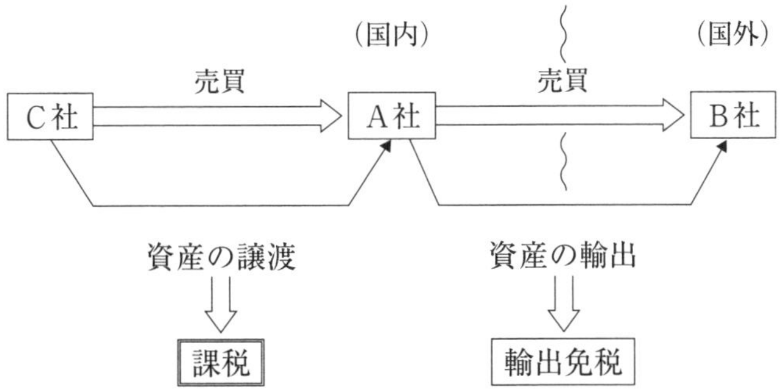 ★ 海外航空券の販売 旅行代理店が海外航空券を仕入れて販売した場合、物品切手の販売に該当するので、海外航空券の売上代金は輸出免税には該当しないことになる。 ★ 外貨建ての場合		法7② 基通7－2－2

損益項目	–	売　上　高	–	売上返品等

項　　　目	項 目 の 説 明 及 び 取 扱 い	判　　定	参考法令等
	外貨建ての取引に係る資産の譲渡等の対価の額は、所得税又は法人税の課税所得金額の計算において円換算して計上すべき金額が課税標準となります。 航空会社　役務提供　（海　　外） （委託）代行手数料　航空料金分支払　【輸出免税】 大手の旅行会社　ア　メ　リ　カ 【不課税】 航空券の交付　航空券の仕入 旅行代理店　運送業務 【非課税】物品切手の販売に該当　航空券の販売 客		
誤りやすい事　　例	◆　外国法人の日本支店に対して国内で役務の提供を行ったが、免税取引と誤認し、課税売上げとしていなかった。		基通7-2-17
	・　国外取引	不 課 税	法4③、令6
アドバイス	★　事業者が国外において購入した資産を国内に搬入することなく他へ譲渡するいわゆる三国間貿易の場合には、その経理のいかんを問わず、国外取引に該当する。 ★　国外の工事について、国内の商社が元請し、建設業者が下請となった場合において、建設業者の行う国外の工事は、工事としての役務の提供の場所が国外であることから、国外取引になる。		基通5-7-1 法4③二
誤りやすい事　　例	◆　国外において販売した商品の売上げを課税売上げにしていた。		
【売上返品等】売上返品売上値引売上割戻し	・　課税売上げに係る返品、値引き、割戻しがあった場合には、課税標準額に対する消費税額からその税額相当分を控除する。	課　　税	法38①
チェックポイント	◎　国外取引、非課税取引、輸出取引は、課税されないことから、その売上値引等があったとしても、課税標準額に対する消費税額から控除することはできないが、課税取引と混同して控除していないか。		

項　　目	項　目　の　説　明　及　び　取　扱　い	判　　定	参考法令等
アドバイス	★　返品、値引き、割戻しによる売上げに係る対価の返還等の金額に係る消費税額は、税込みの売上げに係る対価の返還等の金額に110分の7.8（又は108分の6.24）を乗じて算出する。 　適用には、売上対価の返還等の金額等の明細を記録した帳簿の保存が必要です。売上対価の返還等の金額を売上金額から直接減額する方法で経理している場合はこの計算は不要です。		法38①
	・　売上割戻しには、直接の取引先に支払うもののほか、その間接の取引先に対して支払ういわゆる飛越しリベート等も含まれる。	課　　税	基通14-1-2
	・　次のものはいずれも売上げに係る対価の返還等に該当する。 ①　船舶の早出料 ②　販売奨励金等 ③　事業分量配当金 ④　売上割引	課　　税	基通14-1-1～4
	・　売上割戻しを相手方に支払うことに代えて売掛債権と相殺した場合も課税標準額に対する消費税額から控除できる。	課　　税	
	・　売上割戻金の支払に代えて、取引先を観劇、旅行等に招待した場合は、売上げに係る対価の返還ではなく、観劇、旅行等に招待した費用（交際費等）が課税仕入れになる。	課　　税	
誤りやすい事　例	◆　土地付建物を販売し、支払期日よりも前に支払いを受けたので値引きをしたが、値引額全額を建物代金の値引きとして処理していた。 ◆　売上金額から返品額や値引額を控除した額を課税売上げの対価の額としているにもかかわらず、返品、値引きに含まれている消費税額を課税売上げに係る消費税額から控除していた。 ◆　免税事業者であった課税期間における商品の売上げについて、課税事業者になった後で返品を受け、課税売上げに係る消費税額から控除していた。 ◆　土地の売却をしたが、課税売上割合の計算上、分母に土地の譲渡金額ではなく、譲渡益（譲渡損）を加算（減算）していた。		基通14-1-5 基通14-1-6
【土地及び土地の上に存する権利の譲渡】			

項　　目	項 目 の 説 明 及 び 取 扱 い	判　　定	参考法令等
(1)　土　地 （チェックポイント） （誤りやすい 事　　例）	・　土地と一体として譲渡する場合の庭木、石垣、庭園等の定着物も土地に含まれる。 ◎　課税売上割合の計算上、分母に含まれる。 ◆　温泉利用権付土地の譲渡の場合、すべて非課税取引としていた（温泉利用権の譲渡は課税取引になる。）。	非 課 税	基通6-1-1 基通6-1-2
	・　独立して取引の対象となる立木等は土地から除かれる。	課　　税	基通6-1-1
(2)　地上権、 　　借地権、 　　地役権、 　　永小作権	・　土地の上に存する権利とは、地上権、土地の賃借権、地役権、永小作権等の土地の使用収益に関する権利をいう。	非 課 税	基通6-1-2
(3)　耕作権	・　耕作権は、土地の上に存する権利に該当する。	非 課 税	
(4)　鉱業権、 　　土石採取 　　権、温泉 　　利用権	・　採掘料や採石料等は、鉱石等の採取の対価であり、土地の使用収益の対価ではないので、課税対象になる。土地の賃貸借の形態により行われる鉱石や砂利の採取であっても、採石法第33条《採取計画の認可》、砂利採取法第16条《採取計画の認可》に規定する採取計画の認可を受けて行う鉱石又は砂利の採取は、課税対象になる。	課　　税	基通6-1-2
(5)　土地に 　　設定され 　　た抵当権 　　の譲渡	・　土地に対する抵当権を他の債権者に譲渡する場合や第一順位の抵当権を有する者が後順位の抵当権者に譲渡する場合は、課税対象（抵当権は土地の使用収益に関する権利ではない。）になる。	課　　税	基通6-1-2
(6)　土地建 　　物の一括 　　譲渡	・　土地と建物を同一の者に同時に譲渡した場合には、対価の額を合理的に区分する必要があるが、所得税又は法人税の土地の譲渡等に係る課税の特例による計算において区分している場合（契約書において明らかな場合）は、その区分したところによる。 　①　土地部分 　②　建物部分 ㈱1　その区分しようとする取引における合理的な基準は、通常所得税又は法人税と消費税との間で異ならない。 　2　合理的に区分されていない場合には、それぞれの譲渡に係る通常の取引価額を基礎として区分することになる。	 非 課 税 課　　税	法28 令45③ 基通10-1-5

項　　　目	項 目 の 説 明 及 び 取 扱 い	判　　定	参考法令等
チェックポイント	◎　未経過固定資産税相当額は、譲渡金額に含まれることになっている。		基通10-1-6
誤りやすい事　　例	◆　借地権付建物を一括譲渡した際に、それぞれの譲渡価額を合理的に按分していなかった。		
(7) 掘りこみガレージ	・　堀りこみガレージ（土地を掘削してコンクリートの壁、床、天井を設置し、シャッターを取り付けた地下ガレージで、住宅に付帯するもの）の譲渡は、土地と建物の一括取引であるので、その掘りこみガレージの部分が課税対象となる。 ①　土地部分 ②　建物及び掘りこみガレージ部分	非　課　税 課　　　税	
(8) 土地類似株式	・　土地類似株式の譲渡は、土地等の譲渡には当たらず、有価証券の譲渡（P.73参照）に該当する。	非　課　税	基通6-2-1
(9) 土地取引の仲介手数料	・　土地等の譲渡代金は、非課税であるが、土地の売買又は貸付け等に関する仲介手数料は売買等のあっせんという役務の提供の対価であり、課税対象になる。	課　　　税	基通6-1-6
誤りやすい事　　例	◆　不動産業者が、土地の売上げが非課税になることから、土地の売買に関する仲介手数料を課税売上げにしていなかった。		
【土地及び土地の上に存する権利の貸付け】 (1) 地　代	・　原則として非課税になる。	非　課　税	法別表第二1
(2) 短期貸付け	・　貸付期間が1月に満たない場合（日曜日だけ1年間貸すような場合を含む。）は課税対象になる。	課　　　税	令8 基通6-1-4
アドバイス	★　貸付期間は、その土地の貸付けに係る契約において定められた貸付期間によって判定されることとされていることから、あらかじめ定められた貸付期間が1月以上であったものが、その後の事情によりその貸付期間が結果的に1月未満となったとしても、その土地の貸付けは非課税である。また、これとは反対にあらかじめ定められた貸付期間が1月未満であったものが、その後の事情によりその貸付期間が結果的に1月以上となったとしても、その		

項　　目	項 目 の 説 明 及 び 取 扱 い	判　定	参考法令等
	土地の貸付けは課税になる。		
(3)　駐車場	・　駐車場その他の施設の利用に伴う土地の利用は、課税対象になる。例えば、砂利敷、アスファルト敷、コンクリート敷の駐車場は構築物であり、施設の貸付けに該当する。	課　　税	令8 基通6-1-5
	・　駐車場等として利用する場合であっても、地面の整備、フェンス、区画、建物の設置等をしていないときは、その土地の利用は、土地の貸付けに該当し、原則として、非課税取引になる。	非 課 税	基通6-1-5 (注)1
	・　一戸建住宅に係る駐車場のほか、集合住宅に係る駐車場で一戸一台以上の駐車スペースが必ず割り当てられる等、駐車場が住宅の貸付けに含まれていると認められる場合で、住宅の貸付けの対価とは別に駐車場使用料等を収受していないものは、駐車場部分を含めた全体が住宅の貸付け（非課税）に該当する（マンション管理組合が収受する駐車場代等は、P.72参照）。	非 課 税	基通6-13-3
	アドバイス　★　駐車場が住宅の貸付けに付随していると認められる場合であっても、駐車場料金を住宅の貸付けの対価とは別に徴収している場合には、その駐車場料金は課税対象になる。		
(4)　テニスコート、野球場、プール	・　施設の利用が土地の使用を伴う場合でも土地の貸付けには含まれず、課税対象になる。	課　　税	基通6-1-5
(5)　高架下の貸付け	・　高架式線路の支柱間の空スペースを何ら施設を設けることなく貸し付けた場合は、土地の貸付けに該当し、非課税になる。	非 課 税	
	・　フェンス等を設け、駐車場等として貸し付けた場合は、施設の貸付けに該当し、課税対象になる。	課　　税	基通6-1-5 (注)1
(6)　墓地の永代使用料等	・　墓地の永代使用料や霊園墓地における地中納骨施設の貸付けは、非課税になる。	非 課 税	
	・　墓地等の管理料（墓地の清掃等を行うための費用）は、役務の提供の対価であり、課税対象になる。	課　　税	

項　　目	項 目 の 説 明 及 び 取 扱 い	判　　定	参考法令等
(7)　公有水面使用料、河川占用料	・　土地の貸付けに該当し、占用許可を受けた期間が1月以上である場合は、非課税になる。	非 課 税	基通6−1−7
(8)　道路占用料	・　貸付期間が1月以上である場合は、非課税になる。	非 課 税	基通6−1−7
(9)　電柱使用料	・　国又は地方公共団体等がその有する道路、土地の使用許可に基づき収受する電柱使用料は、土地の貸付けに係る対価に該当し、非課税になる。	非 課 税	
	・　電柱を広告等のために使用させる場合に電力会社が収受する電柱使用料は、課税対象になる。	課　　税	
(10)　借地権の更新料、更改料、名義書換料	・　借地権に係る更新料等は、土地の上に存する権利の設定、譲渡又は土地の貸付けに係る対価に該当し、非課税になる。	非 課 税	基通6−1−3
誤りやすい事　　例	◆　借地権の更新料を受け取ったが、課税売上割合の算出に当たって、分母に算入していなかった。		
【建物の貸付け】 (1)　家賃、敷金、保証金、権利金等、共益費	・　住宅（人の居住の用に供する家屋又は家屋のうち人の居住の用に供する部分をいい、一戸建て住宅のほか、マンション、アパート、社宅、寮、貸間等が含まれる。）の貸付け（契約において人の居住の用に供することが明らかにされているものに限られる。）に係る家賃は、非課税になる。	非 課 税	法別表第二13 令16の2
アドバイス	★　住宅の貸付けに係る非課税範囲の見直し　令和2年4月1日以後に行われる住宅の貸付けで、貸付けに係る契約で用途が明らかでない場合であっても、その貸付け等の状況からみて人の居住の用に供されていることが明らかな場合については、消費税を非課税とすることとされた。これまでは、契約上、居住の用に供することが明らかな場合に非課税とされていた。例えば、住宅を賃貸する場合において、住宅の賃借人が個人であって、当該住宅が人の居住の用に供されていないことを賃貸人が把握していない場合は、貸付け等の状況からみて人の居住の用に		基通6-13-10、6-13-11

| 損益項目 | – | 売 上 高 | – | 建物の貸付け |

項　　目	項 目 の 説 明 及 び 取 扱 い	判　　定	参考法令等
	供されていることが明らかな場合に該当する。		
	★　家賃には、月決め等の家賃のほか、敷金、保証金、権利金等のうち返還されない部分（原状回復費を除く。P.71参照）及び共同住宅における共用部分に係る費用を入居者が応分に負担するいわゆる共益費も含まれる。		基通6-13-9
	★　住宅と店舗又は事務所等の事業用施設が併設されている建物を一括して貸し付けた場合には、住宅の部分を合理的に区分し、住宅として貸し付けた部分のみが非課税になる。		基通6-13-5
	★　駐車場付貸家住宅における駐車場部分については、一定の要件を満たしている場合には、非課税になる（P.68参照）。		基通6-13-3
（誤りやすい事　　例）	・　店舗、事務所、工場等の貸付けに係る家賃については、課税対象になる。	課　　税	
	◆　店舗を貸し付けた際に、賃貸料を建物部分と土地部分とに区分し、建物部分の賃貸料のみを課税売上げにしていた（全体が課税売上げになる。）。		基通6-1-5（注）2
	・　賃貸借契約等の締結又は更改に当たって収受する保証金、権利金、敷金、更改料のうち、一定の事由の発生により返還しないものは、権利の設定の対価であるから、資産の譲渡等の対価に該当し、次のとおりになる。 ①　住宅や土地に係るもの ②　店舗、事務所、工場等に係るもの	 非 課 税 課　　税	基通5-4-3
	・　賃貸借の終了により返還される保証金、敷金等は、資産の譲渡等の対価に該当しない。	不 課 税	基通5-4-3
(2)　住宅の貸付けの範囲	・　「住宅の貸付け」には、通常住宅に付随して貸し付けられると認められるもの（例えば、庭塀等）及び住宅の附属設備として住宅と一体となって貸し付けられると認められるもの（例えば、家具、じゅうたん、照明設備、冷暖房設備等）が含まれる。	非 課 税	基通6-13-1
	・　住宅の附属設備又は通常住宅に付随する施設等と認められるものであっても、当事者間において住宅とは別の賃貸借の目的物として、家賃とは別に使用料等を収受している場合には、その設備又は施設の使用料等は、課税対象になる。	課　　税	基通6-13-1
	・　プール、アスレチック施設等を備えた住宅において、居	課　　税	基通6-13-2

項　　　目	項 目 の 説 明 及 び 取 扱 い	判　　定	参考法令等
	住者以外の者が利用料を支払えば利用できるような場合は、居住者から家賃の一部としてその利用料に相当する額を徴収していても、その部分は課税対象になる。		
(3) 住宅の貸付けと役務の提供が混合した契約	・　例えば、有料老人ホーム、ケア付住宅、食事付の貸間、食事付の寄宿舎等のように、一の契約で住宅の貸付けと役務の提供とを約している場合には、この契約に係る対価の額を合理的に区分し、住宅の貸付けに係る対価の額のみが非課税になる。	非 課 税	基通6-13-6
	・　居住用の部屋の貸付けに「まかない」が伴ういわゆる下宿の場合については、下宿代のうちまかない部分のみが課税対象になる。 ㈲1　この場合、まかない部分と部屋代部分が区分されているときは原則としてその区分に従うこととし、区分されていないときには、合理的な方法により区分する。 　2　旅館業法の適用を受ける施設の利用は非課税範囲から除かれているが、学生又は独身者等が利用するいわゆる「下宿」は旅館業法上の「下宿営業」には該当しない。	課 　 税	基通6-13-4
(4) 住宅の転貸	・　転貸であっても住宅用であることが契約書等において明らかな場合は、非課税になる。 　　例えば、事業者が従業員の社宅に使用することが明らかにされている建物をその事業者に貸し付ける場合には、貸主とその事業者との間の賃貸料及びその事業者と従業員との間の賃貸料（使用料）ともに非課税になる。	非 課 税	基通6-13-7
(5) 住宅の貸付けから除外される場合	・　非課税とされる住宅の貸付けから除外されるものは、住宅の貸付期間が1月未満の場合及びその貸付けが旅館業法第2条第1項《定義》に規定する旅館業に係る施設（ホテル、旅館、リゾートマンション、一時貸し用マンション、貸別荘等）の貸付け（施設の利用期間が1月以上となる場合を含む。）に該当する場合である。	課 　 税	令16の2 基通6-13-4
(6) 原状回復費	・　建物の賃借人が退去する際に、賃貸人が預り保証金等から差し引く原状回復費相当額は、賃貸人の賃借人に対する役務の提供の対価として課税対象になる。	課 　 税	
(7) マンション管理	・　駐車場代 ①　組合員だけに対して貸し付けた場合	不 課 税	

項　　　目	項　目　の　説　明　及　び　取　扱　い	判　　定	参考法令等
組合が収受する駐車場代、管理費等 （アドバイス）	②　組合員以外の者に対して貸し付けた場合	課　税	
	・　管理費等	不　課　税	
	★　マンションの玄関先等に設置したジュース等の自動販売機の設置手数料は課税対象となる。	課　税	
(8)　テナントビル等の共益費	・　原則として課税対象になる。	課　税	基通10-1-14
	・　共益費として収受する金銭のうち、水道光熱費等の費用がメーター等によりテナントごとに区分されており、かつ、ビルの管理者がテナントから集金した金銭を預り金として処理しているときは、課税対象にならない。	不　課　税	
(9)　借家権の名義書換料等（承諾料）	・　店舗、事務所等の借家人がその借家を第三者に転貸しようとする際に、借家の所有者が借家人から収受する承諾料は、他の者に建物を利用させる対価であるので、課税対象になる。	課　税	
	・　借地上に建物を所有している者が第三者に借地権付で建物を譲渡する際、地主が借地人から承諾の対価として収受する名義書換料は、他の者に土地を利用させることの対価と認められるので、非課税になる。	非　課　税	
(10)　ガソリンスタンドにおける建物の賃貸料	・　ガソリンの元売業者が、例えば、Aの有する土地の上にガソリンスタンドを建設して、これをAに賃貸する場合において、土地の賃貸料部分は同額であり、これを相殺して建物の賃貸料のみを授受し、経理上もそのように処理したときは、建物の賃貸料のみを資産の譲渡等の対価として取り扱う。	課　税	
(11)　建物の無償貸付け	・　資産の無償貸付けは、消費税法上は「資産の譲渡等」に該当しない。	不　課　税	基通5-4-5
(12)　民泊事業	・　住宅宿泊事業法第2条第3項に規定する住宅宿泊事業（民泊事業）において宿泊者から受領する宿泊料は、ホテルや旅館などと同様に消費税の課税対象となる。	課　税	基通6-13-4 (注)

項　　目	項 目 の 説 明 及 び 取 扱 い	判　　定	参考法令等
【有価証券等の譲渡】 (1) 有価証券等の範囲	・　非課税になる有価証券等の範囲は、次のとおりである。 　なお、課税売上割合の計算上、分母に加算する額はそれぞれ右欄による。	非 課 税	法別表第二2 令9① 基通6−2−1 令48②⑤
	・　金融商品取引法第2条第1項《定義》に規定する有価証券 　① 国債証券 　② 地方債証券 　③ 農林中央金庫の発行する農林債券その他の特別の法律により法人の発行する債券 　④ 資産流動化法に規定する特定社債券 　⑤ 社債券（相互会社の社債券を含む。） 　⑥ 日本銀行等の出資証券 　⑦ 優先出資法に規定する優先出資証券 　⑧ 資産流動化法に規定する優先出資証券又は新優先出資引受権を表示する証書 　⑨ 株券又は新株予約権証券 　⑩ 投資信託法に規定する投資信託又は外国投資信託の受益証券 　⑪ 投資信託法に規定する投資証券、新投資口予約権証券若しくは投資法人債券又は外国投資証券 　⑫ 貸付信託の受益証券 　⑬ 資産流動化法に規定する特定目的信託の受益証券 　⑭ 信託法に規定する受益証券発行信託の受益証券 　⑮ コマーシャル・ペーパー（CP） 　⑯ 抵当証券法に規定する抵当証券 　⑰ 外国債、海外CPなど外国又は外国の者の発行する証券又は証書で①から⑨まで又は⑫から⑯までの性質を有するもの 　⑱ 外国の者の発行する証券又は証書で銀行業を営む者その他の金銭の貸付けを業として行う者の貸付債権を信託する信託の受益権又はこれに類する権利を表示するもの 　⑲ オプションを表示する証券又は証書 　⑳ 預託証券 　㉑ 外国法人が発行する譲渡性預金証書（海外CD） 　㉒ 学校法人等を債務者とする金銭債権を表示する証券又は証書	（5％） （5％） （5％） （5％） （5％） （5％） （5％） （5％） （5％） （5％） （5％） （5％） （5％） （5％） （5％） （5％） （5％） （5％） （5％） （5％） （5％）	
	・　上記の有価証券に類するもの 　① 上記①から⑮まで及び⑰（⑯に掲げる有価証券の性質を有するものを除く。）に掲げる有価証券に表示される	（5％）	

項　　　目	項 目 の 説 明 及 び 取 扱 い	判　　定	参考法令等
	べき権利で有価証券が発行されていないもの（資金決済に関する法律第2条第5項に規定する電子決済手段を除く。）		
	②　合名会社、合資会社又は合同会社の社員の持分、協同組合等の組合員又は会員の持分その他法人（人格のない社団等、匿名組合及び民法上の組合を含む。）の出資者の持分	（全額）	
	③　株主又は投資信託法第2条第16項に規定する投資主となる権利、優先出資法第13条第1項の優先出資者となる権利、資産流動化法第2条第5項に規定する特定社員又は同法第26条に規定する優先出資社員となる権利その他法人の出資者となる権利	（5％）	
	④　貸付金、預金、売掛金その他の金銭債権（電子決済手段に該当するものを除く。）	（注）参照	
	（注）1　貸付金及び預金については、利子を分母の額に含める。		
	2　資産の譲渡等の対価として取得した金銭債権の譲渡については、分母の額に含めない。		令48②二
	3　海外CD・CPの譲渡（現先を除く。）は5％相当額を、国債等・CD・CPの買現先は損益部分（益は加算、損は減算）を分母に計上し、国債等・CD・CPの売現先は手持ち債券を担保にした資金調達であるから、分母に含めない。		令48②三、③
（アドバイス）	★　非課税とされる有価証券等には、船荷証券、倉荷証券、複合運送証券又は株式、出資若しくは預託の形態によるゴルフ会員権等は含まれない。		法別表第二2令9基通6-2-2
	★　法人が自己株式を取得する場合（証券市場での買入れによる取得を除く。）における株主から当該法人への株式の引渡し及び法人が自己株式を処分する場合における他の者への株式の引渡しは、いずれも資産の譲渡等に該当しない。		基通5-2-9
	★　登録国債、株券の発行がない株式、新株予約権等は、消費税法別表第一第2号の非課税になる有価証券に該当し、その譲渡は非課税になる。		法別表第二2基通6-2-1(2)（注）2
(2)　債券の償還日前の譲渡	・　有価証券の譲渡として非課税になる（課税売上割合の計算上、分母の額には譲渡対価の5％相当額を算入）。	非 課 税	令48⑤
(3)　現先取引	・　有価証券の譲渡として非課税になる（課税売上割合の計算に当たっては、上記「(1)有価証券等の範囲」の上記④（注）	非 課 税	法別表第二2

項　　目	項 目 の 説 明 及 び 取 扱 い	判　　定	参考法令等
	3 を参照)。 ㈰　この取扱いは、事業者が現先取引について売買取引又は金融取引のいずれの処理によっているかを問わない。		
(4)　抵当証券の売戻し アドバイス	・　抵当証券業者による抵当証券（モーゲージ証書）の買戻しは、実質的に債務の弁済と類似の経済的効果を有するものであるから、投資家が行う売戻しは抵当証券の譲渡に該当しない。 ★　抵当証券の買戻しの例 ①　抵当証券取引証（モーゲージ証書）に記載された買戻日（満期日）の到来による場合（満期買戻し） ②　原債権の存続又は弁済が不確実になったことにより、抵当証券業者が買い戻すこととした場合（満期前買戻し） ③　投資家の都合により解約の申出をした場合（中途解約による買戻し）	不　課　税	

(5)　出資者の持分の譲渡	・　匿名組合、民法上の組合及び人格のない社団等に対する出資持分は、「その他法人の出資者の持分」（P.73金融商品取引法第2条第1項に規定する有価証券に類するものの②）に該当し、非課税になる。
	
	   ──匿名組合とは──
	   当事者の一方が相手方の営業のために出資をし、相手方がその営業から生ずる利益を分配することを約する契約（商法535）。実質的には、出資者（匿名組合員）と営業を行う者（営業者）との共同企業形態であるが、外部に対しては商人である営業者だけが権利義務の主体として現れ、匿名組合員は営業者の行為について第三者に対して権利義務を持たない（商法536）。匿名組合は合資会社に類似するが、一種の契約関係であり、組合自体に法人格はない。
		非　課　税	基通6-2-1

(6)　株式等の形態によるゴルフ会員権等の譲渡 アドバイス	・　株式、出資、預託の形態によるゴルフ会員権等は、非課税とされる有価証券等の範囲（P.73(1)参照）から除かれる。 ★　ゴルフ会員権等を巡る課税関係 ①　ゴルフクラブの課税関係 ゴルフクラブが会員権を発行する場合において、その発行に	課　　税	令9② 基通6-2-2

損益項目	–	売上高	–	有価証券等の譲渡

項　　　目	項　目　の　説　明　及　び　取　扱　い	判　　　定	参考法令等
	関して収受する金銭は株式形態の場合は出資金であり、預託形態の場合は預り金となることから、いずれも資産の譲渡等の対価に該当せず課税対象にならない。ただし、入会に際して出資金や預託金とは別に収受する入会金などで会員等の資格を付与することと引換えに収受するものについては、役務の提供の対価として課税対象になる。また、プレー代、ロッカー使用料、年会費、会員権の所有者の変更に伴う名義書換料等も課税対象になる。 ②　ゴルフ会員権業者の課税関係 　会員権業者が会員権の所有者又は購入希望者からの委託を受けて会員権売買の仲介を行った場合は、その仲介に係る手数料は役務の提供の対価として課税対象になる。また、会員権の所有者から買取った会員権を売買する場合、株式形態のものは株式の譲渡に、預託形態のものは金銭債権の譲渡にそれぞれ該当するが、ゴルフ会員権の譲渡は非課税とされていないから、いずれも課税される。この場合、その会員権の譲渡について購入者から収受する金額が、課税資産の譲渡等の対価の額になる。 　なお、会員権の所有者からの会員権の買取りは課税仕入れになる。 ③　ゴルフ会員権所有者の課税関係 　事業者である会員権所有者がゴルフクラブに支払う年会費等は、課税仕入れに係る支払対価に該当する。また、事業者が会員権業者から会員権を購入した場合、その購入は課税仕入れになる。ただし、ゴルフクラブが発行した会員権をそのゴルフクラブから直接取得する行為は不課税取引に係るものであり、課税仕入れにはならない。なお、事業者（個人事業者を除く。）が所有している会員権を譲渡した場合の課税関係は、②の場合と同様になる。 ㊟　個人事業者が所有するゴルフ会員権の譲渡 　　個人事業者が所有するゴルフ会員権は、会員権販売業者が保有している場合には棚卸資産に当たり、その譲渡は課税対象になるが、その他の個人事業者が保有している場合には生活用資産に当たり、その譲渡は課税対象にならない。また、このため会員権販売業者以外の個人事業者のゴルフ会員権の購入は、個人事業者の課税仕入れに該当しない。		基通5-5-5 法別表第二2 令9②
誤りやすい 事　　　例	◆　株式形態のゴルフ会員権を譲渡したが、非課税となる有価証券の譲渡と誤認し課税売上げにしていなかった。 ◆　ゴルフ会員権を売却した際の課税標準を、預託金を除いた金額にしていた。		

項　　目	項 目 の 説 明 及 び 取 扱 い	判　　定	参考法令等
	◆　リゾート施設の会員権を譲渡した際の課税標準を、譲渡金額ではなく、譲渡益の額にしていた。		
(7)　預託金方式のゴルフ会員権のゴルフ場による買取り	・　預託金の据置期間満了後における預託金返還請求権に基づく預託金の返還は資産の譲渡等に該当せず、課税の対象とならない。	不課税	
(8)　船荷証券・倉荷証券・複合運送証券の譲渡	・　船荷証券・倉荷証券・複合運送証券は、法別表第一第2号に規定する有価証券等（P.73参照）には含まれないので、課税対象になる。	課　　税	基通6-2-2
	・　船荷証券等に記載されている資産が国外に所在する場合（例えば、輸出貨物に係る船荷証券の譲渡）は、国外取引となり、課税対象にはならない。	不 課 税	
	★　船荷証券の譲渡については、その譲渡が行われるときにその表彰されている貨物の所在地により、内外判定を行うことが原則であるが、荷揚地が国内である場合の船荷証券の譲渡についてはその写しの保存を要件として国内取引として差し支えないこととされている。		基通5-7-11
(9)　株券・物品切手等の発行	・　証券に表彰される権利（財産権）の発生であり、資産の譲渡等の対価にならない。	不 課 税	基通6-4-5
(10)　信用取引による有価証券の譲渡	・　信用取引も有価証券の現物取引である（課税売上割合の計算に当たっては、分母に譲渡価額の5％相当額を算入する。）ので、非課税になる。	非 課 税	令48⑤
	★　信用取引の方法により、株式の売付けを行った場合の株式の譲渡の時期は、売付けに係る取引の決済を行った日とされている。		基通9-1-18
(11)　有価証券の先物取引	・　国債先物、日経平均株価先物（日経225）、日経株価指数300先物及び東証株価指数先物（TOPIX）のうち、 ①　差金決済に係るものは、課税対象外になる。 ②　国債先物で現物の引渡しにより決済（日経平均株価先物、日経株価指数300先物及び東証株価指数先物は不可）	 不 課 税 非 課 税	

項　　目	項　目　の　説　明　及　び　取　扱　い	判　　定	参考法令等
	したときは、有価証券の譲渡に該当し、非課税になる。		
(12)　株式オプション料	・　オプション取引は、特定の株式等を一定価額で買う若しくは売る権利の原始的創設であるから、資産の譲渡等には該当せず、不課税になる。	不 課 税	
(13)　売買手数料 アドバイス	・　有価証券の売買手数料は、課税対象になる。 ★　売却時、購入時ともに非課税売上げに対応する課税仕入れになる。	課　　税	
(14)　解約手数料	・　次のような金融商品の解約手数料の取扱いは、次のとおりである。 　①　中期国債ファンドのクローズド期間内の買取手数料……事務手数料として課税対象 　②　満期前のビッグの買取割引料……支払利子の割戻しとして非課税 　③　満期前のワイドの解約手数料……支払利子の割戻しとして非課税 　④　満期前の割引金融債の解約手数料……支払利子の割戻しとして非課税	課　　税 非 課 税 非 課 税 非 課 税	
(15)　貸株取扱手数料	・　信用供与の対価と認められるので、非課税になる。	非 課 税	法別表第二3
(16)　品貸料	・　品貸料は、有価証券の貸付料に該当するので、非課税になる。	非 課 税	令10③十一 基通6－3－1 二(13)
	・　ゴルフ場利用株式等の品貸料については、課税対象になる。	課　　税	令10③十一
【クレジット】 クレジット手数料	・　加盟店が信販（クレジット）会社へ支払うもの（債権譲渡の対価が安くなる部分）は、金銭債権の譲受けその他の承継として非課税となる。	非 課 税	法別表第二3 令10③八
	・　消費者が信販（クレジット）会社に支払う手数料は、割賦購入あっせんに係る手数料又は賦払金のうち利子に相当	非 課 税	法別表第二3 令10③九、十

項　　　目	項目の説明及び取扱い	判　　定	参考法令等
	する額であり、非課税となる。		
【金銭債権】 (1) ファクタリング取引の手数料等	・　金銭債権の譲受けの際に、譲渡人（債権者）から徴収する割引料、保証料又は手数料（ファクタリング取引の手数料）は、その名目のいかんにかかわらず、金銭債権の譲受対価として、非課税になる。	非課税	令10③八 基通6-3-1(10)
アドバイス	★　ファクタリング取引とは、企業の売掛債権を一定の手数料を徴して買い取り、自己の危険負担により代金回収を行うことをいう。 ★　ファクタリング取引は、売掛債権の譲渡に該当するため消費税の区分は非課税取引に該当するが、課税売上割合の算定に際しては、資産の譲渡等の対価（いわゆる分母）には算入しない。		令48②二
(2) 条件付金銭債権の譲受差益	・　金銭債権を譲り受けた者がその弁済を受けられないときに、譲渡人（債権者）から譲受対価の取戻しを行うこととされている場合であっても、その譲受差益及び金利については、非課税になる。	非課税	令10③八
【手形の買取り】 手形の割引料等	・　それぞれの場合に応じて、次のように取り扱われる。 ①　手形法上の遡及権を行使できる場合 　イ　持込時から支払時までの期間に応じ、一定の割引率に基づいて計算した割引料を収受するとき……その割引料は非課税になる。 　ロ　手形の取立依頼に基づいてその取立てを行い、手数料を収受するとき……その手数料は手形の取立てという役務の提供に対する対価であり、課税対象になる。 ②　上記①の遡及権を行使しないこととされている場合 　イ　持込時から支払時までの期間に応じ、一定の割引率に基づいて計算した割引料又は手数料を収受するとき……この場合は、金銭債権の譲受けに該当し、割引料、保証料又は手数料という名目のいかんにかかわらず、非課税になる。 　ロ　手形の取立依頼に基づいてその取立てを行い、保証料又は手数料を収受するとき（その手形が不渡りとなった場合でも額面金額から手数料等を控除した金額を支払う場合）……信用の保証としての役務の提供に該当し、非課税になる。	非課税 課　　税 非課税 非課税	基通6-3-1(9) 令10③七 令10③八

| 損益項目 | – | 売 上 高 | – | 支払手段の譲渡 |

項　　目	項 目 の 説 明 及 び 取 扱 い	判　　定	参考法令等
	③　手形の所持人に対してその手形の支払保証をし、その手形が不渡りとなった場合には、額面金額を現金で支払うことを約して保証料を収受する取引……信用の保証としての役務の提供に該当し、非課税になる。	非 課 税	
アドバイス	★　①イにおいて割引料とは別に収受する手数料は課税対象になる。		
【支払手段の譲渡】 (1)　支払手段の範囲	・　非課税の対象となる外国為替及び外国貿易法第6条第1項第7号《定義》に規定する支払手段の範囲は、次のとおりである（課税売上割合の計算上、分母には含めない。）。 ①　銀行券、政府紙幣及び硬貨 ②　小切手（旅行小切手を含む。）、為替手形、郵便為替及び信用状 ③　約束手形 ④　①〜③に類するもので、支払のために使用することができるもの ⑤　いわゆる電子マネー ⑥　支払手段に類するもの……電子決算手段、暗号資産及び国際通貨基金協定第15条に規定する特別引出権 　(注)　支払手段であっても、収集品及び販売用のものは課税の対象となる。	非 課 税 課　　税	法別表第二2 基通6-2-3 令48②一 令9④ 令9③ 基通6-2-3 (注)1
アドバイス	★　旅行小切手には、本邦通貨で表示されているものも含まれる。		
	・　旅行小切手の委託販売手数料は役務の提供の対価であり、課税対象になる。	課　　税	
(2)　先物為替予約	・　先物為替予約は、契約（予約）の時点では資産の譲渡等は行われないが、予約の実行日において支払手段の譲渡が発生することになる。	非 課 税	
(3)　為替予約の延長手数料	・　為替予約を実行しないで一定期間延長する場合に授受される延長手数料は、通貨の売買対価の一部と認められるので、支払手段の譲渡に該当し、非課税になる。	非 課 税	
(4)　スワップ取引	・　スワップ取引（金利スワップ、アセットスワップ、通貨スワップ、金利・通貨スワップ）は、金利又は通貨の交換と認められることから、手数料を含めて支払手段の譲渡に	非 課 税	

項　　目	項 目 の 説 明 及 び 取 扱 い	判　　定	参考法令等
⑦ドバイス	該当し、非課税になる。 ★　スワップ手数料（スワップフィー）は支払手段の譲渡として非課税、スワップ取引のあっせん手数料は外国為替業務に該当せず、居住者から受ける分は課税、非居住者から受ける分は輸出免税になる（P.153参照）。		
(5)　収集品及び販売用の支払手段 ⑦ドバイス	・　「支払手段の範囲」（P.80(1)）に掲げる支払手段であっても、収集品及び販売用のものは、課税対象になる。 ★　外国の記念金貨を販売のために輸入する場合、その記念金貨は販売用のものであるから、保税地域からの引取時に課税される。なお、保税地域からの引取段階で課税された消費税は、仕入税額控除の対象となる。	課　　税	令9③ 基通6－2－3 (注)1
【商品の先物取引】 (1)　先物取引に係る現物の引渡し ⑦ドバイス	・　商品の先物取引について現物の引渡しが行われる場合……引渡しがあった時に譲渡があったことになる。 ★　「商品の先物取引」とは、売買の当事者が商品取引所が定める基準及び方法に従い、将来の一定の時期において、その売買の目的物となっている商品及びその対価の授受を約する売買取引であって、その商品の転売又は買戻しをしたときは、差金の授受によって決済をすることができるものをいう。	課　　税	基通9－1－24 商品先物取引法2③一
(2)　差金決済	・　受渡し期限前に反対売買をして差金の授受をした場合……資産の譲渡はないことから、課税対象外になる。	不 課 税	基通9－1－24
【動産信託等の利子・保険料】 (1)　動産・不動産の貸付信託に係る利子、保険料	・　動産又は不動産の貸付けを行う信託で、貸付期間の終了時に未償却残額で譲渡する旨の特約が付けられたものの利子又は保険料相当額（契約において明示されている部分に限る。）は、非課税になる。	非 課 税	令10③十四 基通6－3－1 ⑯

損益項目 － 売 上 高 － 郵便切手類

項　　　目	項 目 の 説 明 及 び 取 扱 い	判　　定	参考法令等
(2) ファイナンスリースのリース料のうち利子・保険料	・　いわゆるファイナンスリースのリース料のうち、利子又は保険料に相当する額（契約において明示されている部分に限る。）は、非課税になる。	非 課 税	令10③十五 基通6-3-1 (17)
【郵便切手類】 (1)　郵便切手類の販売	・　郵便切手類とは、郵便切手、郵便葉書、郵便書簡をいい、日本郵便㈱が行う譲渡及び簡易郵便局法第7条第1項に規定する委託業務を行う施設又は郵便切手類販売所等一定の場所における譲渡は、非課税になる。	非 課 税	法別表第二4 イ 基通6-4-1 基通6-4-2
(2)　郵便切手帳等の販売	・　郵便切手類販売所等に関する法律第1条（定義）に規定する郵便切手帳等（郵便切手を保存用の冊子に収めた物その他切手類に関し周知等を図るための物）については、課税対象になる。	課　　税	基通6-4-2
(3)　印紙、証紙の販売	・　印紙売りさばき所又は地方公共団体売りさばき人等一定の場所における印紙及び証紙の譲渡は、非課税になる。	非 課 税	法別表第二4 イ、ロ
	・　顧客、外交員の利便のために実費で印紙を融通する行為は、単なる立替えであり、不課税になる。	不 課 税	
(4)　郵便切手、印紙、証紙のチケット業者への譲渡等	・　郵便切手等の譲渡が非課税となるのは、郵便切手類販売所又は印紙売りさばき所等一定の場所における譲渡の場合であり、これらのものを事業者がチケット業者に譲渡する行為又はチケット業者が販売する行為は、課税対象になる。	課　　税	基通6-4-1
(5)　図柄等を印刷した葉書を商品として販売	・　図柄等を印刷した後の葉書を商品として販売している場合には、葉書代を含んだ対価が課税売上げとなるが、注文者が持ち込んだ郵便葉書にその指定する文字、図柄を印刷して引き渡す場合は、印刷代金のみが課税対象になる。	課　　税	
(6)　ポストカードの	・　ポストカードは原則として郵便葉書代とプリント代の合計額が課税対象になるが、郵便葉書代を立替金処理する場	課　　税	

— 82 —

項　　　目	項　目　の　説　明　及　び　取　扱　い	判　　　定	参考法令等
取扱い	合には、プリント代のみが課税対象になる。 ㊟　ポストカードとは、写真のネガに記録されている映像を官製葉書にプリントしたものである。		
【物品切手等】 (1)　物品切手等の発行 アドバイス	・　物品切手等の発行は、物品の給付請求権等を表彰する証書の発行行為であり、資産の譲渡等には該当しない。 ★　物品切手等の範囲 　商品券、ビール券、図書カード、ワイシャツ仕立券、清酒券、食事券、旅行券、観劇・映画・遊園地等の前売入場券、ＪＲ回数券、国内（海外）航空券、プリペイドカードなど（電子決済手段に該当するものを除く。） ★　ビール券の取引に係る消費税の課税関係 ①　発行時の取引……発行者が収受するビール券の代金は不課税 ②　卸、小売業者の券の販売……卸、小売業者が収受するビール券の販売代金は非課税売上げ ③　ビール券とビールの交換……ビール券と引換えにビール２本を交付する行為はビール２本の譲渡に該当し、課税売上げ ④　ビール券の回収……小売業者が収受する金銭は課税関係なし ⑤　ビール券の回収……卸売業者が収受する金銭のうち手数料分（課税）を除いた部分は課税関係なし 　イ　卸業者……発行者から収受する金額と小売業者へ支払う金額の差額が回収手数料として課税売上げ 　ロ　発行者……手数料分が課税仕入れ ★　株主割引優待券や社員割引券は、それと引換えに一定の物品の	不　課　税	基通6-4-5 法別表第二4ハ 令11 基通6-4-3、6-4-4

項　　目	項 目 の 説 明 及 び 取 扱 い	判　　定	参考法令等
	給付若しくは貸付け又は特定の役務の提供を受けるものではないので、物品切手に該当しない。		
(2) 物品切手等の販売 アドバイス 誤りやすい事　例	・　原則として非課税になる。 ★　数量表示のみの物品切手で物品を引換給付した場合の課税標準は、その物品の取得に通常要する金額を基に算出することになる。 ◆　商品券を譲渡したが、その売上高を課税売上割合の分母に算入していなかった（電子決済手段に該当するものは分母に算入する。）。	非 課 税	法別表第二 4 ハ 基通10-1-9 (1)
	・　物品切手等の受託販売は、その販売の時に委託者が販売したことになるので、受託者にとっては不課税になる。	不 課 税	基通6-4-6
	・　物品切手等の委託販売において、受託者が委託者から受領すべき販売手数料は、課税対象になる。	課　　税	基通6-4-6
(3) 商品券やプリペイドカードなどの譲渡	・　商品券、ギフト券、旅行券のほかクオカードなどのいわゆるプリペイドカードの譲渡は、物品切手等の譲渡（電子決済手段に該当するものを除く。）として非課税となる。	非 課 税	法別表第二 4 ハ 令11 基通6-4-3、6-4-4
(4) 物品切手等のプレミアム付販売	・　額面より高く取引される場合であっても、非課税になる。	非 課 税	
(5) 物品切手等の取扱手数料	・　次の手数料は、役務の提供の対価であり、課税対象になる。 ①　物品切手等の取扱手数料 ②　委託販売等に係る受託手数料	課　　税	基通6-4-6、10-1-12
(6) 物品切手等の贈与 アドバイス	・　贈与そのものは、不課税になる。 ★　物品切手等の贈与を受けた事業者が、物品等と引き換えた時には、その物品等の対価につき仕入税額控除ができる。	不 課 税	

項　　目	項　目　の　説　明　及　び　取　扱　い	判　　定	参考法令等
(7) スタン プ事業	・　スタンプ（またはシール）の一枚一枚は、物品切手等には該当しない。スタンプ事業は、加盟店の販売促進のためにサービス・役務を提供し、その対価を得るものであり、スタンプの譲渡は、役務の提供の対価として課税対象になる。	課　　税	
アドバイス	★　役務の提供の時期は、原則として、スタンプの発行時となるが、所得税基本通達36・37共―13の２又は法人税基本通達２-１-39《商品引換券等の発行に係る収益の帰属の時期》を適用している場合は、それに合わせる。 ★　消費者が集めたスタンプを商品券と引き換えた場合の取扱い ⑤商品券の回収（代金決済） A協同組合　←　組合員（加盟店） ①スタンプの発行 ③スタンプと商品券の交換 ②スタンプの交付 消費者 ④商品券で商品と交換 ＊スタンプ・商品券ともA協同組合が発行する。 取引図における課税関係は、次のとおりとなる。 ①　取引図①のスタンプ発行は、スタンプを介在させたサービス（役務の提供）として課税対象になる。 ②　取引図②のスタンプの交付及び取引図⑤の商品券の回収は、それぞれ不課税取引になる。 ③　取引図③のスタンプを提示した客に商品券を引き渡す行為は、商品券の無償譲渡であり、資産の譲渡等には該当しない。 ④　取引図④の商品券と商品の交換は課税取引になる。		所基通36・37共―13の２ 法基通２-１-39
(8) 物品切手等の引換給付	・　物品切手等と物品等を引き換えた事業者においては、その物品の対価が仕入税額控除の対象になる。	課　　税	
	・　自ら引換給付を受けることとして購入した物品切手等については、継続適用を条件として物品切手等の購入時の課税仕入れにすることができる。	課　　税	基通11-3-7
	・　ビールと引き換えられたビール券は、物品切手等ではなくなり、代金決済のための単なる証拠書類（金券）になる。 　したがって、小売店から卸売店への代金請求における引換え済のビール券の引渡しは、資産の譲渡等には該当しない（P.84参照）。	不　課　税	

項　　　目	項　目　の　説　明　及　び　取　扱　い	判　　定	参考法令等
(9) プリペイドカードの印刷費	・　白地のプリペイドカードに印刷して、プリペイドカード代と印刷代とを区分して請求する場合は、印刷費の部分が課税対象になる。	課　　税	
(10) 買物券	・　家電量販店等が顧客の購買データをポイント化し、自ら作成した自店のみで使用する「買物券」（金券）を交付する行為は、無償の取引であり資産の譲渡等に該当しない。	不　課　税	
【医　療】 (1) 医療収入	・　次に掲げる公的な医療保障制度に係る医療費については、原則として非課税になる。 ①　健康保険法、国民健康保険法等の規定に基づく療養の給付及び入院時食事療養費、入院時生活療養費、保険外併用療養費、療養費、家族療養費又は特別療養費の支給に係る療養並びに訪問看護療養費又は家族訪問看護療養費の支給に係る指定訪問看護 ②　高齢者の医療の確保に関する法律の規定に基づく療養の給付及び入院時食事療養費、入院時生活療養費、保険外併用療養費、療養費又は特別療養費の支給に係る療養並びに訪問看護療養費の支給に係る指定訪問看護 ③　精神保健及び精神障害者福祉に関する法律の規定に基づく医療、生活保護法の規定に基づく医療扶助のための医療の給付及び医療扶助のための金銭給付に係る医療、原子爆弾被爆者に対する援護に関する法律の規定に基づく医療の給付及び医療費又は一般疾病医療費の支給に係る医療並びに障害者の日常生活及び社会生活を総合的に支援するための法律の規定に基づく自立支援医療費、療養介護医療費又は基準該当療養介護医療費の支給に係る医療 ④　公害健康被害の補償等に関する法律の規定に基づく療養の給付及び療養費の支給に係る療養 ⑤　労働者災害補償保険法の規定に基づく療養の給付及び療養の費用の支給に係る療養並びに同法の規定による社会復帰促進等事業として行われる医療の措置及び医療に要する費用の支給に係る医療 ⑥　自動車損害賠償保障法の規定による損害賠償額の支払（同法第72条第1項（業務）の規定による損害を填補するための支払を含む。）を受けるべき被害者に対する当	非　課　税	法別表第二6 令14 基通6-6-1

項　　目	項 目 の 説 明 及 び 取 扱 い	判　　定	参考法令等
	該支払に係る療養 ⑦　その他これらに類するもの 　　なお、その他これらに類するものとして、例えば、学校保健安全法の規定に基づく医療に要する費用の援助に係る医療、母子保健法の規定に基づく養育医療の給付又は養育医療に要する費用の支給に係る医療等、国又は地方公共団体の施策に基づきその要する費用の全部又は一部を国又は地方公共団体により負担される医療及び療養（いわゆる公費負担医療）がある。		
アドバイス	★　自動車事故（ひき逃げ事故を含む。以下同じ。）の被害者に対する療養で非課税とされるものは、自動車損害賠償責任保険の支払額を限度とするものではなく、自動車損害賠償責任保険の支払を受けて行われる療養であれば、任意保険や自費（加害者などが支払う額）で支払われるものであっても非課税になる。また、非課税とされる療養の範囲は、医療機関が必要と認めた療養（おむつ代、松葉杖の賃貸料、付添寝具料、付添賄料等を含む。）をすべて含むものであり、自由診療であっても、すべて非課税になる（自由診療の場合には、自動車事故による療養であることを記録によって証明する必要がある。）。なお、自動車事故によるものであっても、次のような療養等は課税になる。 １　療養を受ける者の希望によって特別病室の提供を行った場合、患者が支払う差額部分（いわゆる差額ベッド代） ２　他人から損害賠償額の支払を受ける立場にない、自らの運転による自動車事故の受傷者に対する自由診療として行われる療養（その事故の同乗者で、運転者などから損害賠償額の支払を受けるべき立場にある者に対する療養は非課税） ３　診断書及び医師の意見書等の作成料		
(2)　資格証明書により受ける診療	・　国民健康保険料の滞納等で保険証の交付を受けられない者が資格証明書により受ける診療であっても、その診療は、国民健康保険法の規定に基づく診療であるので、非課税になる。	非　課　税	
(3)　課税対象の医療等	・　医療等のうち、課税対象になるのは次のものである。 ①　社会保険診療等のうち、 　イ　入院時食事療養に係る入院給食の提供における保険算定額を超える金額に係る部分（特別メニュー料金） 　ロ　特別の療養環境（特別病室）の提供における保険算定額を超える金額に係る部分（いわゆる差額ベッド代）	課　　税	基通6－6－3㊟ 平元.1.26付大蔵省告示第7号

項　　目	項 目 の 説 明 及 び 取 扱 い	判　　定	参考法令等
	ハ　前歯の金合金又は白金加金の支給における保険算定額を超える金額に係る部分（歯科差額部分）	課　　税	
	ニ　病床数が200以上の病院での初診（紹介及びやむを得ない場合を除く。）における保険算定額を超える金額に係る部分（初診又は再診に係る特別の料金）		
	ホ　予約診察又は時間外診察における保険算定額を超える金額に係る部分（予約診療代及び時間外診療代）		
	ヘ　金属床による総義歯の提供における保険算定額を超える金額に係る部分（金属床総義歯の特定療養費）		
	ト　齲蝕（うしょく）に罹患している患者の指導管理における保険算定額を超える金額に係る部分（フッ化物局所応用又は小窩裂溝填塞に係る料金）		
	チ　入院時生活療養（健康保険法63②一）に係る生活療養の提供における保険算定額を超える金額に係る部分（特別な料金部分）		
	リ　診療報酬の算定方法（平成18年厚生労働省告示第92号）に規定する回数を超えて受けた診療に係る部分（腫瘍マーカー検査等）		
	ヌ　入院期間が180日を超えた日以後の入院療養における保険給付の対象部分を超える金額に係る部分（180日を超える入院の保険給付対象額は180日以内の入院の場合の85％とされている。） 　　なお、別に保険外併用療養費に係る厚生労働大臣が定める医療品等（平成18年厚生労働省告示第498号）第9号に定める場合（180日を超える入院が必要な場合など）の180日を超える入院は全体が非課税となる。		
	②　その他 イ　美容整形、予防接種、健康診断（人間ドック）、医療相談料、診断書作成料、生命保険会社からの審査料、歯科自由診療（メタルボンド、金属床義歯、アタッチメント義歯、ダミー3歯以上のブリッジ、一般的な歯列矯正等） ロ　社会保険対象外の整形施術 ハ　社会保険対象外の鍼・灸施術		
アドバイス	★　妊娠中の入院及び出産後の入院（異常分娩に伴う入院を含む。）における差額ベッド料及び特別給食費並びに大学病院等の初診料については、非課税になる。		基通6－8－3

項　目	項 目 の 説 明 及 び 取 扱 い	判　定	参考法令等
(4) 老人保健法の規定に基づく健康相談等	・　非課税になるのは、高齢者の医療の確保に関する法律の規定に基づく医療であるから、同法の規定に基づくものであっても、健康相談、機能訓練、健康審査、健康教育、訪問指導等に係る報酬は、課税対象になる。	課　税	法別表第二6ロ
(5) 副収入	・　次に掲げる副収入は、課税対象になる。 ①　手数料収入（地方公共団体等からの事務手数料、公衆電話、自動販売機等の手数料） ②　X線の廃液売却収入、医薬品のリベート ③　往診先から収受する車代、従業員・付添人の給食収入 ④　治療器具・材料等の売却収入、中古医療器具の売却収入	課　税	
アドバイス	★　医薬品のリベートは仕入れに係る対価の返還等に該当する。		
(6) 医薬品・医療用具の販売	・　公的な医療保障制度に係る療養、医療、施設医療等の一環として病院又は診療所等から給付される医薬品（投薬）、治療材料（コルセット、ギブス床、義手義足、練習用仮義足、補助器、義眼、松葉杖等）は、非課税になる。	非　課　税	基通6-6-2
	・　非課税対象の療養等に該当しない医薬品の販売又は医療用具の販売等（身体障害者用物品に該当するものを除く。）は、課税対象になる。	課　税	基通6-6-2
アドバイス	★　薬局が医師の処方せんに基づき患者に行う投薬は、医療行為の一環として行われるものであり、その医療行為が健康保険法等の療養の給付に該当する場合には、非課税になる。 ★　医薬品販売業者が、医師の指示に従って保険医療の対象となる酸素を在宅患者に配達し、その代金を医師に請求している場合には、課税対象になる。		
【社会福祉事業等】 (1) 介護保険サービス	・　介護保険法の規定に基づく居宅介護サービス費の支給に係る居宅サービス、施設介護サービス費の支給に係る施設サービス及びこれらに類するもので一定のものは非課税となる。	非　課　税	法別表第二7イ 令14の2
	・　居宅サービスとは、訪問介護、訪問入浴介護、訪問看護、訪問リハビリテーション、居宅療養管理指導、通所介護、通所リハビリテーション、短期入所生活介護、短期入所療		平12. 2.10付大蔵省告示第27号1別表第

項　　目	項 目 の 説 明 及 び 取 扱 い	判　　定	参考法令等
	養介護及び特定施設入所者生活介護（以下「訪問介護等」という。）をいい、特別の居室の提供その他の財務大臣が指定する資産の譲渡等は除かれる。		一
	・　施設サービスからは、特別の居室の提供その他の財務大臣が指定する資産の譲渡等は除かれる。		平12.2.10付大蔵省告示第27号2別表第二
	・　居宅サービス又は施設サービスに類するものは、次に掲げる資産の譲渡等をいい、特別の居宅の提供その他の財務大臣が指定するものは除かれる。 ①　介護保険法の規定に基づく特例居宅介護サービス費の支給に係る訪問介護等又はこれに相当するサービス ②　介護保険法の規定に基づく地域密着型介護サービス費の支給に係る地域密着型サービス ③　介護保険法の規定に基づく特例地域密着型介護サービス費の支給に係る定期巡回、随時対応型訪問介護看護等又はこれに相当するサービス ④　介護保険法の規定に基づく特例施設介護サービス費の支給に係る施設サービス等及び特例施設介護サービス費の支給に係る介護療養施設サービス ⑤　介護保険法の規定に基づく介護予防サービス費の支給に係る介護予防訪問入浴介護、介護予防訪問看護、介護予防訪問リハビリテーション、介護予防居宅療養管理指導、介護予防通所リハビリテーション、介護予防短期入所生活介護、介護予防短期入所療養介護及び介護予防特定施設入居者生活介護 ⑥　介護保険法の規定に基づく特例介護予防サービス費の支給に係る介護予防訪問入浴介護等又はこれに相当するサービス ⑦　介護保険法の規定に基づく地域密着型介護予防サービス費の支給に係る介護予防認知症対応型通所介護、介護予防小規模多機能型居宅介護及び介護予防認知症対応型共同生活介護 ⑧　介護保険法の規定に基づく特例地域密着型介護予防サービス費の支給に係る介護予防認知症対応型通所介護等又はこれに相当するサービス ⑨　介護保険法の規定に基づく居宅介護サービス計画費の支給に係る居宅介護支援及び同法の規定に基づく介護予防サービス計画費の支給に係る介護予防支援		平12.2.10付大蔵省告示第27号3別表第三 令14の2③ 基通6-7-1(3)〜(15)

項　　　目	項　目　の　説　明　及　び　取　扱　い	判　　定	参考法令等
	⑩　介護保険法の規定に基づく特例居宅介護サービス計画費の支給に係る居宅介護支援又はこれに相当するサービス及び同法の規定に基づく特例介護予防サービス計画費の支給に係る介護予防支援又はこれに相当するサービス ⑪　介護保険法の規定に基づく市町村特別給付として要介護者又は居宅要支援者に対して行う食事の提供 ⑫　介護保険法の規定に基づく地域支援事業として居宅要支援被保険者等に対して行う介護予防・日常生活支援総合事業に係る資産の譲渡等 ⑬　生活保護法又は中国残留邦人等の円滑な帰国の促進並びに永住帰国した中国残留邦人等及び特定配偶者の自立の支援に関する法律若しくは中国残留邦人等の円滑な帰国の促進及び永住帰国後の自立の支援に関する法律の一部を改正する法律の規定によりなお従前の例によることとされる同法による改正前の中国残留邦人等の円滑な帰国の促進及び永住帰国後の自立の支援に関する法律の規定に基づく介護扶助又は介護支援給付のための居宅介護、施設介護、介護予防及び介護予防・日常生活支援		
(2)　第一種社会福祉事業	・　第一種社会福祉事業のうち非課税となるものの具体的範囲は、次のとおりである。 ①　生活保護法に規定する救護施設、更生施設その他生計困難者を無料又は低額な料金で入所させて生活の扶助を行うことを目的とする施設を経営する事業及び生計困難者に対して助葬を行う事業 ②　児童福祉法に規定する乳児院、母子生活支援施設、児童養護施設、障害児入所施設、児童心理治療施設又は児童自立支援施設を経営する事業 ③　老人福祉法に規定する養護老人ホーム、特別養護老人ホーム又は軽費老人ホームを経営する事業 ④　障害者の日常生活及び社会生活を総合的に支援するための法律に規定する障害者支援施設を経営する事業（障害者支援施設を経営する事業において生産活動としての作業に基づき行われる資産の譲渡等を除く。） ⑤　売春防止法に規定する婦人保護施設を経営する事業 ⑥　授産施設を経営する事業及び生計困難者に対して無利子又は低利で資金を融通する事業	非 課 税	法別表第二７ロ 基通６-７-５(1)
アドバイス	★　第一種社会福祉事業のうち課税対象となるものは、④、⑥の障害者支援施設又は授産施設を経営する事業において、生産活動と	課　　税	基通６-７-５(1)へかっこ書

項　　目	項 目 の 説 明 及 び 取 扱 い	判　　定	参考法令等
	しての作業に基づき行われる資産の譲渡等である。 ★　老人以外の者が老人福祉センターを利用する場合や児童以外の者が児童厚生施設を利用するような場合であっても、老人福祉センターや児童厚生施設を経営する事業は、消費税法上、非課税となる社会福祉事業に該当し、それぞれ「経営する事業」を非課税としているから、当該施設等が本来の趣旨に従い利用されている限り、その利用料も非課税となる。		
(3)　第二種 　　社会福祉 　　事業	・　第二種社会福祉事業のうち非課税となるものの具体的範囲は次のとおりである。 ①　生計困難者に対して、その住居で衣食その他日常の生活必需品若しくはこれに要する金銭を与え、又は生活に関する相談に応ずる事業 ②　生活困窮者自立支援法に規定する認定生活困窮者就労訓練事業（認定生活困窮者就労訓練事業において生産活動としての作業に基づき行われる資産の譲渡等を除く。） ③　児童福祉法に規定する障害児通所支援事業、障害児相談支援事業、児童自立生活援助事業、放課後児童健全育成事業、子育て短期支援事業、乳児家庭全戸訪問事業、養育支援訪問事業、地域子育て支援拠点事業、一時預かり事業、小規模住居型児童養育事業、小規模保育事業、病児保育事業又は子育て援助活動支援事業、同法に規定する助産施設、保育所、児童厚生施設又は児童家庭支援センターを経営する事業及び児童の福祉の増進について相談に応ずる事業 ④　就学前の子どもに関する教育、保育等の総合的な提供の推進に関する法律（平成18年法律第77号）に規定する幼保連携型認定こども園を経営する事業 ⑤　民間あっせん機関による養子縁組のあっせんに係る児童の保護等に関する法律に規定する養子縁組あっせん事業 ⑥　母子及び父子並びに寡婦福祉法に規定する母子家庭日常生活支援事業、父子家庭日常生活支援事業又は寡婦日常生活支援事業及び同法に規定する母子・父子福祉施設を経営する事業 ⑦　老人福祉法に規定する老人居宅介護等事業、老人デイサービス事業、老人短期入所事業、小規模多機能型居宅介護事業、認知症対応型老人共同生活援助事業又は複合型サービス福祉事業及び同法に規定する老人デイサービスセンター、老人短期入所施設、老人福祉センター又は	**非 課 税**	法別表第二7 ロ 基通6－7－5 (2)

項　　目	項 目 の 説 明 及 び 取 扱 い	判　　定	参考法令等
	老人介護支援センターを経営する事業 ⑧　障害者の日常生活及び社会生活を総合的に支援するための法律に規定する障害福祉サービス事業、一般相談支援事業、特定相談支援事業又は移動支援事業及び同法に規定する地域活動支援センター又は福祉ホームを経営する事業 ⑨　身体障害者福祉法に規定する身体障害者生活訓練等事業、手話通訳事業又は介助犬訓練事業若しくは聴導犬訓練事業、同法に規定する身体障害者福祉センター、補装具製作施設、盲導犬訓練施設又は視聴覚障害者情報提供施設を経営する事業及び身体障害者の更生相談に応ずる事業 ⑩　知的障害者福祉法に規定する知的障害者の更生相談に応ずる事業 ⑪　生計困難者のために、無料又は低額な料金で、簡易住宅を貸し付け、又は宿泊所その他の施設を利用させる事業 ⑫　生計困難者のために、無料又は低額な料金で診療を行う事業 ⑬　生計困難者に対して、無料又は低額な費用で介護保険法に規定する介護老人保健施設又は介護医療院を利用させる事業 ⑭　隣保事業（隣保館等の施設を設け、無料又は低額な料金でこれを利用させることその他その近隣地域における住民の生活の改善及び向上を図るための各種の事業を行うものをいう。） ⑮　福祉サービス利用援助事業 ⑯　(2)第一種社会福祉事業及び(3)第二種社会福祉事業の事業に関する連絡又は助成を行う事業		
アドバイス	★　上記⑧の事業のうち、生産活動としての作業に基づき行われる資産の譲渡等は課税対象になる。	課　　税	基通6－7－5(2)チかっこ書
(4)　認可外保育施設	・　都道府県知事の認可を受けていない保育施設のうち、一定の基準を満たすもので都道府県知事等からその基準を満たす旨の証明書の交付を受けた施設の利用料については、児童福祉法の規定に基づく認可を受けて設置された保育所の保育料と同様に非課税とされる。	非 課 税	法別表第二7ハ 令14の3一

項　　　目	項 目 の 説 明 及 び 取 扱 い	判　定	参考法令等
	・　ただし、例えば、認可外保育施設において施設利用者に対して販売する教材等の販売代金のほか次のような料金等を対価とする資産の譲渡等は、乳児又は幼児を保育する業務として行われるものに該当しないので、課税となる。 ①　施設利用者の選択により付加的にサービスを受けるためのクリーニング代、オムツサービス代、スイミングスクール等の習い事の講習料等 ②　バザー収入	課　税	
(5)　更生保護を行う事業	・　更生保護事業法第2条第1項《定義》に規定する更生保護事業	非 課 税	法別表第二7ロ 基通6-7-5(3)
(6)　社会福祉事業に類する事業	・　社会福祉事業に類するものとして非課税にされる範囲は、次のとおりである。 ①　児童福祉法第7条第1項に規定する児童福祉施設を経営する事業として行われる資産の譲渡等及び同項に規定する保育所を経営する事業に類する事業として行われる資産の譲渡等として厚生労働大臣が財務大臣と協議して指定するもの ②　児童福祉法第27条第2項の規定に基づき同項に規定する指定医療機関が行う同項に規定する治療等 ③　児童福祉法第33条に規定する一時保護 ④　障害者の日常生活及び社会生活を総合的に支援するための法律第29条第1項又は第30条第1項の規定に基づき独立行政法人国立重度知的障害者総合施設のぞみの園がその設置する施設において行うこれらの規定に規定する介護給付費若しくは訓練等給付費又は特例介護給付費若しくは特例訓練等給付費の支給に係る同法第5条第1項に規定する施設障害福祉サービス及び知的障害者福祉法第16条第1項第2号の規定に基づき独立行政法人国立重度知的障害者総合施設のぞみの園がその設置する施設において行う同号の更生援護 ⑤　介護保険法第115条の46第1項に規定する包括的支援事業として行われる資産の譲渡等（社会福祉法第2条第3項第4号（定義）に規定する老人介護支援センターを経営する事業に類する事業として行われる資産の譲渡等として厚生労働大臣が財務大臣と協議して指定するものに限る。） ⑥　子ども・子育て支援法の規定に基づく施設型給付費、	非 課 税	法別表第二7 令14の3 平17.3.31付 厚生省告示第128号

項　　目	項　目　の　説　明　及　び　取　扱　い	判　　定	参考法令等
	特例施設型給付費、地域型保育給付費又は特例地域型保育給付費の支給に係る事業として行われる資産の譲渡等 ⑦　母子保健法第17条の２第１項に規定する産後ケア事業として行われる資産の譲渡等 ⑧　老人福祉法第５条の２第１項に規定する老人居宅生活支援事業、障害者の日常生活及び社会生活を総合的に支援するための法律第５条第１項に規定する障害福祉サービス事業その他これらに類する事業として行われる資産の譲渡等のうち、国又は地方公共団体の施策に基づきその要する費用が国又は地方公共団体により負担されるものとして厚生労働大臣が財務大臣と協議して指定するもの		
【助　産】 非課税になる助産の範囲	・　助産に係る資産の譲渡等の範囲は、医師又は助産婦等が行う妊娠しているかどうかの検査から出産後の入院及び検査までの間に必要になる役務の提供をいう。 ①　妊娠しているかどうかの検査（検査結果は問わない。） ②　妊娠の判明以降の検診、入院 ③　分娩の介助 ④　出産の日以後２月以内に行われる母体の回復検診 ⑤　新生児の検診及び入院	非課税	法別表第二８ 基通６-８-１
アドバイス	★　異常分娩は、保険医療に該当するので法別表第一６に基づき非課税になる。		
	・　妊娠中及び出産後の入院について非課税にされる範囲は、次のとおりである。 ①　妊娠中の入院については、産婦人科医が必要と認めた入院（妊娠中毒症、切迫流産等）及び他の疾病（骨折等）による入院のうち産婦人科医が共同して管理する間の入院は助産に係る資産の譲渡等に該当し、非課税になる。 ②　出産後の入院のうち、産婦人科医が必要と認めた入院及び他の疾病による入院のうち産婦人科医が共同して管理する間については、出産の日から１月を限度として助産に係る資産の譲渡等に該当し、非課税になる。 ③　新生児に関しては②の扱いに準ずることになる。	非課税	基通６-８-２
アドバイス	★　助産に係る譲渡等については、「消費税法別表第一第６号に規定する大蔵大臣の定める資産の譲渡等及び金額を定める件」の規定により定められた金額を超える場合でも非課税になる。		基通６-８-３ 平元.１.26付 大蔵省告示第

項　　　目	項 目 の 説 明 及 び 取 扱 い	判　　定	参考法令等
	★　助産に係る資産の譲渡等には死産、流産の場合も含まれるので非課税となるが、人工妊娠中絶は含まれないので課税になる。		7号
【埋葬・火葬】 非課税になる埋葬・火葬の範囲	・　埋葬とは死体を土中に葬ること（土葬）を、火葬とは死体を葬るために死体を焼くことをいい、これらの行為に係る料金（埋葬・火葬料）が非課税になる。 　　なお、これには墓地、埋葬等に関する法律第2条第3項《定義》に規定する改葬の際に行われる埋葬又は火葬も含まれる。	非 課 税	法別表第二9 基通6-9-1 基通6-9-2
アドバイス	★　葬儀費用の課税関係 ①　祭壇等葬儀社等に支払う諸費用は、課税対象になる。 ②　僧侶のお布施、戒名料等は喜捨金であり不課税になる。 ③　火葬（埋葬）許可手数料は、行政手数料であり、非課税になる。 ★　葬儀業者が火葬料も含めた全額について葬儀料金として収受し、収益計上している場合には、その全額が課税対象になるが、葬儀に係る料金のうち、「火葬料」を区分して領収している場合（預り金、仮受金等）には、その区分した火葬料は、葬儀業者においては資産の譲渡等の対価に該当しないことになる。 ★　火葬した遺骨を墳墓・納骨堂に納める対価としての料金等である「埋蔵料」、「収蔵料」については、墓地、埋葬等に関する法律第2条第1項に規定する埋葬に係る埋葬料及び火葬に係る火葬料には該当しないため課税対象になる。		
【身体障害者用物品】 非課税になる身体障害者用物品	・　身体障害者の使用に供するための特殊な性状、構造又は機能を有する一定のものが非課税になる。 　　例：義肢及び装具、車いす、歩行器、歩行補助つえ、装着式収尿器、義眼、盲人安全つえ、盲人用秤、視覚障害者用拡大読書器、点字器、補聴器、人工喉頭、ストマ用装具、改造自動車等（具体的には、厚生大臣が財務大臣と協議して告示により指定している。）	非 課 税	法別表第二令14の4① 基通6-10-1 平3.6.7付厚生省告示第130号
アドバイス	★　消費税が非課税になる自動車は、身体障害者の使用に供するものとして特殊な性状、構造又は機能を有するものであり、具体的には、身体障害者による運転に支障がないよう、道路交通法第91		

項　　目	項 目 の 説 明 及 び 取 扱 い	判　　定	参考法令等
	条の規定により付される運転免許の条件の趣旨に従い、その身体障害者の身体の状態に応じて、手動装置、左足用アクセル、足踏式方向指示器、右駐車ブレーキレバー、足動装置、運転用改造座席の補助手段、車いす送迎装置が講じられている自動車の譲渡又は貸付け等に限られる。したがって、身体障害者が購入する乗用自動車であっても特殊な性状、構造又は機能を有しない乗用自動車は、課税対象になる。		
	★　身体障害者用の自動車に係る附属品については、その自動車の引渡しの時に既に取り付けられ、自動車と一体として取引されるもので、使用に当たって常時自動車と一体性があると認められるものは、その附属品を含めた全体が身体障害者用の自動車に該当し、非課税になる。		
	★　身体障害者用物品の一部を構成する部分品は、身体障害者用物品には該当しないので、非課税になる身体障害者用物品の修理用等として譲渡する場合であっても非課税にはならない。	課　　税	基通6-10-2
	★　普通の物品を身体障害者用物品に改造する行為は、身体障害者用物品の製作の請負に該当し、非課税になる。	非 課 税	令14の4② 基通6-10-3
【学校教育】 (1)　非課税になる学校教育	・　非課税になるのは、次に掲げる教育に関する役務の提供である。	非 課 税	法別表第二11 基通6-11-1
	①　学校教育法第1条《学校の範囲》に規定する学校（幼稚園、小学校、中学校、義務教育学校、高等学校、中等教育学校、特別支援学校、大学及び高等専門学校）を設置する者が当該学校における教育として行う役務の提供		
	（注）幼稚園には、学校教育法第2条に規定する者が設置するもののほか、同法附則第6条に規定する者が設置するものも含まれる。		基通6-11-5
	②　学校教育法第124条《専修学校》に規定する専修学校の設置者がその専修学校の高等課程、専門課程又は一般課程における教育として行う役務の提供		
	③　学校教育法第134条第1項《各種学校》に規定する各種学校の設置者がその各種学校における教育として行う役務の提供で、一定の要件に該当するもの		令15 規4
	④　国立研究開発法人水産研究・教育機構の施設、独立行政法人海技教育機構の施設、独立行政法人航空大学校、国立研究開発法人国立国際医療研究センターの施設 　職業能力開発総合大学校、職業能力開発大学校、職業能力開発短期大学校、職業能力開発校（職業能力開発大		令16 規4

損益項目 － 売 上 高 － 学校教育

項　　　　目	項　目　の　説　明　及　び　取　扱　い	判　　　定	参考法令等
	学校、職業能力開発短期大学校及び職業能力開発校にあっては、国若しくは地方公共団体又は職業訓練法人が設置するものに限る。）		
(2)　非課税になる対価の範囲	・　教育に係る役務の提供のうち、非課税になる対価の範囲は、次のとおりである。 ①　授業料（授業の評価のために行われる試験、再試験及び追試験に係る試験料を含む。） ②　入学金及び入園料	非　課　税	令14の5
	③　施設設備費（施設設備の整備、維持、利用を目的として徴収する料金をいう。） ④　入学又は入園のための試験に係る検定料 ⑤　在学証明等手数料（指導要録、健康診断票などに記載されている児童・生徒・学生の記録に係る証明に係る手数料及びこれに類似する手数料をいう。）	非　課　税	基通6-11-2 基通6-11-3
アドバイス	★　授業には、講義のみではなく、実験、実習、演習及び実技等を含み、その対価としての実習料も授業料に含まれる。 ★　入学金は、入学する権利を授与することの対価であり、入学する権利は、入学試験の合格通知に対して入学金が支払われたときに入学者に与えられるものである。したがって、入学金の支払のときにおいて資産の譲渡等が行われているのであるから、後日、入学者の事情によりそれが放棄されたとしても、非課税となる。 　なお、入学金の一部又は全部が返還されるような場合には、その部分について対価の返還等が行われたことになる。		
	・　入学寄附金は、原則として資産の譲渡等に係る対価に該当しないので、不課税になる。	不　課　税	
	・　入学寄附金であってもその実質が入学金や施設拡充費等であれば、非課税になる。	非　課　税	
(3)　学校給食費	・　学校給食や寄宿舎等での食事の提供は、教育として行われる役務の提供には該当しないので、課税対象になる。	課　　税	基通6-11-4
(4)　機器使用料	・　学校が徴収する手数料であっても、複写機使用料、受託研究手数料等は、課税対象になる。	課　　税	基通6-11-4
(5)　学校債	・　生徒の父母等から募集する運営資金確保のための学校債は、金銭の貸付けを受けたことの証拠書類として発行する	不　課　税	

項　　目	項 目 の 説 明 及 び 取 扱 い	判　　定	参考法令等
	ものであるから、この場合の金銭の授受は資産の貸付けに該当するが、一般的にはその対価として利子は支払われないことになっているから、不課税になる。		
(6) 予備校、進学塾、けいこごと塾、英会話教室等	・　学校教育法に規定する学校（国、地方公共団体又は学校法人のみが設置できる。）、専修学校及び各種学校に該当しない予備校、進学塾、そろばん塾、英会話教室、自動車教習所等が受け取る授業料、受講料、入学検定料等は、課税対象になる。	課　　税	
(7) 公開模試	・　公開模擬学力試験の検定料は、課税対象になる。	課　　税	基通6-11-6
【教科用図書】 (1) 教科用図書	・　非課税になるのは、文部科学大臣の検定を経た教科用図書（いわゆる検定済教科書）及び文部科学省が著作の名義を有する教科用図書に限られる。	非 課 税	法別表第二12 基通6-12-1
アドバイス	★　小中学校の児童・生徒に無償配付される教科書の配送であっても、配送業務等の配送等の対価として収受する手数料は、課税対象になる。	課　　税	基通6-12-2
(2) 補助教材	・　参考書又は問題集等で学校における教育を補助するための、いわゆる補助教材については、学校が指定した場合であっても課税対象となる。	課　　税	基通6-12-3
【宗教法人】 事業収入等	・　宗教法人の営む主要事業に対する消費税の課否は、次のとおりである。 ①　葬儀、法要等に伴う収入（戒名料、お布施、玉串料等） ②　お札、お守り、おみくじの販売 ③　絵はがき、写真帳、暦、線香、ろうそく、供花等の販売（ただし、線香、ろうそく、供花の販売のうち、参詣にあたって神前、仏前等に献げるために下賜するものの頒布は、不課税） ④　寺院墓地、霊園等の永代使用料 ⑤　宿泊施設（宿坊等）の提供（1泊2食1,500円以下） ⑥　神前結婚、仏前結婚の挙式等の行為 　イ　挙式を行う行為で本来の宗教活動の一部と認められ	 不 課 税 不 課 税 課　　税 非 課 税 不 課 税 不 課 税	

項　　　目	項 目 の 説 明 及 び 取 扱 い	判　　定	参考法令等
	るもの		
	ロ　挙式後の披露宴における飲食物の提供	課　　税	
	ハ　挙式のための衣裳その他の物品の貸付け	課　　税	
	⑦　拝観料	不 課 税	
	⑧　常設の美術館、博物館、資料館、宝物館等における所蔵品の観覧料	課　　税	
	⑨　駐車場の経営	課　　税	
	⑩　土地の貸付け	非 課 税	
	⑪　住宅用建物の貸付け	非 課 税	
	⑫　住宅用以外の建物の貸付け	課　　税	
	⑬　幼稚園（学校教育法附則第6条の規定によるものに限る。）の経営		基通6-11-5
	イ　保育料、入園検定料	非 課 税	
	ロ　入園料、施設設備費	非 課 税	
	ハ　制服、制帽等の販売	課　　税	
	ニ　ノート、文房具等の販売	課　　税	
	⑭　新聞、雑誌等の出版・販売	課　　税	
	⑮　茶道、生け花、書道等の教授	課　　税	
【法人の役員との取引】 (1)　資産の低廉譲渡	・　法人がその役員に対して課税資産を著しく低い対価の額により譲渡した場合は、時価が課税標準になる。	課　　税	法28①ただし書 基通5-3-5 基通5-1-2
チェックポイント	◎　みなし譲渡を課税対象としているか。		
アドバイス	★　著しく低い対価の額とは、その譲渡の時の時価のおおむね50%に満たない金額をいう。 　なお、棚卸資産の譲渡である場合は、①その棚卸資産の課税仕入れの金額以上の金額㈲であり、かつ、②通常他に販売する価額のおおむね50%以上の金額㈲であれば、著しく低い対価とはされない。 　ただし、役員及び使用人の全部につき一律又は勤続年数等に応じた合理的な基準により普遍的に定められた値引率によっている場合は上記の限りでない。 ㈲　税込経理している場合には、税込金額で、税抜経理している場合には、税抜金額で判定する。		基通10-1-2

項　　目	項 目 の 説 明 及 び 取 扱 い	判　　定	参考法令等
誤りやすい事　　例	◆　役員に対して、商品を著しく低い対価の額（例えば、通常の販売価額の30％程度、取得価額の40％程度）で販売したが、その著しく低い対価の額を課税標準にしていた。		
(2)　資産の贈与	・　法人がその役員に対して課税資産を贈与した場合には、資産の譲渡があったものとみなされ、時価が課税標準になる。	課　　税	法4⑤二法28③二
アドバイス	★　棚卸資産を贈与した場合において、課税仕入れに係る支払対価の額に相当する金額以上で、かつ、通常の販売価額のおおむね50％以上の金額を対価としていれば、その金額に基づき確定申告している場合には認められる。		基通10-1-18
誤りやすい事　　例	◆　役員に対し商品を贈与したが、消費税の申告に当たり何ら処理していなかった。		
	・　創業記念品等の支給である場合には、その記念品が社会通念上記念品としてふさわしいものであり、かつ、役員に限らず、使用人、関係会社等にも配付されるようなものは、課税対象にしないことができる。	不　課　税	基通5-3-5(注)所基通36-21、36-22
(3)　低廉又は無償による資産の貸付け及び役務の提供	・　法人がその役員に対して著しく低い対価の額で資産を貸し付け又は役務を提供した場合は、その対価の額が資産の譲渡等の対価の額になる。	課　　税非　課　税	基通5-3-5
	・　無償による資産の貸付け及び役務の提供は、不課税になる。	不　課　税	基通5-4-5
誤りやすい事　　例	◆　役員に社宅を無償で貸し付けていたが、社員からは家賃を受領していることから、課税売上割合の計算に当たり社員と同額の家賃相当額を非課税売上げとして分母に加算していた。		
【共同企業体】(1)　出資金	・　共同企業体に対して支出する出資金は、支出の時点では課税関係は生じない。	不　課　税	基通1-3-1
	・　その出資金により共同企業体が行った仕入れについては、その構成員が持分割合又は利益分配割合に応じて、課税仕入れ等を行ったこととなる。		

項　　目	項 目 の 説 明 及 び 取 扱 い	判　　定	参考法令等
アドバイス	★　共同企業体において、各構成員が行った資産の譲渡等については、原則として、その共同事業として資産の譲渡等を行った時に各構成員が資産の譲渡を行ったことになる。ただし、各構成員が、その資産の譲渡等の時期を、その共同事業の計算期間（１年以内のものに限る。）の終了する日の属する自己の課税期間において行ったものとすることができる（構成員が適格請求書発行事業者の登録を取りやめる場合、共同事業の計算期間の終了する日が法57の２⑩一に定める日以後となる時は、自己の課税期間において行ったものとすることはできない。）。		基通９−１−28
誤りやすい事　　例	◆　共同企業体から共同事業に係る利益の分配金を受領したが、その分配金のみを課税対象としていた。 ◆　共同企業体が発行した工事代金精算書の工事原価に、給与に該当するものが含まれているにもかかわらず、工事原価の全額を課税仕入れにしていた。 ◆　共同企業体が発行した工事中間報告書の請負工事に対する支払いで、役務の提供が完了していないものについても課税仕入れにしていた。		
(2)　分配金	・　共同企業体が発注者から中間金等の名目で受領し、持分割合等に応じて各構成員に分配する金銭は、目的物の引渡しがあるまで預り金になり、課税関係は生じない。	不　課　税	
(3)　持分比率を超える役務の提供等	・　持分比率を超えて費用等を負担した構成員が他の構成員から収受する費用相当額については、課税対象になる。	課　　税	
【現物出資その他】 (1)　現物出資	・　現物出資は「金銭以外の資産の出資」であり資産の譲渡等に該当する。 ①　現物出資する資産が課税資産の場合 ②　現物出資する資産が非課税資産の場合 　なお、特別の法律に基づく承継に係るものは除かれる。	 課　　税 非　課　税 不　課　税	令２①二
アドバイス	★　現物出資により取得する株式等の取得の時における価額が、資産の譲渡の対価の額になる。		令45②三

項　　目	項　目　の　説　明　及　び　取　扱　い	判　　定	参考法令等
(2)　事後設立	・　事後設立は「金銭以外の資産の出資」には含まれない。したがって、事後設立における対価の額は、現実に対価として収受し又は収受すべき金額になる。	課　　税非　課　税	基通5-1-6
(3)　会社分割	・　分割は包括承継であり、財産の譲渡とは異なるものなので、適格・非適格を問わず不課税となる。	不　課　税	令2①四
(4)　負担付き贈与	・　負担付き贈与は、資産の譲渡等に該当する。① 贈与する資産が課税資産の場合② 贈与する資産が非課税資産の場合	課　　税非　課　税	令2①一基通5-1-5
アドバイス	★　負担付き贈与による資産の譲渡の対価の額は、その贈与に係る受贈者の負担の価額に相当する金額である。		令45②二
誤りやすい事　　例	◆　当社の社名入りどん帳を市民会館に寄贈し、負担付き贈与（広告宣伝の対価）になると考え、その取得価額を課税売上げとして計上していた（P.215(7)参照）。		基通5-1-5
(5)　交　換	・　資産の交換に係る対価の額は、その交換により取得する資産の取得の時における価額（ただし、交換差金を授受する場合は、その交換差金を加算又は減算した金額）である。① 交換する資産が課税資産の場合② 交換する資産が非課税資産の場合	課　　税非　課　税	令45②四基通10-1-8
誤りやすい事　　例	◆　交換譲渡資産が建物及び構築物等課税資産である場合、法人税等において圧縮記帳の課税の特例の適用を受けていたため、交換時の譲渡価格を課税売上げに含めていなかった。		
(6)　特許権等のクロスライセンス取引	・　クロスライセンス取引は、特許権等の実施権を互いに与え合うものであり、等価で行うものであれ、差額決済の方法であれ、いずれも課税対象になる。　　なお、この場合の対価は、当事者間で取り決めた（評価した）金額になる。	課　　税	
(7)　代物弁済	・　代物弁済とは、債務者が債権者の承諾を得て、約定されていた弁済の手段に代えて他の給付をもって弁済する場合の資産の譲渡をいう。① 弁済に充てる資産が課税資産の場合② 弁済に充てる資産が非課税資産の場合	課　　税非　課　税	法2①八（かっこ書）基通5-1-4
アドバイス	★　代物弁済による資産の譲渡の対価の額は、その代物弁済により		令45②一

項　　　目	項 目 の 説 明 及 び 取 扱 い	判　　定	参考法令等
誤りやすい 事　　　例	消滅する債務の額（ただし、代物弁済により譲渡する資産の価額が消滅する債務の額を超える額に相当する金額につき支払を受ける場合は、その金額を加算した金額）である。 ★　担保権の実行に伴う担保物の債権者への移転は、代物弁済と同様の取扱いになる。 ◆　借入金の返済のために自動車を引き渡したが、課税売上げにしていなかった。		
(8)　保証債務を履行するための資産の譲渡	・　保証債務を履行するための資産の譲渡は、次のとおりになる。 ①　課税資産の場合 ②　非課税資産の場合	課　　税 非　課　税	法2①八 基通5-2-2
(9)　強制換価手続による換価	・　強制換価手続による換価は、次のとおりになる ①　課税資産の場合 ②　非課税資産の場合	課　　税 非　課　税	法2①八 基通5-2-2
(10)　子会社との原価取引	・　親子会社間における物又はサービスの原価販売等であっても、対価を得て行われるものであるから、課税対象になる。	課　　税	法2①四、八、4①
(11)　下請先に対する原材料の支給	・　下請に対する原材料の有償支給は、課税対象になる。	課　　税	基通5-2-16
	・　その原材料等を元請会社が自己の資産（預け在庫）として管理しているときは、課税対象にならない。	不　課　税	
(12)　商品の融通	・　一時的に商品を融通し合い、同種、同等、同量の物を返還し、利子、手数料その他名目のいかんを問わず、金銭等の支払が全くない場合は、資産の譲渡に該当しない。	不　課　税	
(13)　帳合取引	・　帳合取引の場合は、譲渡時における商品（課税資産）の所在場所に応じて次のとおりになる。 ①　商品が国内で移転している場合 ②　商品が外国で移転している場合	課　　税 不　課　税	
(14)　サービス供与品の給付	・　高額商品を販売した際などに添付するサービス品は、一般に無償給付されるものであるから、原則として課税対象にならない。	不　課　税	法2①八

項　　目	項 目 の 説 明 及 び 取 扱 い	判　　定	参考法令等
⒂ 買戻条件付取引で買戻しを行った場合	・　譲渡担保等に係るもの 　　その譲渡につき法人税基本通達2－1－18《固定資産を譲渡担保に供した場合》等の適用を受けたもの	不 課 税	基通5－2－11 法基通2－1－18 所基通33－2
	・　再売買の予約に基づくもの 　　再売買の予約に基づくものである場合には、原則として新たな資産の譲渡に該当する。	課　　税	
	・　売買の解約の方法によるもの 　　民法第579条《買戻しの特約》に規定する売買の解除の方法によるものである場合には、返品と同様の取引（売上げに係る対価の返還等）になる。	課　　税	
⒃ 取引が無効又は取消しになった場合	・　課税資産の譲渡等を行った後に、取引が無効又は取消しになった場合は、その資産の譲渡等はなかったものとして取り扱う。 　�注　ただし、無効又は取消しになった日の属する課税期間と異なる課税期間にその資産の譲渡等が行われているときは、無効又は取消しになった日に売上げに係る対価の返還等をしたものとすることができる。（P.155⑵参照）。	不 課 税	基通14－1－11
⒄ 広告宣伝用又は試験研究用のための自社使用	・　自ら行う広告宣伝、実演用展示又は試験研究等のための商品等の自社使用は、資産の譲渡等に該当しない。	不 課 税	基通5－2－12
⒅ 出演料等	・　職業運動選手、作家、俳優等で事業者の広告宣伝のために行う役務の提供	課　　税	基通5－1－7⑴
	・　職業運動選手、作家、俳優等で事業者に該当する者のテレビ出演料等	課　　税	基通5－1－7⑵
⒆ 協賛金等	・　国、地方公共団体又は公益法人から受け入れる協賛金は、資産の譲渡等の対価ではないので課税の対象とはならない。	不 課 税	

損益項目 － 売上高 － 課税標準

項　　目	項 目 の 説 明 及 び 取 扱 い	判　定	参考法令等
⑳　プリペイドカード等による景品付販売	・　プリペイドカードを景品に付けたいわゆる景品付販売は、その景品の価額分の値引販売には該当しないので、当該景品部分について課税関係は生じない。	不 課 税	
㉑　運送料等	・　荷送人から付保の委任を受けた運送会社等が名義人となっている場合で、保険の効果が荷送人に帰属している実態において、運送業者等が立替金又は仮払金としているときは、当該保険料相当額は課税標準に算入しないものとして差し支えない。 　　ただし、運送業者等が自ら保険契約者となる場合の保険料は処理のいかんを問わず課税対象となる。	不 課 税	
【課税標準】 (1)　消費税額等の記載がない取引	・　契約等において本体価格(税抜価額)と消費税額及び地方消費税額とを明らかにしていない場合には、その課税資産の譲渡等の対価は、消費税等を含んだものになる。この場合の課税資産等の税抜対価の額は、契約金額×$\frac{100}{110}$になる。		法28①
(2)　源泉所得税 （アドバイス）	・　消費税の課税標準は、源泉徴収される前の金額である。 ★　報酬について源泉徴収する場合において、報酬と消費税額等とを区分して請求又は領収するときは、その区分された報酬の額、両者が区分されていないときは、その全体の額について源泉徴収税率を適用する。 　（参考）　報酬等の額が1,100,000円の場合 ①　その内容が報酬と消費税等とに区分されているとき 　源泉所得税……1,000,000×10.21％＝102,100円 　（仕　訳）報　　　　　酬 1,100,000／現　　　金 997,900 　　　　　　　　　　又は　　　　　　　預　り　金 102,100 　　　　　　報　　　　酬 1,000,000 　　　　　　仮払消費税等　 100,000 ②　その内容が報酬と消費税等とに区分されていないとき 　源泉所得税……1,100,000円×10.21％＝112,310円 　（仕　訳）報　　　　　酬 1,100,000／現　　　金 987,690 　　　　　　　　　　又は　　　　　　　預　り　金 112,310 　　　　　　報　　　　酬 1,000,000 　　　　　　仮払消費税等　 100,000	課　税	基通10-1-13 平元.1.30付 直法6-1

項　　　目	項　目　の　説　明　及　び　取　扱　い	判　　　定	参考法令等
(3) 軽油引取税	・　軽油引取税は、ガソリンスタンド等を経営する事業者がいわゆる特別徴収義務者として納税義務者から特別徴収し、地方公共団体に納付しているものであるから、軽油引取税相当額は、原則として消費税の課税標準である課税資産の譲渡等の対価の額には含まれない。	不 課 税	基通10-1-11
	・　軽油の料金とこれに係る軽油引取税に相当する金額とが明確に区分されていない場合には、受領すべき金額の全額が課税資産の譲渡等の対価の額になる。	課　　　税	基通10-1-11
(4) ゴルフ場利用税・入湯税	・　ゴルフ場利用税及び入湯税についても、「(3)軽油引取税」の取扱いと同様の取扱いになる。	課　　　税 不 課 税	基通10-1-11
アドバイス	★　ゴルフ場利用税及び入湯税は課税資産の譲渡等を受ける者（ゴルフ場利用者など）が納税義務者となっている。このため、ゴルフ場等を経営する事業者は、いわゆる特別徴収義務者として納税義務者からこれらの税そのものを特別徴収し、地方公共団体に納付しているにすぎないため、これらの税相当額は課税資産の譲渡等の対価には該当しない。したがって、これらの税相当額を請求書、領収書等で明らかにし、預り金等で経理している場合には課税標準には含まれないことになる。一方、利用者においても課税仕入れに該当しないことになる。		
(5) 酒税・たばこ税等	・　酒税、たばこ税、揮発油税、石油石炭税、石油ガス税等は、価格の一部を構成するものであるから、課税資産の譲渡等の対価の額に含まれる。	課　　　税	基通10-1-11
(6) 印紙税	・　課税資産の譲渡等に関連して受け取る金銭等のうち、その事業者が納税義務者となる印紙税に相当する金額が含まれている場合（例えば、銀行の振込手数料に含まれる印紙税相当額）であっても、その印紙税相当額は、課税資産の譲渡等の金額から控除することはできない。	課　　　税	基通10-1-4
(7) 立替金の入金としての印紙税相当額	・　顧客の利便のために実費で印紙を融通するときは、単なる立替金の入金であり、課税対象にならない。 ・　共同作成の請負契約書のように、契約当事者双方が連帯納税義務を負う場合において、現実に印紙税を納付した一方の者が他方の者から印紙税相当額の全部又は一部を受領	不 課 税 不 課 税	

項　　目	項 目 の 説 明 及 び 取 扱 い	判　　定	参考法令等
	しても、立替金の受領にすぎないから、課税対象にならない。		
(8) 自動車取得税・自動車重量税・登録免許税	・　自動車取得税等の納税義務者は購入者であり、自動車販売業者等は、購入者が本来納付すべきものを購入者に代わって納税するために受領するものである。したがって、自動車取得税等として受け取ったことが明らかな場合については、販売した自動車の対価に含まれない。 ・　顧客から自動車取得税等として受け取ったことが明らかでないものは、課税資産の譲渡等の対価の額に含まれる。	不 課 税 課　　税	基通10-1-4 (注)
(9) 中古車販売における未経過自動車税等	・　中古車販売における自動車税の未経過相当額については、その部分を契約書等で区分している場合であっても、未経過自動車税相当額を含めて収受される販売代金の額が課税資産の譲渡等の対価の額になる。 ・　未経過自賠責保険料についても、上記と同様に課税資産の譲渡等の対価の額になる。	課　　税 課　　税	基通10-1-6
(10) 建物と土地の一括譲渡 アドバイス	・　建物（課税）と土地（非課税）を一括譲渡した場合には、それぞれの資産の譲渡の対価について合理的に区分しなければならない。 ★　合理的に区分されていない場合は、資産の譲渡時における価額を基礎として計算する。 　なお、租税特別措置法に規定する法人税の土地の譲渡等に係る課税の特例の計算における取扱いによって建物と土地の価格を区分しているときには、消費税の計算においてもその区分したところによらなければならない。	課　　税 非 課 税	法28 令45③ 基通10-1-5
(11) 建物に係る固定資産税・都市計画税の未経過分	・　「建物等」（P.207）を参照	課　　税	
(12) 安値販売	・　通常より安値で販売したものであっても、原則としてその譲渡に係る当事者間で授受することにした対価の額が消費税の課税標準になる（役員との取引については、P.100参照）。	課　　税	法28① 基通10-1-1

項　目	項目の説明及び取扱い	判　定	参考法令等
⒀ 物品切手等により販売した場合	・ 物品小切手と引換えに物品の給付等を行う者が当該物品小切手を発行している場合 　その発行により受領した金額 ・ 物品小切手と引換えに物品の給付等を行う者以外が当該物品小切手を発行している場合 　発行者等から受領する金額	課　　税	基通10-1-9
⒁ 支払額が一定でないリース取引	・ 月々に受け取るリース料の額にバラツキがある場合には、利用量に応じてリース料を算定することとされているときを除き、全リース期間にわたって平均的に収受するものとしたリース料が月々の課税標準になる（P.157参照）。	課　　税	
⒂ 下取り	・ 課税資産の販売に際して課税資産の下取りを行った場合の当該資産の譲渡の対価は、下取価額を控除する前の金額である。なお、課税資産の下取りは、課税仕入れになる。	課　　税	基通10-1-17
アドバイス	★ 棚卸資産のリース譲渡を行うに当たり、頭金等として時価以上の価額で下取りした場合には、その超える部分の金額については、下取資産の対価の額に含めないものとし、長期割賦販売等をした棚卸資産につき、値引をしたものとして取り扱われる。		基通9-3-6
誤りやすい事　例	◆ 得意先に機械を販売したが、下取りした機械の下取価額を差し引いた金額を基に課税標準を算出していた。		
⒃ 別途収受する配送料	・ 事業者が販売した商品の配送を自社で行わず、商品の購入者から運送業者の配送料（購入者負担のもの）の実費を預かり、預り金等として処理している場合には、この料金はその事業者における資産の譲渡等の対価の額に含めない処理が認められる。	不課税	基通10-1-16
⒄ 司法書士が依頼者から受領する立替金	・ 司法書士が依頼者のために登録免許税や登記手数料等の立替払い（印紙、証紙の購入）をし、相手方にこれらの立替金である旨明白に区分して請求し受領している場合、その部分については不課税になる。	不課税	基通10-1-4（注）
⒅ 売上げに係る返品、値引	・ 事業者が返品を受け、又は値引若しくは割戻しをした場合に、当初の売上額から返品額又は値引額若しくは割戻額につき、税率の異なるごとに合理的に区分した金額を当該	課　　税	基通10-1-15

損益項目 － 売 上 高 － 課税標準

項　　目	項 目 の 説 明 及 び 取 扱 い	判　　定	参考法令等
等の処理	課税資産の譲渡等の税率の異なるごとの金額からそれぞれ控除し、それぞれの控除後の金額を譲渡対価とする経理処理を継続して行っているときは、その処理が認められる。 　なお、この取扱いを適用する場合は消法第38条第1項の売上げ対価の返還等の税額控除の適用はないが、対価の返還等の明細を記録した帳簿の保存が必要となる。		
(19)　対価の額が未確定の場合	・　譲渡等に係る対価の額がその譲渡等に係る課税期間の末日までに確定していない場合は、その末日の現況によりその金額を適正に見積もるものとする。この場合において、その後の確定額と見積額とが異なるときは、その差額を確定日の属する課税期間において加算・減算する。	課　　税	基通10-1-20
(20)　国内パック旅行	・　パック旅行は包括的な旅行の請負であるから、原則として総額が役務の提供の対価になる。	課　　税	
	・　その実質が手配旅行と認められるものについては、継続して運賃及び宿泊費を預り金とし、その残額の手数料部分を売上として経理しているときは、その残額を課税資産の譲渡等の対価として差し支えない。	課　　税	
(21)　海外パック旅行	・　国内における役務の提供 　国内輸送、パスポート交付申請等の事務代行等は、国内における課税資産の譲渡等に該当する。	課　　税	基通7-2-6 (1)
	・　国外における役務の提供 　国内→国外、国外→国外、国外→国内の移動に伴う輸送、国外における宿泊費及び国外での旅行案内等は、国外取引になる。	不 課 税	基通7-2-6 (2)
(22)　他社主催のパック旅行	・　他社が主催するパック旅行を仕入れて他に販売する場合には、旅行業法上代売契約として取り扱われることから、その差益（代売手数料）が課税対象になる。	課　　税	基通10-1-12 (2)
(23)　延払利息	・　延払条件付譲渡等における延払利子については、その契約において利子として明確に区分表示されており、かつ、それが適正である場合には、非課税になる。	非 課 税	令10③十
	・　輸入貨物に係る取引が延払条件付取引である場合には、	課　　税	

項　　　目	項 目 の 説 明 及 び 取 扱 い	判　　定	参考法令等
	その輸入貨物の買手（輸入者）が売手（輸出者）に対して支払う延払金利は、その輸入貨物の価額に含まれるので、課税標準に含まれる。		
⑵₄　外貨建取引	・　外貨建債権・債務に係る為替換算差損益又は決済差損益は、資産の譲渡等の対価の額又は課税仕入れの支払対価の額に含まれない。	不　課　税	基通10-1-7（注）3
アドバイス	★　外貨建ての取引に係る資産の譲渡等の対価の額は、所得税又は法人税の所得金額の計算において外貨建ての取引に係る売上金額その他の収入金額につき円換算して計上すべきこととされている金額による。		基通10-1-7
⑵₅　メーカーズリスク	・　商社とメーカーとの間における外貨建円払取引について、法人税基本通達13の2-1-11《製造業者等が負担する為替損失相当額等》を適用している場合には、消費税法基本通達10-1-7《外貨建取引に係る対価》を適用する。したがって、売上計上時と決済時との差額は、課税売上げの対価の額及び課税仕入れの支払対価の額に含めないことになる。	不　課　税	基通10-1-7法基通13の2-1-11
⑵₆　輸入取引	①　課税貨物を保税地域から引き取る場合の課税標準は、引き取る際の関税課税価格（ＣＩＦ価格）に関税及び消費税以外の個別消費税（酒税、たばこ税、石油石炭税等）の額相当額を加算した金額である。 ②　通関時において引取価格が未確定である場合は、関税定率法第4条〜第4条の8までの規定に準じて算出した価格（ＣＩＦ価格）に関税及び消費税以外の個別消費税の額相当額を加算した金額が課税標準となる。 　なお、このような場合には、税額に相当する担保を提供のうえ、当該貨物を国内に引き取ることができる制度（輸入許可前引取制度）がある。 ③　別払運賃の発生が通常見込まれている場合は引取者が課税貨物の数量相当値に別払運賃の平均額を乗じた額を別払運賃以外の運賃に加算し、その加算後の金額を課税標準に算入しているときは、次のいずれにも該当する場合に限り、課税標準に算入すべき運賃として取り扱って差し支えない。 　イ　別払運賃の平均額を用いる計算方法を継続的に採用する旨と一定期間の納税申告において用いる別払運賃の平均額を税関長に届け出ること 　ロ　届出の日から一定期間を経過するごとにその一定期間	課　　税	法28④ 基通10-1-21

項　　目	項 目 の 説 明 及 び 取 扱 い	判　　定	参考法令等
	の納税申告で用いる別払運賃の平均額を税関長に届け出ること ハ　①の届出の日から１年を経過するごとに１年間の別払運賃の確定額を税関長に報告すること		
⑵⑺　検収により確定する輸入貨物	・　例えば鉄鉱石や原料炭のように、通関時には船荷証券の価格が輸入価格となるが、検収により金額が確定するものについては、前記の⑵⑹の②の取扱いとなる。	課　　税	
⑵⑻　輸入貨物に係る保険料等	・　ＣＩＦ価格には保険料が含まれるので、保険料を別途経理するかどうかを問わず、保険料は、課税標準となるべき価格に算入される。	課　　税	
アドバイス	★　輸入貨物に係る輸入取引が延払条件付取引である場合においてその輸入貨物の買手（輸入者）が売手（輸出者）に支払う延払金利については、前記㉓参照。		
⑵⑼　個人事業者の自家消費	・　個人事業者が棚卸資産を自家消費した場合のみなし譲渡に係る対価の額は、自家消費の時におけるその棚卸資産の価額（時価）によるが、その棚卸資産の課税仕入れに係る支払対価の額に相当する金額以上で、かつ、通常の販売価額の50％以上の金額で、確定申告した場合には、その取扱いが認められる。	課　　税	基通10-1-18
アドバイス	★　法人がその役員に対して、資産を贈与又は著しく低い対価により譲渡した場合も、同様の取扱いが認められる。		基通10-1-2、 10-1-18

Ⅱ　仕　入　高

項　　目	項　目　の　説　明　及　び　取　扱　い	判　　定	参考法令等
【仕　入】 (1)　商品・ 　　原材料仕 　　入	・　課税資産の場合	課　　税	法２①十二
	・　非課税資産（例えば、土地等）の場合	非　課　税	
チェックポイント	◎　非課税・免税・不課税取引を課税仕入れとしていないか。		
アドバイス	★　課税仕入れを行った日の属する課税期間の末日までにその支払 　対価の額が確定していないときは、同日の現況によりその金額を 　適正に見積もることになる。		基通11-4-5
	★　個人事業者の家事消費又は家事使用のために資産等の譲り受け、 　若しくは借り受け、又は役務の提供を受けることは、事業として 　行われるものではないので、課税仕入れに該当しない。		基通11-1-1
	★　国外における商品・原材料等の仕入れ（輸入しないもの）は、 　消費税は不課税であるから課税仕入れには該当しない。		
	★　金又は白金の地金の課税仕入れについては、相手方の本人確認 　書類（住民票の写し、運転免許証の写し、その他財務省令で定め 　るものをいう。）を保存しない場合には、当該保存がない課税仕 　入れに係る消費税額について仕入税額控除を適用することができ 　ない。ただし、災害その他やむを得ない事情により、当該保存を 　することができなかったことを当該事業者において証明した場合 　はこの限りでない。		法30⑪
	★　課税仕入れに係る資産が納付すべき消費税を納付しないで保税 　地域から引き取られた課税貨物に係るものである場合（当該課税 　仕入れを行う事業者が、当該消費税が納付されていない場合に限 　る。）には、当該課税仕入れに係る消費税額については仕入税額 　控除を適用することができない。		法30⑫
誤りやすい 事　　例	◆　商品の仕入れに係る消費税額の計算を、売上原価の額を基に算 　出していた。		
	◆　当期製造原価の額の全額を課税仕入れにしていた。		
	◆　売上げの中に非課税取引（例・プリペイドカードの譲渡等）が 　含まれているにもかかわらず、課税売上割合の計算に含めず、全 　額を仕入税額控除の対象にしていた。		
(2)　仕入れ 　　に係る付 　　随費用	・　国内運賃、荷役費、荷造費、購入手数料	課　　税	
	・　国際運賃	免　　税	法７①三

項　　目	項 目 の 説 明 及 び 取 扱 い	判　　定	参考法令等
誤りやすい事　　例	・　運送保険料、支払利子	非 課 税	
	◆　商品の仕入れに係る付随費用のうち、支払利子、保険料等の非課税に該当するものを課税仕入れにしていた。 ◆　輸入に伴う国外輸送費、通関手数料、外国送金為替手数料、保険料等を課税仕入れに含め、仕入税額控除の対象にしていた。これらは、不課税・非課税又は免税となる。		
	・　関税、不動産取得税等の租税公課	不 課 税	
	・　買入事務、検収、整理、手入れ等に要した費用（使用人に係る給与の額を除く。）	課　　税	
	・　保管料（保険料を除く。）	課　　税	
(3)　仕入商品の廃棄又は盗難・火災等による滅失	・　仕入商品の廃棄又は盗難・火災等による滅失があった場合であっても、既に控除している仕入れに係る税額を調整する必要はない。	不 課 税	基通5-2-13、11-2-9
(4)　出来高払いによる課税仕入れ	・　下請の提供する役務の内容が建設工事に係る人的役務のみである場合に、月単位でその出来高（給与に該当する場合を除く。）を計上しているときは、その計上した出来高に係る部分について、課税仕入れを行ったものとすることができる。	課　　税	
	・　下請の提供する役務の内容が目的物の引渡しを要する請負契約である場合には、課税仕入れの時期はその目的物の引渡しを受けた日である。したがって、発注から引渡しを受けるまでの間における単なる中間金の支払いは、課税仕入れに該当しない。	不 課 税	基通11-3-1
(5)　出来高検収書の取扱い	・　元請業者は、出来高検収書を作成し、下請業者に記載事項の確認を受けることにより、その出来高検収書に記載された課税仕入れを行ったものとして、仕入税額控除をすることができる。 ㊟　出来高検収書は消費税法第30条第9項第2号に規定する書類に該当する。	課　　税	基通11-6-7 法30⑨二

項　　目	項 目 の 説 明 及 び 取 扱 い	判　　定	参考法令等
(6) 割賦購入資産等に係る課税仕入れ チェックポイント	・　割賦購入等に係る商品についての仕入税額控除は、仕入れた日の属する課税期間においてその全額を一括して行う。 ◎　課税仕入れの時期に問題はないか。	課　　税	基通11-3-2
(7) 事業者向け電気通信利用役務の提供に係る特定課税仕入れ アドバイス	・　国外事業者から国内事業者が提供を受ける「事業者向け電気通信利用役務」については、国内取引として課税され、リバースチャージ方式により、その役務の提供を受けた国内事業者に納税義務が課せられる。 ★　当分の間の措置として、その課税期間における課税売上割合が95％以上である者及びその課税期間について簡易課税制度が適用される事業者については、特定課税仕入れはなかったものとされている。 　　したがって、リバースチャージ方式が適用される事業者は、一般課税により申告する者で、課税売上割合が95％未満の課税期間である。 ★　「事業者向け電気通信利用役務の提供」とは、例えば、企業のイメージ広告の配信等、役務の性質又はその役務の提供に係る取引条件等から、その役務の提供を受ける者が通常事業者に限られるものをいう。 　　なお、これに対する「消費者向け電気通信利用役務の提供」（リバースチャージ方式が適用されない取引）とは、例えば、広く消費者を対象に提供されている電子書籍・音楽・映像の配信等が該当する。	課　　税	平成27年改正法附則42、44②、法4①、5①、2①八の四、基通5-7-15の2、5-8-1、5-8-4
(8) 国内興行主等が外国人タレント等から提供を受ける役務提供（特定課税仕入れ）	・　外国人タレント等が、国内において他の事業者に対して行う役務の提供については、「特定役務の提供」に該当し、リバースチャージ方式により、その役務の提供を受ける者に納税義務が課される。	課　　税	法4①、5①、2①八の五、令2の2、基通5-8-5

| 損益項目 | − | 仕 入 高 | − | 仕入返品等 |

項　　目	項 目 の 説 明 及 び 取 扱 い	判　　定	参考法令等
アドバイス	★　リバースチャージ方式が適用されるのは、外国人タレント等が日本国内で直接行う興行ではなく、他の興行主等の事業者に対して行う役務の提供をいう。 　したがって、外国人タレント等が直接観客へ興行等を行う場合は、その興行等を行った外国人タレント等に納税義務が課される。		
【仕入返品等】 (1)　返品、仕入値引、仕入割戻し	・　課税仕入れにつき返品等をした場合、 ①　原則……返品等をした課税期間の仕入れに係る消費税額から返品等に係る消費税額を控除する。 ②　継続適用……いわゆる純額主義（税率の異なるごとに合理的に区分した金額を当該課税仕入れの税率の異なるごとの金額からそれぞれ控除する経理処理）も認められる。なお、この処理による場合は、消費税法第32条《仕入れに係る対価の返還等を受けた場合の仕入れに係る消費税額の控除の特例》の規定の適用はない。	課　税	法32① 基通12-1-12
チェックポイント	◎　仕入値引等があった課税期間の課税仕入れ等の税額から控除しているか。		
誤りやすい事　　例	◆　仕入割戻しを受けたが、利息計算により算定されていたことから仕入対価の返還にしていなかった。 ◆　仕入れた商品につき返品した場合で、その返品額を差し引いた後の金額を課税仕入れの額にしているにもかかわらず、更にその返品額を仕入対価の返還にしていた。		
(2)　仕入割引	・　仕入割引（課税仕入れに係る対価をその支払期日よりも前に支払ったこと等を基因として支払を受けるもの）についても、(1)と同様に取り扱われる。	課　税	基通12-1-4
【外注費】 (1)　外注費	・　外注費については、その請求内容が人件費であっても、課税仕入れになる。	課　税	
	・　建設業者が大工、左官等に支払う手間賃は、それが雇用契約に基づく給与等と認められる場合を除き、支払額の全額が課税仕入れになる。	課　税	

項　　目	項　目　の　説　明　及　び　取　扱　い	判　　定	参考法令等
誤りやすい事　　例	◆　雇用契約に基づく支払いで給与に該当するにもかかわらず、外注費として経理処理したために課税仕入れにしていた。 ◆　外注先に有償で原材料を支給している場合に、原材料代の売上げを相殺した後の額を外注費として課税仕入れにしていた（課税売上げ及び課税仕入れとも相殺前の総額で計上を行う必要がある。）。		
(2)　内装業者等が支払う建設協力金	・　建設協力金は、単なる謝礼ではなく、電気等の使用の対価や工事を円滑に行えるよう種々のサービスを受けることの対価と認められるので、課税仕入れになる。	課　　税	

Ⅲ　販売費及び一般管理費

項　　目	項　目　の　説　明　及　び　取　扱　い	判　　定	参考法令等
【役員給与等】 (1)　役員に対する定時定額の給与 アドバイス	・　所得税法上の給与所得とされる給与等を対価とする役務の提供は、課税仕入れに該当しない。 ★　給与等と消費税 　役員給与や使用人給与、賃金等は、委任契約や雇用契約に基づく労働の対価であり、また、「事業」として対価を得て行われる役務の提供に該当しないので、消費税の対象にならない。一方給与等の支払者においては、その役員給与や使用人給与、賃金等は、給与等を対価とする役務の提供（給与所得）に該当するので課税仕入れに該当しない。	不 課 税	法2①十二
(2)　役員に対する一時払の給与	・　所得税法上の給与所得に該当する。	不 課 税	
(3)　役員退職金	・　「給与等を対価とする役務の提供」は、雇用契約又はこれに準ずる契約に基づき労務を提供することをいうから、過去の労務の提供に基づくものであるかどうかを問わない。	不 課 税	基通11-1-2
	・　弔慰金についても対価性がない。	不 課 税	
(4)　現物給与	・　法人がその役員に対して課税資産を贈与した場合や低額譲渡した場合には、原則として時価を譲渡対価とみなして課税される（P.100参照）。	課　　税	法4⑤二 法28①ただし書 基通10-1-2
	・　課税資産の現物給与は、その給付が所得税の課税対象にされるかどうかにかかわりなく、その購入時の購入対価が課税仕入れになる。	課　　税	基通11-2-1

項　　目	項 目 の 説 明 及 び 取 扱 い	判　　定	参考法令等
アドバイス	★　消費税法、所得税法及び法人税法上の関係を示すと次のとおりである。 （課税資産） 時　　　　　価（100） 取得価額等（55） 譲渡価額（30） （消費税） 課 税 売 上 げ（100） 課税仕入れ（55） （所得税） 給与課税（70） （法人税）帳簿上…… 処分損（25） 　　　　　税務上…… みなし処分益（45） 給与（70） （注）　その資産の譲渡が所得税法上経済的利益として課税されないものであり、かつ、法人が給与として経理しなかったものであるときは、給与として取り扱わない（P.118参照）。		所基通36-21 等
【使用人給 　与・手 当 　等】 (1)　使用人 　　給与	・　「役員給与等」（P.118）を参照	不 課 税	基通11-1-2
(2)　使用人 　　賞与	・　「役員給与等」（P.118）を参照	不 課 税	
(3)　使用人 　　退職金	・　「役員退職金」（P.118）を参照	不 課 税	
	・　弔慰金についても対価性がない。	不 課 税	
(4)　アルバ 　　イト料・ 　　パート料	・　臨時雇賃金、アルバイト料・パート料は、通常給与所得に該当するので、課税仕入れに該当しない。	不 課 税	

項　　目	項　目　の　説　明　及　び　取　扱　い	判　　定	参考法令等
アドバイス	★　例えば、プロ野球選手がシーズンオフにサイン会等に出席して対価を受領するようなものは、それがアルバイト料と称されるものであっても、事業者が事業として行う役務の提供の対価と認められるので、課税対象になる。		
(5)　通勤手当（現物支給を含む）	・　通勤手当のうち、通勤に「通常必要であると認められる部分」の金額は、所得税法上の非課税限度額を超える部分（所得税の課税対象）であっても、課税仕入れに該当する。	課　　税	基通11-6-5
誤りやすい事　　例	◆　給与において通勤手当を区分して支給しているにもかかわらず、通勤手当を課税仕入れにしていなかった。		
	・　新幹線による通勤も、経済的かつ合理的な通常の通勤方法として認められているので、新幹線通勤者の通勤手当も、所得税法上の課税の有無にかかわらず、課税仕入れになる。	課　　税	
	・　グリーン料金（特別車両料金等）の額は、所得税では経済的かつ合理的な運賃とは認められず給与課税されるが、消費税では現に通勤の費用に充てられている部分の金額については、課税仕入れになる。	課　　税	
	・　自動車通勤者に支給するガソリン代についても「通常必要であると認められる部分」の金額である限り、課税仕入れになる。	課　　税	
アドバイス	★　事業者が、自動車通勤者に対して、所得税法施行令第20条の2第2号《非課税とされる通勤手当》に規定する非課税限度額の範囲内で通勤手当を支給した場合には、課税仕入れに該当するものとして取り扱って差し支えないこととされている。		所令20の2
(6)　その他の各種手当	・　扶養手当、特殊勤務手当、役職手当、住宅手当及び残業手当等は、所得税法上の給与所得とされる給与等に該当するので不課税になる。	不 課 税	法2①十二
(7)　給与課税しない経済的利益	・　給与等に係る経済的利益（現物給与）のうち、課税しない経済的利益について、法人が給与として経理しなかった場合には、給与以外の費用として取り扱われる。	課　　税	所基通36-21等 法基通9-2-11
	・　現物給与とされる物品等が課税資産であれば、それを仕	課　　税	基通11-2-1

項　　目	項 目 の 説 明 及 び 取 扱 い	判　　定	参考法令等
(アドバイス)	入れた時に課税仕入れになる。 ★　事業者が役員又は使用人等に金銭以外の資産を給付した場合において、その資産の取得が課税仕入れに該当するかどうかは、その給付が給与として所得税の課税対象となるかどうかにかかわらないこととされている。		
(8) いわゆる職務発明に係る報償金	・　その報償金のうち、次に掲げる金銭は課税仕入れの対象になる。 ①　使用人から発明等に係る特許等を受ける権利又は特許権等を承継したことにより支給するもの ②　特許権等を取得した使用人等にこれらの権利の実施権の対価として支給するもの ③　合理化等に資するための工夫、考案等（特許等を受けるまでのものでなく、その工夫等が通常の職務の範囲内の場合を除く。）をした使用人に支給するもの	課　　税	基通11-2-2
(9) 成績優秀者に支給する表彰金品	・　金銭又は金銭以外の資産の給付をする行為そのものは、不課税になる。	不 課 税	
	・　表彰品の購入は、その購入時において課税仕入れになる。	課　　税	
(10) 宿日直料	・　宿日直料（食事代の現金支給を含む。）	不 課 税	法2①十二 所基通28-1 平元直法6-1 基通5-1-4、 11-2-1
	・　食事の現物支給	不 課 税	
	・　現物支給した食事の購入代	課　　税	
	・　食事の有償支給	課　　税	
(11) 夜勤補助金	・　深夜に残業をした者に対して金銭で支給する夜勤補助金は、食事代等の実費弁償の性質を有するとしても、課税仕入れにはならない（その補助金は、性格上給与に該当する。）。	不 課 税	
(12) 利子補給金	・　給与所得者の住宅資金借入れに係る利子補給金は、給与の性質を有するものであるから、所得税の課税の有無にかかわらず、課税仕入れにはならない。	不 課 税	

項　　目	項　目　の　説　明　及　び　取　扱　い	判　定	参考法令等
【給与負担金】 (1) 給与負担金	・　子会社等が親会社等から出向社員を受け入れてその給与の一部又は全部を親会社に支払う場合の負担金（経営指導料等の名義で支払う場合を含む。）は、給与に該当する。	不　課　税	基通5-5-10
	・　出向契約に基づき、子会社等が給与の全部を支払い、その一部を親会社等に請求する場合や親会社等と子会社等がそれぞれその一部を支給する場合の負担金は、給与に該当する。	不　課　税	
誤りやすい事　例	◆　給与に該当する給与負担金を課税仕入れに含め、仕入税額控除の対象にしていた。		
(2) 経営指導料 誤りやすい事　例	・　出向先事業者が実質的に給与負担金の性質を有する金額を経営指導料として支出する場合において、その経営指導料のうち、出向者の給与に充てられる部分及び寄附金として取り扱われる部分は、課税仕入れに該当しない。 ◆　親会社から出向者に対して支給する給与相当額については、親会社に対して経営指導料として支払っていたため、課税仕入れにしていた。	不　課　税	基通5-5-10 ㊟、5-2-14
	・　経営指導料のうち給与及び寄附金以外の部分は、課税仕入れ(出向元法人にあっては課税売上げ)に該当する。	課　　税	
(3) 出向元法人が負担する格差補てん金	・　出向元法人が負担する格差補てん金は、給与として取り扱われるので、課税仕入れに該当しない。	不　課　税	
(4) 退職給与の負担金	・　出向先事業者が自己の負担すべき退職給与負担金を出向元事業者に支出した場合におけるその退職給与負担金の額は、出向先事業者におけるその出向者に対する給与として取り扱われる。	不　課　税	基通5-5-10
【外交員報酬等】 外交員報酬等	・　生命保険の外交員等は、独立した事業者と認められるので、その外交員報酬は、役務の提供の対価に該当し、課税	課　　税	

項　　　目	項　目　の　説　明　及　び　取　扱　い	判　　定	参考法令等
	対象になる。		
	・　外交員、集金人及び検針人等に対して支払う報酬又は料金のうち、給与所得に該当する部分については課税対象外になる。	不　課　税	基通11-2-3
アドバイス	★　外交員、集金人、電力量計等の検針人その他これらに類する者に対して支払う報酬又は料金について、それを受領する者において、給与所得又は事業所得のいずれかに該当するかは、所得税基本通達204-22《外交員又は集金人の業務に関する報酬又は料金》の例によって判定することになる。		所基通204-22
【人材派遣料】 人材派遣料	・　人材派遣契約によるときは、たとえその派遣料の計算根拠が給与計算と同様に行われるとしても、給与とは異なるので、仕入税額控除の対象になり、派遣会社にあっては課税売上げになる。 ㊟　労働者の派遣とは、自己の雇用する労働者をその雇用関係の下に、かつ、他の者の指揮命令を受けて、当該他の者のために労働に従事させるもので、当該他の者とその労働者との間に雇用関係のない場合をいう。	課　　税	基通5-5-11
【広告宣伝費】 (1)　企業のイメージ広告	・　課税資産とその他の資産の両方の資産の譲渡等がある事業者におけるイメージ広告費は、個別対応方式により仕入税額控除する場合には、課税・非課税共通対応の課税仕入れになる。	課　　税	
(1の2)　企業のイメージ広告(国外事業者からの電気通信利用役務の提供による配信)	・　国外事業者から国内事業者が提供を受ける「事業者向け電気通信利用役務」については、国内取引として課税され、リバースチャージ方式により、その役務の提供を受けた国内事業者に納税義務が課せられる。	課　　税	法5①、2①八の四、基通5-7-15の2、5-8-1、5-8-4

| 損益項目 | – | 販売費及び一般管理費 | – | 広告宣伝費 |

項　　目	項　目　の　説　明　及　び　取　扱　い	判　　定	参考法令等
(アドバイス)	★　当分の間の措置として、その課税期間における課税売上割合が95％以上である者及びその課税期間について簡易課税制度が適用される事業者については、特定課税仕入れはなかったものとされる。 　したがって、リバースチャージ方式が適用される事業者は、一般課税により申告する者で、課税売上割合が95％未満の課税期間である。 ★　「事業者向け電気通信利用役務の提供」とは、例えば、企業のイメージ広告の配信等、役務の性質又はその役務の提供に係る取引条件等から、その役務の提供を受ける者が通常事業者に限られるものをいう。 　なお、これに対する「消費者向け電気通信利用役務の提供」（リバースチャージ方式は適用されない取引）とは、例えば、広く消費者を対象に提供されている電子書籍・音楽・映像の配信等をいう。		
(2)　屋外看板	・　屋外看板の製作費	課　　税	
	・　設置のための費用については、次のようになる。 ①　土地の賃借料 ②　壁面、電柱等の施設の賃借料	非　課　税 課　　税	
(3)　モデル報酬	・　モデル報酬は、所得税法第204条第1項第4号《源泉徴収義務》に掲げられており、給与所得に該当しないことから、課税仕入れになる。	課　　税	所法204①四
(4)　マネキン報酬	・　マネキンの求人者たる企業が紹介所を経由して「マネキンに対して支払う対価」は、マネキンの職務内容や対価の算出方法などから、所得税法上は雇用関係に基づく給与等（給与所得）に該当することとされているので、課税仕入れにならない。	不　課　税	法2①十二 昭58.6.6付 直法6-7、直所3-7

項　　目	項 目 の 説 明 及 び 取 扱 い	判　　定	参考法令等
	（参考図）マネキン紹介に関する概要図 マネキン紹介所　①登録・紹介　マ ネ キ ン ⑤給与支払 ②マネキンの紹介　⑤紹介料の支払　⑤給与の支払（源泉徴収）（代理受領） ④労務の提供　③雇用契約 各 企 業（源泉徴収義務者）		
(5) マネキン紹介所に支払った紹介料	・　「マネキン紹介所に支払った紹介料」は、役務の提供の対価に該当し、課税仕入れになる。	課　　税	
(6) 展示会の負担金	・　共同して行う展示会の費用を賄うための負担金のうち課税仕入れに該当する部分については、その負担割合（予め定められている場合で、主宰者が仮勘定として経理しているときに限る。）に応じた額を課税仕入れにすることができる。	課　　税	基通5－5－7
(7) カタログ作成費	・　課税資産とその他の資産の両方の資産の譲渡等がある場合には、原則として共通用の課税仕入れになるが、カタログの掲載商品がいずれも課税対象である場合には、課税資産の譲渡等にのみ要するものに該当する。	課　　税	
(8) 賞金等	・　賞金又は賞品が「資産の譲渡等」の対価に該当するかどうかは、その賞金等の給付とその対象となる役務の提供との関連性の程度により判定する。例えば、次のいずれの要件をも満たす場合の賞金等は、対価性があるものとして取り扱うことになる。 ①　受賞者が、その受賞に係る役務の提供を業とする者であること。 ②　賞金等の給付が予定されている催物等に参加し、その結果として賞金等を受けるものであること。	課　　税	基通5－5－8

| 損益項目 | – | 販売費及び一般管理費 | – | 広告宣伝費 |

項　　目	項 目 の 説 明 及 び 取 扱 い	判　　定	参考法令等
アドバイス	★　賞金の課否判定の例示 ① 馬主が受ける競馬の賞金は、課税対象になる。 ② プロレーサーの自動車レースの賞金は、課税対象になる。 ③ 映画俳優のブルーリボン賞は、課税対象外になる。		
(9)　出演料等	・　支払者側においては、出演料の支払先が事業者でない者であっても、その出演料については課税仕入れになる。	課　税	法2①十二
アドバイス	★　出演者側の課否判定 ① 職業運動選手、作家、俳優等で事業者に該当する者が他の事業者の広告宣伝のために行う役務の提供は、課税対象になる。 ② 職業運動選手、作家、俳優等で事業者に該当する者のテレビ出演料等は、課税対象になる。 ③ サラリーマンや主婦など事業者に該当しない者の出演料は、課税対象外になる。		基通5-1-7(1) 基通5-1-7(2)
(10)　スポーツ大会の協賛金等	・　スポーツ大会等の協賛者が、その主催者に対して協賛金等として支払う金品は、広告宣伝の対価として課税対象になる。	課　税	
(11)　催事の主催者に支払う名義料	・　催事を行う事業者が名目上の主催者に支払う名義料は、名義貸しの対価であり、役務の提供の対価に該当する。	課　税	
(12)　商品等の自社使用	・　自ら行う広告宣伝のための商品、原材料の購入は、これらを購入した時において課税仕入れになり、消費・使用の段階では資産の譲渡に該当しない。	不 課 税	基通5-2-12
(13)　プリペイドカードの購入費等	・　プリペイドカード本体の購入費用（P.83参照）	非 課 税	
	・　広告宣伝用社名又は図柄等の印刷費用	課　税	
誤りやすい事　　例	◆　新製品宣伝用のプリペイドカードを作成した際、「印刷費○○円、プリペイドカード本体価格○○円」と請求されたが、全額を課税仕入れにしていた。		
	・　既成の図柄入りのプリペイドカードの購入費用 ・　広告宣伝用プリペイドカードの自社使用	非 課 税 課　税	

項　　目	項　目　の　説　明　及　び　取　扱　い	判　　定	参考法令等
アドバイス	★　プリペイドカード等の物品切手等は原則として購入時において課税仕入れには該当せず、役務又は物品の引換給付を受けた時にその引換給付を受けた事業者の課税仕入れになるのであるが、規26の6②、令49①一ロの課税仕入れに該当する場合、購入した事業者が継続適用を条件として購入時に課税仕入れにすることも認められる。		基通11-3-7
⑭　共同販売促進費	・　契約に基づいて系列販売店等がメーカー等に支払う展示会費用の分担金等	課　税	
【荷造費等】 (1)　荷造費	・　原則として課税対象になる。	課　税	
(2)　保管・倉庫料、運送料	・　原則として課税対象になるが、これらの費用の中の保険料部分については、次のようになる。 ①　保険会社と締結する保険契約の名義人がこれらの費用の支払法人である場合 　イ　運送会社等が運送料等としてまとめて請求した場合は、課税対象になる。 　ロ　運送会社等が保険料として別途請求した場合は、非課税になる。 ②　保険会社と締結する保険契約の名義人が運送会社等である場合 　イ　原則として課税対象になる。 　ロ　荷送人から付保の委任を受けた運送会社等が名義人となっている場合で、保険の効果が荷送人に帰属している実態にあり、運送会社等が立替金又は仮払金としているときは、その保険料相当額は、運送会社等における課税標準に算入しないものとすることができる。 　　ただし、運送会社等が自ら保険契約者となる場合の保険料は処理のいかんを問わず、課税対象になる。	 課　税 非課税 課　税 不課税 課　税	
	・　次のものは免税取引であるので、課税仕入れに該当しない。 ①　外国貨物の荷役、運送、保管、検数、鑑定、検量、通関手続、青果物のくんじょう等及び指定保税地域、保税蔵置場等における輸出しようとする貨物並びに輸入の許可を受けた貨物に係るこれらの役務の提供 ②　保税地域間の外国貨物の運送 ③　国際輸送	免　税	法7①五 令17②四 基通7-2-12〜13 法7①三

項　　　目	項 目 の 説 明 及 び 取 扱 い	判　　定	参考法令等
アドバイス 誤りやすい 事　　例	★　国際輸送の一部に国内輸送が含まれている場合であっても、国際輸送の一環としてのものであることが契約において明らかであるときは、その全部が国際輸送に該当する。 ◆　外国向け宅配便の費用を課税仕入れにしていた。		基通7-2-5
【販売奨励金】 (1)　販売奨励金、販売協力金 アドバイス	・　販売促進の目的で金銭により取引先に対して支払う販売奨励金等は、売上げに係る対価の返還等に該当する。 ★　割戻しを金銭による支払に代えて、得意先を観劇、旅行等に招待した場合や観劇券や旅行券を交付した場合には、売上げに係る対価の返還等には該当しない。なお、得意先を観劇等に招待した費用は課税仕入れになるが、観劇券や旅行券の購入は非課税であり、課税仕入れに該当しない。 ★　課税事業者となった後において免税事業者当時の課税資産の譲渡等について売上げに係る対価の返還等を行った場合には、控除の対象にならない。 ★　免税事業者となった後において、課税事業者当時の課税資産の譲渡等について売上げに係る対価の返還を行った場合には、控除の対象にならない。	課　　税	基通14-1-2 基通14-1-6 基通14-1-7
誤りやすい 事　　例	◆　取引先に販売奨励金を支払ったが、売上げに係る対価の返還等としないで、課税仕入れにしていた。		
	・　代理店助成のためにその契約高に応じて支払う奨励金等についても上記と同じである。	課　　税	
	・　特約店のセールスマンに対して直接支払う販売奨励金等は、役務の提供の対価になる。	課　　税	
(2)　スタンプ券	・　自社発行したスタンプ券については、次のとおりになる。 ①　商品等の購入者に対する無償交付は不課税になる。 ②　所定の枚数を呈示する者に対して一定の景品を引き渡す行為そのものは、不課税になる。 　(注)　当該景品の仕入れ時において課税仕入れになる。 ③　スタンプ券の枚数に応じて値引販売をする場合は、収受する金銭の額がその商品の対価の額になる。	 不 課 税 不 課 税 課　　税	

項　　目	項 目 の 説 明 及 び 取 扱 い	判　　定	参考法令等
	・　スタンプ会の発行したスタンプ券については、次のとおりになる。		
	①　加盟店がスタンプ会からスタンプ券を購入する場合の購入代金は、課税仕入れになる。	課　　税	
	②　商品等の購入者に対する無償交付そのものは、不課税になる。	不 課 税	
	③　消費者が集めたスタンプを商品券と引き換えた場合は、商品券の無償譲渡であり不課税になる。	不 課 税	
(3)　情報提供料	・　プリペイドカードによる支給 　購入時に資産計上し、役務の提供の対価として支給する都度経費処理している場合には、課税仕入れになる。 　なお、購入時の経費として処理している場合には、仕入税額控除の対象にならない。	課　　税	
	・　現金による支給 　役務の提供の対価として支給したものは、課税仕入れになる。	課　　税	
	・　景品による支給 　その景品の仕入れ時の課税仕入れになる。	課　　税	
【見本費・試供品費等】 見本費・試供品費等	・　得意先等に配付する商品の見本、試供品等の購入費は課税仕入れになる。	課　　税	基通11-2-14
	・　高額商品等を販売した際に付けるサービス品は、一般に無償で供与されるものであり、原則として課税対象にならない。	不 課 税	
【特許権使用料等】 (1)　特許権等使用料 アドバイス	・　国内で登録された特許権、実用新案権、意匠権、商標権、回路配置利用権又は育成者権の使用料は、課税対象になる。 ★　同一の権利について2以上の国において登録をしている特許権等については、特許権者等の住所地（住所又は本店若しくは主たる事務所の所在地）が国内にあるものに限り、課税対象になる。	課　　税	法2② 基通5-4-2、5-7-5(1) 令6①五

項　　目	項　目　の　説　明　及　び　取　扱　い	判　　定	参考法令等
	・　国外で登録されたものは国外取引になる。	不　課　税	
	・　特許権等のクロスライセンスは、等価で行う場合であっても、差額決済で行う場合であっても、いずれも課税対象になる。この場合における対価の額は、その特許権等の実施権の時価（適正な見積価格）になる。	課　　税	
(2)　技術指導料	・　国内において行われる技術指導の対価は、課税対象になる。	課　　税	
誤りやすい事　　例	◆　国外において受けた役務提供等（コンサルティング、技術支援等）を課税仕入れに含め、仕入税額控除の対象にしていた。		
(3)　著作権等使用料	・　著作権者等の住所地が国内である場合の著作権、出版権及び著作隣接権等の使用料は、課税対象になる。	課　　税	令6①七 基通5-7-6
(4)　ノウハウの使用料	・　いわゆるノウハウ（特許には至らない技術、技術に関する附帯情報等）の貸付けを行う者の住所地が国内にあるものは、課税対象になる。 ㊟　ノウハウの頭金等については、P.214を参照	課　　税	令6①七 基通5-7-7
【旅費・交通費】 (1)　国内出張費等	・　出張旅費、宿泊費、日当のうち、その旅行について「通常必要であると認められる部分」は、課税仕入れに該当する。	課　　税	基通11-6-4
アドバイス	★　事業者が、従業員所有の自家用車を一定の条件で借り上げるいわゆる借上自動車を、営業活動に使用させ、借上料として、ガソリン代の実費額と走行キロ数に応じた金額の合計額を従業員に支給した場合には、課税仕入れに該当する。		
	・　出張旅費等のうち、その旅行について「通常必要であると認められる部分」の範囲を超える部分は、所得税法上給与として課税されることとなり、課税仕入れに該当しない。 ㊟　通勤手当等との相違に注意すること（P.120を参照）。 ・　国内赴任旅費についても、出張旅費等と同様の取扱いになる。	不　課　税 課　　税 不　課　税	
(2)　国内転	・　支度金（転居に伴う電話移設費、ガス器具調整費その	課　　税	所基通9-3

項　　目	項　目　の　説　明　及　び　取　扱　い	判　　定	参考法令等
勤に伴う支度金	他）が所得税基本通達9-3《非課税とされる旅費の範囲》により非課税とされる移転料に該当する場合は、課税仕入れになる。		
アドバイス	★　所得税法上非課税とされる範囲 ①　その支給額が、その支給をする使用者等の役員及び使用人のすべてを通じて適正なバランスが保たれている基準によって計算されたもの ②　その支給額が、その支給をする使用者等と同業種、同規模の他の使用者等が一般的に支給している金額に照らして相当と認められるもの		
(3)　海外出張費等	・　海外出張のために支給する旅費・日当は、原則として国外取引、免税対象になるため、課税仕入れに該当しない。	免　　税 不　課　税	基通11-6-4
	・　国内における出発前夜の宿泊費及び交通費を実費分として他の海外出張旅費と区分しているときは、課税仕入れになる。	課　　税	
	・　国内と外国の間の航空運賃	免　　税	
	・　外国におけるホテル代、食事代、交通費等	不　課　税	
	・　国内移動費も含めて一体として契約され、連続して移動が行われていれば（乗継地での滞留時間が24時間以内）、国内移動費も含めて免税対象になる。	免　　税	基通7-2-4
(4)　旅客サービス施設使用料	・　成田空港から出国する者が出国の手続前に支払う「旅客サービス施設使用料」は、課税対象になる。	課　　税	
(5)　海外出張のための支度金	・　海外出張のための準備費用（身の回り品等の購入費）として支給する支度金は、課税仕入れになる。	課　　税	
(6)　海外出張の予防接種料	・　国際保健規則に基づいて申請により行うものであり、健康保険等の対象外のため課税仕入れになる。	課　　税	
(7)　ホーム	・　ホームリーブ旅費については、輸出免税の対象となる運	免　　税	

項　　目	項 目 の 説 明 及 び 取 扱 い	判　　定	参考法令等
リーブ又は家族呼寄せのための旅費	賃や国外取引の対価として支払われるものであり、原則として課税仕入れに該当しない。	不　課　税	
	・　国内旅行部分は、課税仕入れに該当する。	課　　税	
	・　我が国への家族呼寄せ費用についても、輸出免税の対象となるものや国外取引の対価として支払われるものについては、課税仕入れに該当しない。	免　　税 不　課　税	
	・　国内旅行部分は、課税仕入れに該当する。	課　　税	
(8)　海外からの赴任者に支給する支度金	・　海外から技師、研修生等を受け入れ、着任後に支給する赴任支度金については、課税仕入れに該当する。	課　　税	
(9)　航海日当	・　出張旅費に準じて次のとおり取り扱われる。 ①　内航船に係るもの（内国航海日当） ②　外航船、遠洋漁船に係るもの（外国航海日当）	課　　税 不　課　税	
(10)　出向社員の旅費・通勤費の負担金	・　出向先法人が派遣社員の旅費、通勤費、日当などの実費相当額を出向元法人に支払う場合、その支払は、出向先法人の事業遂行上必要なものであるから、課税仕入れに該当する。	課　　税	
(11)　顧客招待費	・　顧客を招待するため、直接旅行会社等に支払った旅費、宿泊費は、課税仕入れになる。	課　　税	
(12)　従業員採用費	・　入社試験の受験者や採用予定者に現金で支給する交通費、日当、支度金（旅費規程に定める程度である場合）は、課税仕入れになる。	課　　税	
【通信費】 (1)　国内電信・電話料、郵送料、ファクシミリの利用料	・　国内における電信・電話料、郵送料、ファクシミリの利用料は、課税仕入れになる。 ・　郵便切手、テレホンカードは、実際に郵送等の役務の提供を受けた時の課税仕入れになる。	課　　税 課　　税	 基通11-3-7

項　　目	項　目　の　説　明　及　び　取　扱　い	判　　定	参考法令等
アドバイス	★　テレホンカードなどについて規26の6②、令49①一ロの課税仕入れに該当する場合において、継続適用を条件に対価を支払った日の属する課税期間の課税仕入れにすることができる。		法別表第二 4 イ 基通 6-4-1 基通 6-4-2
(2)　郵便切手の購入	・　日本郵便㈱が行う譲渡及び簡易郵便局法第7条第1項に規定する委託業務を行う施設及び郵便切手類販売所からの購入については、非課税である。 　㊟　「郵便切手類」（P.82）参照	非 課 税	
	・　金券ショップ等上記以外の者からの購入については、課税取引になる。	課　　税	
(3)　料金計器による郵便料金	・　料金計器による郵便料金の課税仕入れの時期は、自社使用分であれば、予納額の納付時点とすることができる（外国郵便分については、元々課税仕入れに該当しないので使用事績により区分する。）。	課　　税	
(4)　国際電信・電話料、国際郵便料金	・　輸出免税に該当する。	免　　税	法7①三 令17②五
誤りやすい事　　例	◆　国際電話会社に支払った国際電話料を課税仕入れにしていた。		
(5)　電気通信役務に係る回線使用料等	・　電気通信事業法第2条第5号《定義》に規定する電気通信事業者が同条第3号に規定する電気通信役務の提供に伴って収受する対価は「回線使用料」等と称している場合であっても、役務の提供の対価に該当する。 　　したがって、電気通信設備を使用させることが電気通信役務に該当する場合において、当該電気通信設備が国内と国内以外にわたって敷設等されているものであるときは、法第7条第1項第3号《国際輸送等に対する輸出免税》に規定する国内及び国内以外の地域にわたって行われる通信に該当することとなる。	課　　税 免　　税	基通 5-5-12
【水道光熱費】 水道光熱費	・　電気、上下水道、ガス代等（遅収料金を含む。）は、課税仕入れになる。	課　　税	

項　　目	項　目　の　説　明　及　び　取　扱　い	判　　定	参考法令等
【寄附金】 (1)　寄附金 アドバイス	・　金銭による寄附は、対価性がないので課税対象外になる。 ★　寄附物品に対する税額控除 　　棚卸資産等を寄附した場合であっても、その取得が課税仕入れに該当するものであれば、仕入税額控除の対象になる。なお、仕入控除税額の計算を個別対応方式による場合、寄附するための物品の購入は、課税資産の譲渡等とその他の資産の譲渡等に共通して要する課税仕入れに該当する。	不　課　税	基通 5 - 2 -14 基通11- 2 -17
(2)　国・地方公共団体への寄附金・負担金	・　地方公共団体の工場誘致等により土地その他の資産を譲り受け、その対価のほかに寄附金等の名目で金銭を支払った場合において、その金銭が実質的にみてその資産の取得価額を構成すると認められるときは、その寄附金等は、その資産の譲受対価に該当する。	課　　税 非　課　税	基通 5 - 2 -14
(3)　特定公益信託への寄附	・　特定公益信託の信託財産とするために支出する金銭は、寄附金とみなされる。	不　課　税	法法37⑥
(4)　取引先、各種団体への寄附 誤りやすい事　　例	・　金銭を寄附した場合は、原則として不課税取引になる。 ・　課税資産を寄附した場合は、購入時にその購入対価が課税仕入れになる。 ◆　美術館に寄附するために絵画を購入したが、その支払額を課税仕入れにしていなかった。 ・　現物による寄附のうち、課税資産に該当するものについては、購入対価が仕入税額控除の対象になるが、個別対応方式を選択した場合には、原則として課税資産の譲渡等とその他の資産の譲渡等に共通して要する課税仕入れに該当する。	不　課　税 課　　税 課　　税	 基通11- 2 -17 法30②一 基通11- 2 -17
(5)　祭礼等への寄附 誤りやすい事　　例	・　取引先、各種団体への寄附と同じ取扱いになる。 ◆　近所の神社の祭礼に際して、現金で行った寄附を課税仕入れにしていた。	課　　税 不　課　税	
(6)　外国への寄附	・　外国へ寄附するために国内で購入した物品については、仕入税額控除の対象になるが、個別対応方式を選択した場	課　　税	法30②一 基通11- 2 -17

項　　目	項　目　の　説　明　及　び　取　扱　い	判　定	参考法令等
	合には、原則として課税資産の譲渡等とその他の資産の譲渡等に共通して要する課税仕入れに該当する。		
(7) 負担付き贈与	・ 課税資産を負担付き贈与した場合、その負担部分の金額が課税標準になる（P.103参照）。	課　税	令45②二
	・ 贈与する資産の価額と負担部分の金額との差額については、課税対象外になる（法人とその役員の間の取引を除く。）。	不 課 税	
【交際費】 (1) 接待飲食費・接待ゴルフ代	・ 接待飲食費や接待ゴルフ代は、課税仕入れに該当する。	課　税	
	・ ゴルフ場利用税の金額は、明確に区分されている場合においては課税仕入れに係る支払対価の額に含まれない（P.107参照）。	不 課 税	基通10-1-11
(2) ゴルフクラブ等の入会金・会費等	・ ゴルフクラブ、宿泊施設、体育施設、遊戯施設その他のレジャー施設を会員に利用させることを目的とするクラブ等の会員となった際に支払った入会金は次のとおりになる。 ① 脱退等に際し返還されない入会金 ② 脱退等に際し返還される入会金 ③ 会費等	 課　税 不 課 税 課　税	基通5-5-5、11-2-5
(3) 慶弔費 チェックポイント	◎ 祝金・香典・見舞金等の慶弔費を課税仕入としていないか。		
	・ 得意先やその役員等に対し、「現金」で支出する祝金、見舞金、香典、せん別等は、資産の譲渡等に係る対価に該当しない。	不 課 税	基通5-2-14
	・ 祝品、果物、生花、花輪等課税資産を贈る場合のその購入代金は、仕入税額控除の対象になる。	課　税	
誤りやすい事　　例	◆ 取引先の役員の葬儀に際して支出した花輪代とともに香典も課税仕入れにしていた。		
(4) 贈答品費	・ 課税資産の贈答については、購入時の課税仕入れになる。	課　税	
	・ 商品券、ビール券などの物品切手類の譲渡は非課税であ	非 課 税	

項　　目	項 目 の 説 明 及 び 取 扱 い	判　　定	参考法令等
	るから、その購入費用は課税仕入れに該当しない。		
	・　物品切手類を得意先等に無償配付した場合は、自ら引換給付を受けるものではないから、仕入税額控除の対象にならない。	不 課 税	
(5)　創業記念費用、社屋新築記念費用	・　これらの式典における宴会費、交通費及び記念品（物品切手等を除く。）の購入費用は、原則として課税仕入れに該当する。	課　　税	
	・　神官等に支払うお祓いの費用は、課税仕入れに該当しない。	不 課 税	
(6)　旅行招待費	・　国内旅行の招待費（交通費、飲食費、宿泊費、土産代等）	課　　税	
	・　海外旅行の招待費 ㊟　海外パック旅行（P.110）を参照	免　　税	
	・　入湯税	不 課 税	
(7)　野球場のシーズン予約席料	・　シーズン中の観覧席料と観覧の役務の提供の対価であり、課税仕入れに該当する。	課　　税	
アドバイス	★　課税仕入れの時期は、役務の提供を受ける日（観覧する日）であるが、交際費等の算入時期に課税仕入れがあったとしても差し支えない。		基通11-3-1
(8)　チップ	・　運転手や仲居等に対するチップは、運送等の役務の提供の対価の支払とは別に支払うものであり、提供を受ける役務との間に明白な対価関係は認められないから、課税仕入れに該当しない。	不 課 税	
(9)　談合金	・　談合金は、本来入札等に参加できる事業者が参加しないことなどを条件として支払うものであるから、一種の役務の提供（不作為の役務提供）を受けたことの対価として課税仕入れとなる。	課　　税	
(10)　個別消費税	・　酒税、たばこ税、揮発油税、石油石炭税、石油ガス税等の個別消費税は、その課税物件の製造者等が課税物件を製	課　　税	基通10-1-11

項　　目	項 目 の 説 明 及 び 取 扱 い	判　　定	参考法令等
	造場等から移出等を行ったことなどに対し課税するものであるため、課税仕入れの支払対価の額に含まれる。		
	・　軽油引取税、ゴルフ場利用税及び入湯税は、利用者等が納税義務者となっているのであるから対価の額に含まれない。 　　ただし、その税額に相当する金額について明確に区分されていない場合は、対価の額に含むものとする。	不 課 税	基通10-1-11
(11)　費途不 　　明交際費	・　交際費、機密費等の名義をもって支出した金銭でその費途が明らかでないものは、課税仕入れに該当しない。	不 課 税	基通11-2-23
(12)　役員等 　　に対する 　　渡切交際 　　費 誤りやすい 事　　例	・　支給した金銭について精算し、支出の事実及び法人の業務に関連する費用であることが明らかである場合は、課税仕入れに該当する。 ◆　役員に対して支給している渡切交際費で、後日精算しないこととしているものを課税仕入れにしていた。	課　　税	
	・　その使途が不明であるもの又は法人の業務に関係がないものは、課税仕入れに該当しない。	不 課 税	
【備品・消 耗品費等】 (1)　消耗品 　　費	・　消耗品で貯蔵中のものであっても、その購入時において課税仕入れになる。	課　　税	
(2)　図書費 アドバイス	・　書籍・雑誌・新聞代等は、課税仕入れになる。 ★　定期購読料の中に郵送料が含まれていても、その含んだところが対価となる。	課　　税	
(3)　被服費、 　　作業服手 　　当	・　事務員や販売員等に有償（有償の場合は課税売上げとなることに留意）又は無償で支給する事務服、作業着、ユニフォーム等の購入費は、その購入時において課税仕入れになる。	課　　税	基通11-2-1
	・　現物に代えて支給する作業服手当は、給与課税の対象になり、課税仕入れに該当しない。	不 課 税	基通11-2-1

損益項目 － 販売費及び一般管理費 － 法定福利費

項　　目	項目の説明及び取扱い	判　定	参考法令等
【法定福利費】 健康保険料・社会保険料・労働保険料 アドバイス	・　健康保険法、厚生年金保険法、雇用保険法、船員保険法、労働者災害補償保険法等の規定により事業主が負担する保険料、掛金、徴収金は、非課税になる。 ★　使用人等が拠出する保険料については、預り金であるから、不課税になる。	非　課　税	基通6-3-1 (4)
	・　適格退職年金契約等の保険料のうち、事務費として区分されている部分は、課税仕入れになる。	課　　税	
【福利厚生費】 (1)　慶弔費 誤りやすい事　　例	・　従業員の慶弔、禍福に際して支給する慶弔金は、金額の多寡にかかわらず、課税仕入れに該当しない。 ◆　現金で支払った従業員への見舞金について課税仕入れにしていた。	不　課　税	基通5-2-14
	・　祝品、果物、生花、花輪等課税資産を贈る場合のその購入代金は、課税仕入れになる。	課　　税	
(2)　定期健康診断	・　健康診断は、非課税とされる医療には該当しないので、その費用は課税仕入れになる。	課　　税	
(3)　借上げ社宅 アドバイス	・　権利金（返還されないもの）及び支払家賃	非　課　税	
	・　現物給与とされる家賃補助 ★　社員が契約した借家の賃料の一部を会社が負担する場合は、その金額は社員に対する給与になるので、課税仕入れにならない。また、借入金に対する利子補給金についても同様である。	不　課　税	
(4)　社宅の維持費	・　社宅の購入費（土地等の購入費を除く。）及び維持・運営費	課　　税	
	・　管理人の給与	不　課　税	
	・　火災保険料	非　課　税	基通6-3-1 (4)

項　　目	項　目　の　説　明　及　び　取　扱　い	判　　定	参考法令等
(5)　独身寮の維持費	・　維持費については、原則として課税仕入れに該当する。	課　　税	
	・　維持費の中に賄い人等の給与が含まれているときは、その給与部分は課税仕入れに該当しない。	不　課　税	
	・　維持費の中に火災保険料が含まれているときは非課税になる。	非　課　税	基通6-3-1(4)
(6)　社員慰安旅行	・　国内慰安旅行 ①　事業主の実費負担額は、課税仕入れに該当する。 ②　補助金（金銭の支給）の場合は、課税仕入れに該当しない。 ③　金銭を支給した場合において、会社宛の領収書等により会社の課税仕入れであることが明らかにされているときは、課税仕入れに該当する。	課　　税 不　課　税 課　　税	
	・　海外慰安旅行 ㊟　海外パック旅行（P.110）を参照	免　　税	
誤りやすい事例	◆　慰安旅行費用のうち海外旅行に係るものを課税仕入れにしていた。		
	・　役員だけの慰安旅行 　その慰安旅行の費用が給与課税の対象にされる場合には、課税仕入れに該当しない。	不　課　税	
(7)　忘年会・歓送迎会等	・　(6)の国内慰安旅行の取扱いに準ずる。	課　　税 不　課　税	
(8)　運動会・文化祭	・　(6)の国内慰安旅行の取扱いに準ずる。	課　　税 不　課　税	
(9)　レジャークラブの会費	・　原則として、課税仕入れに該当する。	課　　税	
	・　個人が負担すべきものを会社が負担した場合の年会費等は、課税仕入れに該当しない。	不　課　税	
(10)　運動部	・　会社の一部とされる運動部等に対する助成金		基通1-2-4

項　　目	項 目 の 説 明 及 び 取 扱 い	判　　定	参考法令等
・文化サークルに対する助成金	①　会社の運動部等への助成金の支出 　㊟　助成金の支出の段階では、社内における単なる資金移動にすぎない。 ②　運動部等における課税仕入れに係る支出	不 課 税 課　　税	
アドバイス	★　従業員負担がある場合において、会社負担分と従業員負担分とが適正に区分されているときには、その区分されたところによる。		基通1-2-5
	・　消費税法基本通達1-2-4《福利厚生等を目的として組織された従業員団体に係る資産の譲渡等》の要件に該当しないクラブ等に対する助成金 ①　交付した助成金の範囲内の金額で、レクリエーションなどの費用に使用されたことが領収書等で明らかにされている金額については、課税仕入れになる。 ②　①以外のもの	課　　税 不 課 税	基通1-2-4
⑾　持株奨励金	・　社員持株会等に対する奨励金、助成金	不 課 税	
⑿　社員共済会	・　社員共済会、社内親睦団体に対する補助金、負担金等	不 課 税	
⒀　永年勤続者に対する記念品・旅行券等	・　永年勤続者に支給する記念品の購入費用は、受給者において給与として課税されるかどうかにかかわらず、課税仕入れになる。	課　　税	
	・　旅行券を購入して永年勤続者に支給する場合 ①　給与として課税されないとき 　旅行の実行日の属する課税期間の課税仕入れになる。 ②　給与として課税されるとき（旅行券の使用状況を管理していないとき等） 　課税仕入れに該当しない。	課　　税 不 課 税	
	・　催物等の入場券を購入して福利厚生の一環として従業員に対して支給した場合におけるその入場券等の購入費用は、課税仕入れになる。	課　　税	
⒁　社員食堂	・　従業員に対する食券の売上げは、課税対象になる。	課　　税	基通5-4-4
アドバイス	★　従業員に対して食券代の全部又は一部を補助する場合において、		

項　　目	項　目　の　説　明　及　び　取　扱　い	判　　定	参考法令等
	その補助する部分については、消費税の課税関係は生じない。		
	・　材料費	課　　税	
	・　外部委託費（人件費に係る部分があっても、その全額が課税仕入れになる。）	課　　税	
	・　社員である賄い婦等の給与	不 課 税	
⒂　契約食堂 アドバイス	・　従業員に対する食券の無償支給	不 課 税	
	★　この場合、会社が契約食堂に対して支払う従業員の食事代金は、課税仕入れになる。 ・　従業員に対する食券の割引販売	課　　税	
アドバイス	★　この場合、従業員から収受する代金が課税資産の譲渡の対価となり、会社が契約食堂に対して支払う従業員の食事代金（従業員から収受する食券代を預り金処理している場合は、会社の負担部分の金額）が課税仕入れになる。 ★　従業員への食事の提供に係る課税関係は、次のとおりになる。 ①　直営給食施設で無償で食事を提供した場合 　従業員に対して無償で食事を提供する行為については、対価の授受がないため資産の譲渡等には該当しない。また、直営の給食施設を維持するための費用（食材、水道光熱費、食器代、修繕費等をいい、賄婦等に係る給与を除く。以下同じ。）は、課税仕入れに該当する。 ②　直営給食施設で代金を徴収して食事を提供した場合 　従業員から受領する食事代金が、課税資産の譲渡等の対価に該当する。また、直営の給食施設を維持するための費用は、課税仕入れに該当する。 ③　委託給食施設で無償で食事を提供した場合 　従業員に対して無償で食事を提供する行為については、対価の授受がないため資産の譲渡等には該当しない。また、委託先の食堂に支払う委託費については、課税仕入れに該当する。 ④　委託給食施設で代金を徴収して食事を提供した場合 　従業員から受領する食事代金が、課税資産の譲渡等の対価に該当する。また、委託先の食堂に支払う委託費については、課税仕入れに該当する。 ⑤　外部から購入した弁当を無償で提供した場合 　弁当等を無償で従業員に提供しても、対価の授受がないため資	課　　税	

項　　目	項　目　の　説　明　及　び　取　扱　い	判　　定	参考法令等
	産の譲渡等には該当しない。また、弁当等の購入費用については、課税仕入れに該当する。 ⑥　外部から購入した弁当代の一部を負担して提供した場合 　　弁当代等の費用の一部を負担して有償で従業員に提供した場合は、従業員から受領する食事代金が課税資産の譲渡等の対価に該当する。また、弁当等の購入費用については、課税仕入れに該当する。 ⑦　食事代として現金を支給した場合 　　食事手当については、いわゆる金銭給与に該当するから、課税仕入れに該当しない。	不　課　税	
⒃　福利厚生施設	・　従業員から収受する利用料は、課税売上げになる。	課　　税	基通5-4-4
	・　維持・管理費用（管理人の給与、火災保険料等を除く。）は、課税仕入れになる。 ・　管理人の給与	課　　税 不　課　税	
	・　火災保険料	非　課　税	基通6-3-1(4)
【保険料等】 ⑴　生命保険料・損害保険料	・　掛捨保険料のみならず、積立保険料の部分も非課税になる。	非　課　税	法別表第二3 基通6-3-1(4)
	・　再保険料についても非課税になる。	非　課　税	
	・　その保険料が従業員の給与とされる場合は、その法人においては、不課税になる。	不　課　税	
チェックポイント	◎　生命保険料、火災保険料を課税仕入れとしていないか。		
⑵　生命共済掛金・火災共済掛金 チェックポイント	・　法令等により組織されている団体の共済掛金のほか、任意の互助組織による団体の共済制度の共済掛金も、「保険料に類する共済掛金」に含まれる。 ◎　共済会、互助会等に対する各種補助金を課税仕入れとしていないか。	非　課　税	基通6-3-1⒂、6-3-3

項　　目	項　目　の　説　明　及　び　取　扱　い	判　　定	参考法令等
誤りやすい事　　例	◆　団体保険等の集金事務手数料を支払保険料と相殺し、集金事務手数料を課税売上げに計上していなかった。		
(3) 厚生年金基金契約等の掛金、共済掛金及び保険料	・　厚生年金基金契約等の掛金、共済掛金及び保険料のうち、 ①　事務費部分 ②　事務費以外の部分	課　　税 非　課　税	基通6-3-1 (4)
(4) 特定損失負担金・特定基金に対する負担金	・　所得税法施行令第167条の2《特定の損失等に充てるための負担金の必要経費算入》、法人税法施行令第136条《特定の損失等に充てるための負担金の損金算入》に規定する負担金又は租税特別措置法第28条第1項若しくは第66条の11第1項《特定の基金に対する負担金等の損金算入の特例》に掲げる負担金や掛金は、保険料等に含まれる。	非　課　税	基通6-3-3 (注) 所令167の2 法令136 措法28①、66の11①
(5) 輸入貨物に係る保険料	・　輸入貨物を保税地域から引き取るときには、保険料を含めた価格（ＣＩＦ価格）を課税標準として消費税が課税される。	課　　税	法28④
【保証料】 (1) 信用保証料	・　信用保証料は、非課税に該当する。 　また、次の場合も同様に取扱うことになる。 ①　代表者等が自己の不動産を法人の借入金の担保として提供する行為は、信用の保証としての役務の提供に該当し、非課税になる。 ②　組合が組合員の事業資金の借入について信用保証を行う場合に、組合員からその保証期間内の日数に応じて徴収することにしている保証料は、債務の保証の対価であり、信用の保証としての役務の提供に係る対価として非課税になる。 ③　建設業者が保証会社に支払う「公共工事に係る前払保証事業に基づく保証料」は、建設業者が請け負った公共工事の「完成」の保証ではなく、国、地方公共団体等から受領する「中間金」に係る保証の対価であるから、非課税になる。	非　課　税	法別表第二3 基通6-3-1 (2)
(2) 物上保証料	・　非課税に該当する。	非　課　税	法別表第二3 基通6-3-1

| 損益項目 | – | 販売費及び一般管理費 | – | 会費・組合費・分担金等 |

項　　目	項　目　の　説　明　及　び　取　扱　い	判　　　定	参考法令等
			(14)
【会費・組合費・分担金等】 (1) 同業者団体等の会費	・　原則として不課税になる。	不　課　税	基通5-5-3、11-2-4
	・　会費等に対価性が認められる場合 　例えば、名目が会費等とされている場合であっても、それが実質的に出版物の講読料、映画・演劇等の入場料、職員研修の受講料又は施設の利用料等と認められるものについては、課税対象になる。	課　　　税	基通5-5-3 (注)2
(2) 同業者団体等の会報・機関紙等	・　具体的には、会報等の発行形態、対価の受領の有無により、次のように取り扱われる。 ①　会報等が会員等のみに配布される場合 　イ　無償配付 　ロ　講読料、特別会費等の名目で対価の授受があるもの ②　会報等が会員等及び会員等以外の者に配布される場合 　イ　会員等には無償で配布し、会員等以外の者からは講読料等を受領するとき 　　(イ)　会員等に配布するもの 　　(ロ)　会員等以外の者に配布するもの 　ロ　すべての配布先から講読料等を受領するとき ③　会員等に無償で配布するほか、書店等で販売する場合 　イ　会員等に無償で配布するもの 　ロ　書店等で販売するもの	 不　課　税 課　　　税 不　課　税 課　　　税 課　　　税 不　課　税 課　　　税	基通5-2-3
(3) 共同行事に係る負担金等	・　同業者団体等の構成員が共同して行う宣伝、販売促進、会議等に要するための負担金、賦課金については、次のように取り扱われる。 ①　共同行事の主宰者 　共同行事の参加者ごとに負担割合が予め定められ、かつ、主宰者において各構成員が実施したものとして取り扱っている場合には、その負担金等につき仮勘定として経理することができる。 ②　同業者団体等の構成員 　上記①の場合において各構成員が負担する負担金等は、それを支払う事業者において課税仕入れに係る対価にな	 不　課　税 課　　　税	 基通5-5-7 基通5-5-7 (注)、11-2-7

項　　目	項 目 の 説 明 及 び 取 扱 い	判　　定	参考法令等
	る。		
	・　同業者団体等がその構成員に対して役務の提供をし、その対価として負担金等を徴する場合は、原則として課税対象になる。	課　　税	基通5-5-3
(4)　記念行事の費用を賄うために徴収する特別分担金	・　組合が、例えば「創立○○周年」記念式典等の行事を行うに際して、その費用を参加者に負担させているような場合には、明白な対価関係があるとは認められないことから、不課税になる。	不 課 税	基通5-5-3
(5)　共同施設に係る特別負担金	・　組合が組合会館、体育館等の共同施設の建設に際し、組合員から特別負担金を徴収し、これらの共同施設の建設に要した借入金の返済に充てているような場合で、明白な対価関係があるかどうかの判定が困難であるものは、両者がその特別負担金を課税取引に該当しないことにしているときは、その取扱いが認められる。	不 課 税	基通5-5-6
(6)　各種セミナー・講座の会費等	・　各種セミナー等の会費は、講義、講演等の役務の提供に対する対価であるから、課税対象になる。	課　　税	
(7)　情報センターの会費等	・　情報の提供を業務としている団体への入会金や会費は、課税仕入れに該当する。	課　　税	
(8)　カタログ作成のための負担金	・　百貨店が中元商品のカタログを自己名義で作成する場合における掲載商品のメーカー等が負担するもの	課　　税	
	・　なお、消費税法基本通達5-5-7《共同行事に係る負担金等》に定める取扱いによることも認められる。 デパート等……仮勘定経理 メーカー等……課税仕入れ	不 課 税 課　　税	基通5-5-7
(9)　共同販売促進費	・　契約に基づいてメーカー等が自己及び系列販売店のために行う展示会費用の分担金等（メーカー等においては、課税資産の譲渡等に該当し、系列販売店においては、課税仕	課　　税	

項　　目	項　目　の　説　明　及　び　取　扱　い	判　　定	参考法令等
	入れに該当する。）。		基通5-5-7
⑽　即売会参加分担金等	・　同業者組合等が主催する即売会への参加分担金は、その開催費用（広告代、場所代、装飾代、弁当代等）を支弁するため、参加者から徴収するものであり、その参加者に対して役務の提供を行った対価と認められることから、課税対象になる。	課　　税	
⑾　共同研究分担金	・　共同研究を行う参加事業者が支出する研究費の分担金は、その分担金と研究成果の配分との間に明白な対価関係がある場合には、課税仕入れになる（研究の成果について共有とするようなものは対価関係があると認められる。）	課　　税	
⑿　特別参加費	・　団体、組合等の定例総会等に際して、その費用を参加者に負担させている場合の特別参加費は定例総会等との明白な対価関係がないので不課税として取り扱われる。 ・　上記において、宿泊希望者から別途受領する宿泊料は原則として課税の対象となるが、当該宿泊費を預り金経理している場合には、その処理が認められる。	不　課　税	
⒀　割引会員の入会金及び年会費	・　入会金及び年会費を支払うことによって、一般の顧客よりも一定の割引率により、商品を安価に購入できることとなるものはゴルフクラブの入会金と同様に課税の対象となる。	課　　税	
⒁　差額割賦課金及び平等割賦課金	・　協同組合が通常の業務運営のために経常的に要する費用を各組合員に負担させる「平等割賦課金」（定額）は、いわゆる通常会費に該当するので課税の対象とならない。	不　課　税	
	・　なお、前年度の取扱い数量に応じて徴収する「差額割賦課金」は、取扱い物品の保管という役務の提供と明白な対価関係が認められるので、課税の対象となる。	課　　税	
【信託報酬】 信託報酬	・　合同運用信託、公社債投資信託及び公社債等運用投資信託に係る信託報酬は、非課税に該当する。	非　課　税	法別表第二3 基通6-3-1 (3)
	・　特定金銭信託（公社債投資信託部分を除く）及び金外信	課　　税	

項　　目	項 目 の 説 明 及 び 取 扱 い	判　　定	参考法令等
	託に係る信託報酬は、課税対象になる。		
	・　指定金銭信託の中途解約手数料は、中途解約により信託銀行が被った損害に対する賠償であり、資産の譲渡等とは認められないから、不課税になる。	不　課　税	
【報酬・料金等】 (1)　税理士報酬等	・　弁護士、公認会計士、税理士、司法書士等に支払う報酬については、その支払額（源泉所得税控除前の金額）が課税仕入れになる（P.106参照）。	課　　税	基通10-1-13
アドバイス	★　課税の対象外になる損害賠償金を得るために要した交通費、弁護士費用などの課税仕入れは、個別対応方式を適用する場合においては、課税・非課税共通用になる。		基通11-2-16
誤りやすい事　　例	◆　弁護士に支払った金額のうち、本来依頼者が国等に対して納付すべき登録免許税や登記、特許等の手数料等部分についても課税仕入れにしていた。		
	・　立替金については、P.109参照	不　課　税	
(2)　宿泊費、交通費等の実費相当額	・　依頼者が弁護士等の宿泊費又は交通費相当額を直接ホテルや交通機関に支払っている場合については、報酬等のなかには含まれないが、旅費・交通費として課税仕入れの対象になる。	課　　税	
	・　依頼者が弁護士等の宿泊費又は交通費相当額を弁護士等に支払っている場合については、実費弁償たる宿泊費又は交通費であっても、弁護士等の報酬等に含まれる。	課　　税	
【会議費】 (1)　会議費	・　会場使用料、会議用茶菓子、弁当代	課　　税	
(2)　株主総会費	・　株主総会のための費用（会場費等）は、課税仕入れに該当する。	課　　税	
アドバイス	★　課税事業と非課税事業のいずれも行っている会社で、個別対応方式を選択している場合には、課税・非課税共通用の課税仕入れ		

項　　目	項　目　の　説　明　及　び　取　扱　い	判　　定	参考法令等
	に該当する。		
【研修教育費】 (1)　講演料・原稿料	・　講演料や原稿料等の支払を受ける側が事業としているかどうかにかかわらず、課税仕入れに該当する。 　　適格請求書発行事業者以外の者からの課税仕入れは、原則として仕入れに係る消費税額の控除は適用されない。	課　　税	基通11-1-3
	・　内部講師に係る謝金が給与になる場合	不 課 税	
(2)　外国から招へいする場合の渡航費相当額	・　講師に直接支払う往復の渡航費の実費相当額は、講演料の一部と考えられるので、課税仕入れになる。 ㊟　源泉所得税の取扱いでは、その実費相当額は、報酬の一部として源泉徴収することとされている。	課　　税	
(3)　教材費	・　課税資産の譲渡等の対価に該当する。	課　　税	
(4)　外部委託研修費	・　役務の提供の対価に該当する。	課　　税	
(5)　社員通信教育費	・　会社が受講料を通信教育の事業者に直接支払っている場合には、課税仕入れに該当する。	課　　税	
	・　会社が受講料相当額を社員に対して現金で支給した場合には、原則として課税仕入れに該当しない。	不 課 税	
(チェックポイント) (誤りやすい事　　例)	・　会社がその受講料の会社宛領収書を徴したものは、課税仕入れに該当する。 ◎　会社が負担した通信教育等の受講料のうち現金支給したものを課税仕入れとしていないか。 ◆　社員通信教育の受講料相当額を社員に直接現金で支給し、その受講料の領収書を会社宛に徴していないにもかかわらず、課税仕入れにしていた。	課　　税	
(6)　大学等で行う社員研修の授業料等	・　社員研修、技術や知識の習得、免許や資格の所得等のために従業員を大学、各種学校等に派遣等する場合に会社が支払う授業料、受講料 ①　学校教育法第1条《学校の範囲》に規定する大学等に		

項　　目	項 目 の 説 明 及 び 取 扱 い	判　定	参考法令等
	おける研修 　イ　大学公開講座等の受講……大学等における正規の授業科目ではなく、学校教育に関する役務の提供ではないので、非課税に該当しない。	課　税	
	ロ　大学等の授業の聴講……大学等における正規の授業科目について聴講生として授業を受け、単位を取得することになっているような場合には、非課税になる「教育に関する役務の提供」に該当する。	非 課 税	法別表第二11
	②　外国語学校、ビジネス学校等の各種学校 　イ　修学年限が1年以上で、その授業時間数が680時間以上であること等消費税法基本通達6-11-1《学校教育関係の非課税範囲》の要件に該当する場合	非 課 税	基通6-11-1 (3)
	ロ　その他の場合	課　税	
	③　大学等の研究機関における研修 　イ　大学等における正規の教育として行う役務の提供に該当する場合	非 課 税	
	ロ　大学等における正規の教育として行う役務の提供に該当しない場合	課　税	
(7)　入学金	・　(6)の授業料等と同様に一定の要件を満たすものについては、非課税に該当する。	非 課 税	
(8)　従業員に対して支給する学資金	・　修学中の従業員に支給する奨学金や従業員の子弟のための奨学金は、所得課税の有無にかかわらず、課税仕入れに該当しない（その費用の性質上、給与に該当する。）。	不 課 税	
【手数料】 (1)　委託販売手数料	・　委託者が受託者に委託販売に係る手数料として支払うもの	課　税	
アドバイス	★　資産の譲渡等が委託販売の方法その他業務代行契約に基づいて行われるものであるかどうかの判定は、その委託者等と受託者等との間の契約の内容、価格の決定経緯、当該資産の譲渡に係る代金の最終帰属者が誰であるか等を総合判断して行う。		基通4-1-3
(2)　代理店手数料	・　代理店手数料は、役務の提供の対価であり、課税対象になる。 　　保険代理店が収受する保険契約締結業務等の代行に係る代理店手数料又は保険会社等の委託を受けて行う損害調査	課　税	基通6-3-2

| 損益項目 | ― | 販売費及び一般管理費 | ― | 手数料 |

項　　目	項　目　の　説　明　及　び　取　扱　い	判　定	参考法令等
	又は鑑定等の役務の提供に係る手数料は、課税資産の譲渡等に該当する。		基通6-1-6
(3)　土地仲介手数料	・　土地等を譲渡した場合における支払手数料 ㊟　土地等の貸付けに係る仲介手数料も課税対象になる。	課　税	
	・　土地等を取得した場合における支払手数料（土地等の取得価額に算入されるが、課税仕入れになる。）	課　税	
	・　仲介行為がないにもかかわらず、手数料名目で支払った場合（交際費等、寄附金、使途不明金）は、単に金銭を渡すだけであるから、不課税になる。	不課税	
(4)　親子会社間の事務委託費	・　親会社と全額出資の子会社との間の取引であっても、課税対象になる。	課　税	
(5)　割賦販売手数料等に係る利子、保証料	・　割賦販売法の割賦販売、ローン提携販売及び包括信用購入あっせん又は個別信用あっせんに係る手数料 　契約において手数料の額が明示されている場合には、非課税になる。	非課税	法別表第二3 令10③九 基通6-3-1 ⑪
	・　割賦販売法の規定の適用を受けない場合であっても、2月以上の期間にわたり、かつ、3回以上に分割して賦払金の支払を受ける契約の利子、保証料相当額（契約において明示されているものに限る。）は、非課税になる。 ㊟　申込金又は頭金の支払は、分割回数（支払回数）に含まれる。	非課税	法別表第二3 令10③十 基通6-3-1 ⑫ 基通6-3-6
(6)　クレジット手数料	・　消費者が割賦代金のほかに信販会社に支払う手数料は、割賦購入あっせんに係る手数料又は賦払金のうち利子に相当するものであるから、非課税になる。	非課税	法別表第二3 令10③九、十
	・　加盟店が信販会社へ支払うもの（信販会社が加盟店から譲り受ける債権の額と加盟店への支払額との差額）は、金銭債権の譲受けの対価に該当し、非課税になる。	非課税	
(7)　加盟店手数料	・　加盟店がクレジットカード発行会社に支払う取引金額の何%かの「加盟店手数料」は、クレジットカードを利用した顧客に係る販売代金をクレジットカード発行会社から受領する場合に支払うものであるが、これは、クレジットカ	非課税	令10③八

項　　目	項 目 の 説 明 及 び 取 扱 い	判　　定	参考法令等
	ード発行会社が加盟店からその顧客に係る売掛債権を譲り受けるに当たっての「その譲受けに係る対価」と認められるので、非課税になる。		
⑻ クレジットカードの年会費	・　この年会費は、カード会社の役務の提供に対する対価であるから、課税対象になる（保険料相当額が含まれていてもその全体が課税対象である。）。	課　税	
⑼ フランチャイズ手数料・経営指導料・ロイヤリティ	・　経営指導料は、販売・仕入の手法等の指導料であり、フランチャイズ手数料及びロイヤリティは、グループの傘下店としてその名称を使うこと、広告の代行、経営指導等の役務の提供に対する対価であるから、いずれも課税仕入れになる。	課　税	
誤りやすい事　例	◆　フランチャイズ方式の加盟店の場合で、本部において加盟店の収支計算を行っているようなときに、課税売上げの算定に当たって、本部手数料を控除した後の金額を課税売上げにした。		
⑽ 支払コミッション	・　国内における役務の提供の対価として支払った場合	課　税	
⑾ 金銭消費貸借契約締結の際の手数料	・　例えば契約締結料として１件ごとに定まっている金額や事務手数料として貸付金額の○％相当額を支払う場合の金銭は、役務の提供の対価であり、課税対象になる。 ・　金銭消費貸借契約締結の際の手数料のうち、利息制限法第３条《みなし利息》の規定により利息とみなされたものであっても、元本、利率、期間により計算されないものは、課税対象になる。	課　税 課　税	
⑿ 貸付予約手数料	・　この手数料は、貸付予約権（銀行がその得意先に対し、将来の一定期間、一定金額の範囲内で、いつでも貸し出すことを約束したもの）の原始的創設に対する対価と考えられるので、資産の譲渡等の対価には該当しない。	不課税	
⒀ 国内送金為替手	・　国内における送金為替手数料、貸金庫手数料、保護預り手数料等は、課税対象になる。	課　税	

損益項目 － 販売費及び一般管理費 － 手数料

項　　目	項　目　の　説　明　及　び　取　扱　い	判　　定	参考法令等
数料等			
(14)　外国送金為替手数料	・　外国為替業務に係る役務の提供は、原則として非課税である。	非　課　税	法別表第二5ニ
(15)　課税となる外国為替業務	・　非課税とされる外国為替業務に係る役務の提供は、次に掲げる業務に係るもの（その業務の周辺業務として行われる役務の提供を除く。）が該当する。 ①　外国為替取引 ②　対外支払手段の発行 ③　対外支払手段の売買又は債権の売買（本邦通貨をもって支払われる債権の居住者間の売買を除く。）	非　課　税	基通6-5-3
	・　外国為替業務における次の手数料は、課税対象となる。 ①　ＣＤ（譲渡性預金証書）、ＣＰ（コマーシャル・ペーパー）、国債証券等及び抵当証券の居住者による非居住者からの取得又はその逆の取得に係る媒介、取次又は代理に係る業務 ②　金融先物取引（類似の取引を含む。）、証券先物取引（類似の取引を含む。）及び金融指標等先物契約に基づく債権の発生等に係る取引に係る媒介、取次又は代理に係る業務 ③　非居住者のためにする有価証券、貴金属その他の物品の保護預りに係る業務	課　　税	令13 基通6-5-3
(16)　為替予約の延長手数料	・　「支払手段の譲渡」(3)（P.80）参照	非　課　税	
(17)　居住者外貨預金に係る手数料等	・　外貨預金の取扱手数料……外国為替取引又は対外支払手段の売買に係る資金の付替手数料であり、非課税取引になる。	非　課　税	
	・　残高証明手数料・口座維持管理手数料……預金の入出金に係る周辺業務の手数料であり、外国為替業務に該当しないことから、課税対象になる。	課　　税	
(18)　非居住者円預金	・　取扱手数料……(17)と同様に非課税になるが、非居住者に対する役務の提供の対価であることから、消費税法第31条	非　課　税	法31①

項目	項目の説明及び取扱い	判定	参考法令等
に係る手数料	第１項《非課税資産の輸出等を行った場合の仕入れに係る消費税額の控除の特例》の規定の適用がある（課税売上割合の計算上、分母・分子のいずれにも算入する。）。		
	・　残高証明手数料、口座維持管理手数料……⒄と同様に課税対象になるが、非居住者に対する役務の提供として輸出免税になる。	免　税	
⒆　スワップ手数料	・　スワップ手数料は、スワップに係る対価の一部と認められることから、支払手段の譲渡として非課税になる。	非課税	
⒇　スワップ取引のあっせん手数料	・　金利又は通貨のスワップ取引の媒介、あっせんは、外国為替業務に該当しないので、その手数料は課税対象になる。	課　税	
	・　非居住者に対するものは輸出免税になる。 ㈲　スワップ取引そのものは、支払手段の譲渡の項（P.80）を参照	免　税	
(21)　スワップ取引の乗換手数料	・　市場金利や為替レートが著しく変動した場合に、従前のスワップを顧客の要請で顧客の有利になるスワップに変更することがあり、この場合に授受されるいわゆる乗換手数料は、乗換え後のスワップ取引（支払手段の譲渡）の対価の一部と認められるので、非課税になる。	非課税	
(22)　通貨オプション料	・　通貨オプションは、ある通貨を一定期間後に買う又は売る権利を原始的に創設して取引するものであるから、資産の譲渡等には該当せず、そのオプション料は、不課税になる。	不課税	
(23)　金利補てん契約の手数料	・　金利補てん契約（将来生ずる可能性のある金利の上昇による損失を補てんする無名契約の一種）に係る手数料は、保険料に類するものとして、非課税になる。	非課税	令10③十三
(24)　行政手数料	・　法令に基づくもの等 国・地方公共団体等の手数料	非課税	法別表第二５イ 基通６－５－１
アドバイス	★　行政手数料の非課税は、行政サービスについての非課税であり、公共施設の貸付けや利用の対価としての料金は、課税対象になる。		

項　　目	項 目 の 説 明 及 び 取 扱 い	判　定	参考法令等
	・　法令に基づかないもの等 　　例えば、経営事項審査料、家畜投薬手数料、家畜注射又は家畜薬浴の手数料	課　税	基通6-5-2
㉕　公証人手数料	・　裁判所の執行官又は公証人に対する手数料	非課税	法別表第二5ハ
㉖　デビットカード	・　デビットカード取引における取扱いは次のとおりとなる。 ①　加盟店手数料 　　売買取引債権の譲受けの対価であり非課税 ②　発行銀行手数料 　　債権回収の対価であり課税の対象	非課税 課　税	
㉗　リサイクル料 （自動車リサイクル法）	・　リサイクル料金（資金管理料金を除く。）は、資金管理法人への預託金であり課税の対象外となる。	不課税	
	・　資金管理料金は、資金管理法人が行う役務提供の対価であるので課税の対象となる。	課　税	
	・　中古車売買時における預託金相当額の譲渡は金銭債権の譲渡であり非課税となる。	非課税	
	・　上記預託金相当額は、使用済自動車を引取業者に引き渡した時点での役務提供の対価として課税の対象となる。	課　税	
【解約料】 (1)　解約手数料等	・　解約手数料、取消手数料、払戻手数料等を対価とする役務の提供は、課税対象になる。	課　税	基通5-5-2
	・　解約手数料相当額に、損害賠償金又は逸失利益の補償金に相当する部分が含まれている場合に、役務の提供の対価と区分せず一括に授受することにしているときは、その全体は資産の譲渡等の対価に該当しない。（「損害賠償金」（P.175）の項目を参照）。 　　例えば、抵当証券のモーゲージ証書に係る解約手数料や繰上弁済による早期完済割引料は、不課税になる。	不課税	
	・　指定金銭信託の中途解約手数料についても、課税仕入れにならない（P.147参照）。	不課税	

項　　目	項　目　の　説　明　及　び　取　扱　い	判　　定	参考法令等
(2)　契約解除による対価の返還	・　契約解除等により対価の全部又は一部を返還した場合には、その返還した対価の額について消費税法第38条《売上げに係る対価の返還等をした場合の消費税額の控除》の規定を適用する。 ◆　契約解除による対価の返還を課税仕入れにしていた。	課　　税	法38① 基通14-1-11
(3)　建物賃借のキャンセル料	・　建物の賃貸借契約の中途において解約した場合に支払うキャンセル料は、賃貸料の逸失利益に対する補てんであるから、不課税になる。	不課税	
(4)　航空運賃のキャンセル料	・　払戻しの時期に関係なく一定額を徴収される部分……役務の提供の対価として課税対象になる。	課　　税	
	・　搭乗日前の一定日以後に解約した場合に徴収される割増しの違約金部分……損害賠償金に該当し、対価性がない。	不課税	基通5-5-2
(5)　ゴルフ場のキャンセル料	・　ゴルフ場のキャンセル料（予約金の没収）のように、逸失利益に対する損害賠償金の部分と解約に伴う事務手数料の部分の両方が含まれているものについては、その全部を損害賠償金として処理しているときは、その全額が課税対象外として取り扱われる。	不課税	
(6)　リース取引の解約損害金	・　リース物件の滅失によりユーザーがリース業者に支払う金額（規定損害金）（P.176参照）	不課税	
	・　リース契約がユーザーの倒産、廃業等により強制的に解約された場合にユーザーがリース業者の逸失利益の補てんのために支払うもの	不課税	
	・　ファイナンスリースにおいて、リース物件のバージョンアップ等を図るため、リース業者及びユーザーが合意の下に解約する場合の解約損害金	課　　税	
(7)　金融商品を解約した場合の手数料	・　中期国債ファンドをクローズド期間内に証券会社に買い取ってもらうための買取手数料（買取事務の取扱手数料）	課　　税	
	・　ビッグを満期日前に解約した場合の買取手数料（貸付信託の解約に伴い信託銀行が受け取る支払利子の割戻し）	非課税	

誤りやすい事　例

項　　目	項 目 の 説 明 及 び 取 扱 い	判　定	参考法令等
	・　ワイド・割引金融債を満期日前に解約した時の解約手数料（金融債の解約に伴い銀行等が受け取る支払利子の割戻し）	非 課 税	
	・　顧客から徴する合同運用（指定）金銭信託に係る中途解約手数料は、中途解約により信託銀行が被った損害に対する賠償であり、課税対象にならない。	不 課 税	
(8)　抵当証券のモーゲージ証書に係る解約手数料	・　モーゲージ証書の購入者が買戻日前に抵当証券会社に買戻しの申し出を行った場合に徴収される解約手数料は、逸失利益の補償としての性質を有するものであるから、課税対象にならない。	不 課 税	
【賃借料】 (1)　地　代	・　原則として非課税	非 課 税	法別表第二1
(2)　駐車場代	・　「駐車場」の項目（P.68）参照	課　　税	
(3)　家　賃	・　住宅用	非 課 税	法別表第二13
チェックポイント	◎　居住用建物の家賃を課税仕入れとしていないか。		
誤りやすい事　　例	◆　従業員の社宅用（契約において居住の用に転貸することが明らかになっている）として借り上げた家賃について課税仕入れにしていた。		
	・　住宅用以外 　　「建物の貸付け」（P.69）を参照	課　　税	
(4)　ビル等の共益費	・　電気、ガス、水道料等の実費に相当するいわゆる共益費は、建物等の貸付けに係る対価に含まれる。	課　　税	基通10-1-14
アドバイス	★　共同住宅における共用部分に係る費用を入居者が応分に負担する、いわゆる共益費は、住宅の貸付けの対価に含まれ非課税になる。		基通6-13-9

項　　目	項 目 の 説 明 及 び 取 扱 い	判　　定	参考法令等
(5) 共同店舗の負担金	・　組合が共同店舗を建設し、その建設のための借入金の返済額を組合員から負担金として徴収している場合、その負担金は、店舗ごとの賃料と認められるので、課税仕入れになる。	課　税	基通5－5－6、11－2－6
(6) 機械・器具・備品の賃借料	・　役員、使用人等からの自家用車の借上げも課税仕入れになる。	課　税	
(7) リース料 チェックポイント	◎　リース契約に基づく利子又は保険料相当額を課税仕入れとしていないか。		
	・　通常のリース料は、原則として課税対象になる。	課　税	
	・　いわゆるファイナンスリース料について、リース物件の賃借料部分と利子・保険料部分とを契約において明示している場合には、賃借料部分のみが課税仕入れになり、利子・保険料部分は課税仕入れに該当しない。	課　税 非課税	令10③十五、基通6－3－1⑰
(8) 不均等払リース	・　不均等払リース（リース料逓増方式とリース料逓減方式）の場合には、リース業における会計処理ベース（総リース料をリース期間で除した額により各期均等にリース料収入を計上する方法）による収益計上時期が資産の譲渡等の時期になる。	課　税	
(9) リース料残金の代位弁済	・　リース料の残金を代位弁済することによってリース物件の所有権が移転する場合には、資産の譲渡等の対価として課税対象になる。	課　税	
(10) 売買と設定したリース取引	・　法人税法及び所得税法の規定により売買があったものとされるリース取引については、原則としてリース資産の引渡しの時に資産の譲渡があったものとして取り扱うことになる。	課　税	所法67の2①法法64の2①基通5－1－9(1)
(11) 金銭の貸借と認定したり	・　ファイナンスリースについては、法人税及び所得税の取扱いにおいて、税法における実質主義の原則に基づき、その取引の実質に着目して、賃貸借取引、売買取引又は金銭	非課税	所法67の2②法法64の2②基通5－1－9(2)

項　　目	項 目 の 説 明 及 び 取 扱 い	判　定	参考法令等
―ス取引	の貸借のいずれかに該当するか判定することとしており、法人税法又は所得税法上金銭の貸借と認定したリース取引については、消費税法上も金銭の貸借になり、リース資産に係る譲渡代金の支払の時に金銭の貸付があったものとされる。		
【償却費】 (1)　減価償却費	・　課税資産については、購入時点で課税仕入れとなり、減価償却費を計上する時点では課税仕入れにならない。	不 課 税	基通11-3-3
(2)　繰延資産の償却費	・　減価償却費と同様の取扱いになる。	不 課 税	基通11-3-4
【修繕費】 修　繕　費 チェックポイント アドバイス 誤りやすい 事　　例	・　破損した事業用資産を修理した場合には、その支払った修理費用については、課税仕入れに該当する。 ◎　事業用資産の修繕費は課税仕入れ。 ★　その費用について加害者から補償金を受け入れた場合のその補償金については、課税関係は生じない。損害に係る保険金収入についても、同様である。 ◆　建物の改修を行ったが、資本的支出に該当し、一時の損金となるものでなかったため、課税仕入れにしていなかった。 ◆　受取保険金で自動車の修理を行ったが、修理費用について課税仕入れにしていなかった。	課　　税	基通5-2-4 基通11-2-8
【租税公課】 (1)　法人税等 誤りやすい 事　　例	・　法人税、所得税、事業税、都道府県民税、市町村民税、事業所税、消費税、固定資産税、印紙税、自動車税、自動車重量税、登録免許税、加算税（金）、延滞税（金）、過怠税等 ◆　自らが納税義務者として納付する租税公課を資産の取得価額に算入し、課税仕入れにしていた。 ◆　自ら貨物を輸入し納付した関税、消費税及び地方消費税を課税仕入れに含めていた。	不 課 税	

項　　目	項　目　の　説　明　及　び　取　扱　い	判　　定	参考法令等
(2)　印紙の 　　　購入	・　日本郵便㈱が行う譲渡及び簡易郵便局法第7条第1項に規定する委託業務を行う施設、郵便切手類販売所、印紙売りさばき所における購入については、非課税である。	非 課 税	法別表第二4 イ 基通6-4-1
	・　金券ショップ等上記以外の者からの購入については、課税対象になる。	課　　税	
(3)　証紙の 　　　購入	・　地方公共団体又は売りさばき人からの購入については、非課税である。	非 課 税	法別表第二4 ロ
	・　金券ショップ等上記以外の者からの購入については、課税対象になる。	課　　税	
(4)　罰金等	・　罰金、科料、過料	不 課 税	
	・　警察署が駐車違反者から徴収する違反車の移動料、保管費用等は、資産の譲渡等の対価に該当せず、課税対象外である。	不 課 税	
【貸倒損失】 (1)　貸倒損 　　　失	・　課税資産の譲渡等に伴う債権（売掛金・未収金等）について生じた貸倒れに係る消費税額については、貸倒れの発生した課税期間の売上げに係る消費税額から控除できる。	課　　税	法39①
チェックポイント	◎　貸倒控除の時期に問題はないか。		
アドバイス	★　控除することができる貸倒れに係る消費税額は、税込みの貸倒に係る金額に110分の7.8（又は108分の6.24）を乗じて算出する。適用には、債権の切捨ての事実を証する書類、その他貸倒れの事実を明らかにする書類の保存が必要となる。		
誤りやすい 事　　　例	◆　貸付金など課税資産の譲渡等以外の債権の貸倒れを控除の対象にしていた。		
	・　課税事業者となった後における免税事業者当時の売掛金の貸倒れは、控除の対象にならない。	不 課 税	基通14-2-4
	・　免税事業者等となった後における課税事業者当時の売掛金の貸倒れは、控除の対象にならない。	不 課 税	基通14-2-5

損益項目	－	販売費及び一般管理費	－	引当金の繰入損等

項　　目	項　目　の　説　明　及　び　取　扱　い	判　　定	参考法令等
(2)　簡易課税制度を適用した場合の貸倒れ	・　簡易課税制度を適用している場合には、課税標準額に対する消費税額から簡易課税制度を適用して計算した仕入れに係る消費税額を控除した後の消費税額から貸倒れに係る消費税額を控除する。	課　　税	基通13-1-6
【引当金の繰入損等】 (1)　貸倒引当金等	・　貸倒引当金、返品調整引当金、賞与引当金、退職給与引当金及び製品保証等引当金への繰入れは、内部取引であるので、課税対象外になる。	不　課　税	
(2)　準備金の積立	・　特定災害防止準備金等についても貸倒引当金等と同様である。	不　課　税	
【費途不明支出金】 費途不明支出金	・　交際費、機密費等でその費途が明らかでないものは、課税仕入れに該当しない。	不　課　税	基通11-2-23
【雑　費】 チェックポイント	◎　課税資産の譲渡等の対価に該当するか。		
(1)　清掃費	・　事務所等の清掃を業者に委託した場合に支払う金銭は、役務の提供の対価であり、課税対象になる。	課　　税	
(2)　立退料	・　権利の消滅、収益の補償、移転費用の補てんのための立退料の支払は、資産の譲渡等の対価に該当しない。	不　課　税	基通5-2-7
	・　建物等の賃借人たる地位を第三者に譲渡した場合の対価は、課税対象になる。	課　　税	
	・　借家権の買取りは、課税取引になる（権利その他の無形固定資産の譲渡対価）。	課　　税	基通5-1-3
(3)　近隣対策費	・　建物建築の際の近隣対策費（工事迷惑料・日陰補償料・自治会協力費・電波障害補償料等）は、一種の損害賠償金（P.175参照）又は金銭による交際費等の支出に該当するので、課税対象外である。	不　課　税	

項　　目	項　目　の　説　明　及　び　取　扱　い	判　　定	参考法令等
(4)　玉串料	・　起工式等における神主に対する玉串料	不　課　税	
(5)　無事故達成奨励金等	・　施主が工事請負業者に対して支払う無事故達成奨励金、工事竣工報奨金等	不　課　税	
(6)　社葬費用	・　社葬のための会場の使用料等、花輪代、新聞広告料等（会社がこれらの業者に直接支払ったものに限る。）	課　　税	
	・　僧侶に支払うお布施、戒名料等は喜捨金に該当し、課税対象外になる。	不　課　税	
(7)　電子書籍等の購入（国外事業者からの電気通信利用役務の提供による配信） チェックポイント	・　国内事業者が、国外事業者からの電気通信利用役務の提供として配信される電子書籍・音楽・映像等については、国内取引としての「消費者向け電気通信利用役務の提供」に該当し、国外事業者に納税義務が課される。 ◎　消費者向け電気通信利用役務の提供について、仕入税額控除を受けられるのは、登録国外事業者からの役務提供であるが（当分の間としての措置）、登録されていない国外事業者からの役務提供についても仕入控除していないか。	課　　税	平成27年改正法附則38① 法4③三

Ⅳ　営業外収益

項　　目	項　目　の　説　明　及　び　取　扱　い	判　　定	参考法令等
【受取利息・割引料等】 チェックポイント	◎　預貯金・貸付金・公社債の利子等が課税売上割合の計算に当たり、漏れていないか。		
(1)　預貯金・公社債等の利子	・　国債、地方債、社債、新株予約引受権付社債、投資法人債権、貸付金、預貯金、国際通貨基金協定に規定する特別引出権の利子	非 課 税	法別表第二３ 基通６-３-１ (1)
	・　譲渡性預金の利子、コマーシャルペーパーの償還差益についても、上記に同じ。	非 課 税	
	・　金利スワップが絡んでいるものは、Ｐ.164参照	不 課 税	
	・　返済遅延に伴う損害金については、Ｐ.164参照	非 課 税	
(2)　公社債等の経過利子	・　利子の計算期間の中途で購入した場合の経過利子 ①　経過利子相当額を取得価額に算入している場合については、購入後最初に支払を受ける利子の金額が非課税売上げになる。 ②　経過利子相当額を本体価額と区分して経理処理している場合については、購入後最初に支払を受ける利子と相殺し、その相殺後の金額を非課税売上げにする。	非 課 税	
	・　利子の計算期間の中途で譲渡した場合の経過利子 ①　経過利子相当額を含めた価額を譲渡対価として計上している場合については、経過利子相当額を含めた譲渡価額の５％相当額を非課税売上げにして課税売上割合の計算を行う。 ②　経過利子相当額を利子収入とし、本体の譲渡価額と区分して経理処理をしている場合については、経過利子相当額を非課税売上げとし、かつ、本体の譲渡価額の５％相当額を非課税売上げにして課税売上割合の計算を行う。	非 課 税	
(3)　抵当証券の利息	・　非課税に該当する。	非 課 税	基通６-３-１ (7)

— 162 —

項　　目	項 目 の 説 明 及 び 取 扱 い	判　定	参考法令等
(4) 割引債の償還差益	・ 利付債を含め、非課税に該当する。	非 課 税	基通6−3−1(8)
(5) アキュムレーション	・ 公社債につきアキュムレーションを行い、毎期増額した場合には、その増額分が償還差益になる。 (注) アモチゼーションについては、「償還差損」（P.172）を参照 **(参考図)** （償還差益） 取得価額 （年度)①②③④⑤ a b c d e A 償還金額 本来⑤年度においてAを償還差益として計上するのであるが、①〜⑤の各年度において斜線部分のa〜eの償還差益を計上している場合には、a〜eを償還差益として取り扱うことができる。	非 課 税	基通6−3−2の2 令10③六
(6) 外貨建公社債に係る償還差益と為替差益	・ 原則的に償還差益は、非課税に該当する。	非 課 税	令10③六
	・ 特例的に事業者が会計処理に基づき、償還時において償還差損益と為替差損益とを区分して継続的に経理している場合には、償還差益として仕訳した部分の金額を非課税として処理できる。	非 課 税	
	・ 償還時における為替差損益は、不課税である。	不 課 税	
(7) 相互掛金又は定期積金の給付補てん金等の掛金差益	・ 相互掛金又は定期積金の給付補てん金及び無尽契約の掛金差益は、非課税に該当する。	非 課 税	基通6−3−1(6)
(8) 金銭債権の買取り差益等	・ 金銭債権、譲渡性預金（ＣＤ）、コマーシャル・ペーパー（ＣＰ）の買取り又は立替払いに係る差益は、非課税に該当する。	非 課 税	基通6−3−1(10)
(9) 売掛債権に係る金利	・ 売上代金の回収が手形で行われる場合において、金利に相当する金額を対価の額と明確に区分して決済することにしているときは、利息相当額は非課税になる。	非 課 税	

項 　 目	項 目 の 説 明 及 び 取 扱 い	判 　 定	参考法令等
	・ 売掛債権に係る別建金利も同様（金取引、商事会社のユーザンス取引、繊維の売買には、別建金利の商慣習あり）に非課税に該当する。	非 課 税	
⑽ 経済的実質が貸付金であるものに係る利子	・ 前渡金等に係る利子のように、その経済的実質が貸付金であるものに係る利子は、非課税である。	非 課 税	法別表第二 3 基通 6 - 3 - 5
⑾ 金利スワップ取引により授受される利子相当額	・ 金利スワップ取引により授受される利子相当額は、課税対象外である。 ・ 金利のスワップ取引に係る課税売上割合の計算において事業者がスワップ取引により授受するスワップ受取利子、スワップ支払利子と本来の受取利子とを相殺し、相殺後の受取金額のみを受取利子として計上している場合には、継続適用を条件として、相殺後の受取利子を非課税売上げの対価として課税売上割合の計算をして差し支えない。	不 課 税	基通 6 - 3 - 1
⑿ 本支店間の利子	・ 本店と海外支店との間で授受される利子は、内部取引であり、不課税になる。	不 課 税	
⒀ 国外取引に係る延払金利	・ 延払条件付請負に係る工事の施主が非居住者である場合における利子相当額は、輸出取引に係る対価の額になる（課税売上割合の計算上、分子・分母の双方に算入）。	免 　 税	法31①
⒁ 貸付金の返済遅延により受ける遅延金	・ 貸付金の返済が遅れた債務者から徴収する遅延金が遅延期間に応じて一定の比率に基づき算定されるものであれば、損害賠償金として不課税にされるのではなく、利子として非課税になる。	非 課 税	
⒂ キャッシング手数料	・ カード・キャッシング取引における融資手数料は、金利に該当し、非課税になる。	非 課 税	法別表第二 3 令10①
⒃ キャッシングの共同利用に伴う業	・ 相互利用が可能なキャッシング・サービスにおいて、カード発行会社が他のカード発行会社に支払う手数料のうち、 ① キャッシング利用金額の〇％相当部分……利子として非課税	非 課 税	

項　　目	項　目　の　説　明　及　び　取　扱　い	判　　定	参考法令等
者間手数料	②　1件につき○円……事務手数料として課税対象	課　税	
⒄　手形の割引料	・　手形の割引料は、非課税に該当する。 ㊟「手形の買取り」（P.79）参照	非 課 税	基通6-3-1 (9)
⒅　ファクタリング料	・　ファクタリング料は、金銭債権の譲受けによる信用の供与に対する対価であり、非課税になる。	非 課 税	令10③八
【受取配当金等】 (1)　株式・出資の配当金 チェックポイント 誤りやすい事　　例	・　利益の配当等は、株主又は出資者たる地位に基づき、出資に対する配当又は分配として受けるものであるから、資産の譲渡等に係る対価に該当しない。 ◎　課税対象外としているか。 ◆　課税売上割合の算出に当たって、株式の配当金を分母に算入していた。	不 課 税	基通5-2-8
(2)　集団投資信託等の収益分配金 アドバイス	・　集団投資信託、法人課税信託、退職年金信託、特定公益信託等に係る収益の分配金は、非課税に該当する。 ・　証券投資信託の収益分配金は、利子として非課税売上げになる。 ★　課税売上割合を計算する場合における証券投資信託の解約請求と買取請求 ①　解約請求……収益分配金を利子として課税売上割合の分母に算入 ②　買取請求……受益証券（有価証券）の譲渡として譲渡対価の5％相当額を分母に算入	非 課 税 非 課 税	基通6-3-1 (5)
(3)　事業分量配当金	・　課税仕入れに係る事業分量配当金は、その金額の通知又は支払を受けた日の属する課税期間の課税仕入れに係る対価の返還等に該当する。支払者は、法人税法60条の2《協同組合等の事業分量配当等の損金算入》により処理する。	課　税 不 課 税	基通5-2-8 ㊟、12-1-3、 14-1-3

項　　目	項　目　の　説　明　及　び　取　扱　い	判　　定	参考法令等
誤りやすい 事　　例	◆　協同組合から事業分量配当金の支払いを受けたが、課税売上げにしていた。		
(4)　契約者 　　配当金	・　契約者配当金は、原則として不課税である。	不課税	
	・　利差配当、特別配当は配当金として不課税になる。	不課税	
	・　保険契約に基づき、保険契約者が受け取る契約者配当金は、非課税仕入れの対価の返還として処理することができる。	非課税	
(5)　匿名組 　　合からの 　　利益配当	・　匿名組合契約により事業を行う場合の納税義務者は、商法第535条《匿名組合の定義》の営業者であり、出資者である匿名組合員が受ける利益配当金は、資産の譲渡等に係る対価には該当しないので、課税対象外になる。	不課税	
アドバイス	★　匿名組合の事業に属する資産の譲渡等若しくは課税仕入れ又は外国貨物の引取りについては、匿名組合員ではなく、営業者が単独で行ったことにされている。		基通1-3-2
【受取地代 ・家賃等】 (1)　地　　代	・　原則として非課税である（「土地及び土地の上に存する権利の貸付け」（P.67）を参照）。	非課税	
	・　建物等の施設の貸付けに伴って、土地が使用される場合に土地部分の対価を区分したとしても全体が建物等の貸付けの対価になる。	課　　税	基通6-1-5 (注)2
(2)　家　　賃	・　住宅用は、非課税になる。	非課税	法別表第二13
	・　住宅用以外は、課税対象になる。	課　　税	
(3)　駐車場 　　代・テニ 　　スコート 　　使用料等	・　施設の貸付けであり、原則として課税対象になる。（「土地及び土地の上に存する権利の貸付け」（P.67）を参照）	課　　税	基通6-1-5
【仕入割引】 仕　入　割　引	・　買掛金等を支払期日前に支払った場合に相手方から受け	課　　税	基通6-3-4、

項　　目	項　目　の　説　明　及　び　取　扱　い	判　　定	参考法令等
	る仕入割引は、仕入れに係る対価の返還等に該当する。		12-1-4
【販売奨励金等】 (1) 販売奨励金	・　販売促進の目的で、販売奨励金等の対象とされる課税資産の販売数量、販売高等に応じて、取引先から金銭により支払を受ける販売奨励金等は、仕入れに係る対価の返還等に該当する。	課　　税	基通12-1-2、14-1-2
	・　新聞社から新聞販売店に支払われる各種補助金や手数料は、仕入れに係る対価の返還等に該当する。	課　　税	
(2) 出荷奨励金等	・　卸売人が良質な青果等を安定的に市場に供給してもらう対価として出荷者等に支払う出荷奨励金等は、課税対象になる。	課　　税	
【為替差益】 (1) 為替換算差益・為替決済差益 アドバイス	・　外貨建債権債務に係る為替換算差益又は為替決済差益は、資産の譲渡等の対価の額又は課税仕入れの支払対価に含まれない。 ★　外貨建ての取引に係る資産の譲渡等の対価の額又は課税仕入れの支払対価は、その計上日の円貨額（法基通13の2-1-2）による。	不　課　税	基通10-1-7、11-4-4 法基通13の2-1-2
(2) メーカーズリスクの取扱い	・　法人所得計算において、メーカーズリスクの取扱通達（法基通13の2-1-11）を適用している場合には、外貨建取引として取り扱われる。したがって、売上計上時と決済時の差額（為替損益）は、課税売上げの対価の額又は課税仕入れ等の支払対価に含まれない。	不　課　税	基通10-1-7 法基通13の2-1-11
【有価証券売却益】 (1) 株式等売却益 アドバイス	・　「有価証券等の譲渡」（P.73）参照 ★　課税売上割合の計算においては、譲渡益（損）の額ではなく、譲渡額の5％を課税売上割合の分母に算入する。	非　課　税	令48⑤

項　　目	項　目　の　説　明　及　び　取　扱　い	判　　定	参考法令等
(2) ゴルフ場利用株式等、ゴルフ会員権の売却益 アドバイス	・　同上（P.75）参照 ★　課税標準となるのは、売却益ではなく、ゴルフ会員権の譲渡対価そのものである。	課　　税	
【過年度償却債権取立益】 過年度償却債権取立益 アドバイス	・　過年度において償却した債権（課税資産の譲渡等を行った場合における売掛金その他の債権）につき回収した場合の取立益については、その取立益に係る消費税額を回収した日の属する課税期間の課税標準額に対する消費税額に加算する。 ★　貸倒償却済みの割賦債権の回収 　クレジット会社が有する割賦債権は、資産の譲渡等の対価として取得したものではなく、これについて貸倒れが生じても課税売上げの対価の貸倒れがあったことにはならない。したがって、消費税法第39条《貸倒れに係る消費税額の控除等》の規定の適用はなく、その後、貸倒れとなった割賦債権が回収されたとしても、金銭債権そのものの回収であり、消費税の計算には影響しない。	課　　税	法39③ 法39
【引当金の戻入れ等】 貸倒引当金等の戻入れ	・　貸倒引当金、返品調整引当金、賞与引当金及び製品保証等引当金の戻入れ及び退職給与引当金の取崩しは、課税対象外である。	不 課 税	
	・　特定災害防止準備金等の取崩しは、課税対象外である。	不 課 税	
【雑収入】 チェックポイント	◎　課税資産の譲渡等の対価に該当するか。 ◎　各種手数料収入の課税売上げ計上漏れはないか。		
(1) ピンク電話	・　電話機に投入された金額が課税売上げとなり、ＮＴＴに通話料として支払う金額が課税仕入れになる。	課　　税	

項　　目	項 目 の 説 明 及 び 取 扱 い	判　　定	参考法令等
(2)　無事故達成報奨金・工事竣工報奨金	・　これらの報奨金は、建設工事に係る対価とは別に支払われるものであり、一定の役務の提供の対価ではないから、課税対象外になる。	不 課 税	
(3)　保険料の集金手数料	・　生命保険料の給与からの引去手数料は課税対象になる。	課　　税	
(4)　名義貸料	・　催事の主催者が受領する名義料は、名義貸しの対価として受領するものであるから、課税対象になる	課　　税	
(5)　自動販売機の設置手数料	・　設置手数料は、場所の賃貸料、電気代及びサービスの対価に該当し、課税対象になる。	課　　税	
(6)　ATM機の設置手数料	・　百貨店等に設置してあるカード発行会社のATM機の現金を百貨店等で管理・補充し、その取扱高等に応じて受け取る手数料のうち、金利相当部分は、明示されていれば非課税になる。	非 課 税	法別表第二3
	・　設置・管理等の役務の提供に係る手数料部分は、課税対象になる。	課　　税	
(7)　社員食堂の売上等	・　社員食堂、福利厚生施設での食事の提供・宿泊サービスで有償のものは、課税対象になる。	課　　税	基通5-4-4
(8)　国際運送に伴うキックバック	・　国際運送に伴い、旅行業者と航空運送事業者の間におけるキックバックは、旅行業者及び航空運送事業者のいずれも免税売上げの対価の返還に該当する。	免　　税	
(9)　回収されなかった場合の容器保証金	・　リターナブルの容器の保証金は、資産の譲渡等の対価に該当しない。 ㊟　リターナブル容器とは、びん、缶又は収納ケース等で洗うなどして何度も使用できるものをいう。	不 課 税	
	・　容器が返却されなかったことにより返還されない保証金		基通5-2-6

項　　目	項 目 の 説 明 及 び 取 扱 い	判　　定	参考法令等
	については、次による。 ①　当事者間において資産の譲渡等の対価として処理している場合は、資産の譲渡等の対価に該当する。 ②　当事者間において損害賠償金として処理している場合は、資産の譲渡等の対価に該当しない。 ㊟　このいずれによるかは当事者間での請求書等で明らかにするものとする。	課　　税 不 課 税	
⑽　現金過剰額	・　現金残高と現金出納帳等残高との差額は、資産の譲渡等の対価に該当しないので、不課税になる。	不 課 税	
⑾　ガスボンベの長期停滞料等	・　長期停滞料（一定期間に返還されない場合に収受するもの）……資産の貸付けの対価であり、課税対象になる。	課　　税	
	・　預り保証金（臨時又は短期のユーザーにガスを販売する場合に収受するもの）……預り金であり、課税対象外になる。	不 課 税	
	・　預り保証金の没収（ガスボンベが返還されない場合や破損した場合に没収する保証金） ①　ガスボンベの不返還……資産の譲渡等の対価であり、課税対象になる。 ②　ガスボンベの破損……原則として損害賠償金に該当し、不課税になる。	 課　　税 不 課 税	
⑿　受贈益	・　物品切手等の贈与を受けた場合は、資産の譲渡等の対価に該当しない。	不 課 税	
アドバイス	★　図書カードの贈与を受けた者の処理例 　・　図書カードを受領した場合……不課税 　　　（借方）金券等　　／（貸方）受贈益 　・　書籍と引き換えた時……課税 　　　（借方）図書費　　／（貸方）金券等 ★　長期滞留債務の雑益計上 　一定期間請求のない買掛金について仕入先から値引・切捨て等の意思表示があり雑益として処理する場合には、仕入れに係る対価の返還等に該当し、消費税法第32条《仕入れに係る対価の返還等を受けた場合の仕入れに係る消費税額の控除の特例》の規定が適用されるが、仕入先から一定期間請求がないという事実のみに基づいて雑益とする場合には、課税資産の譲渡等の対価に該当せず、課税対象にならない。		

Ⅴ 営業外費用

項　　目	項 目 の 説 明 及 び 取 扱 い	判　　定	参考法令等
【支払利息・割引料等】 (1) 支払利息・割引料 チェックポイント 誤りやすい事例	・　支払利息・割引料は非課税に該当する（「受取利息・割引料等」（P.162）参照）。 ◎　課税仕入れとしていないか。 ◆　信用保証料を課税対象と誤認し、課税仕入れにしていた。 ◆　株式の賃借料が利子に該当するにもかかわらず、課税仕入れにしていた。	非 課 税	法別表第二3
	・　利息制限法第3条《みなし利息》の規定により利息とみなされたものであっても、例えば、契約締結の際の融資手数料、一定額の契約締結、元本に対する何％かの事務手数料等は、課税対象になる。	課　　税	
(2) キャップローン契約の手数料	・　キャップローン契約（貸出金利を市場金利と連動する変動金利とし、かつ、金利の最高限度を定めて貸出しを行うもの）における手数料（上限金利設定手数料）は、実質的には金銭の貸付けに伴う利子と認められるので、非課税になる。	非 課 税	
【売上割引】 売 上 割 引	・　支払期日よりも前に支払を受けたこと等を基因として支払う売上割引は、売上げに係る対価の返還等に該当する。	課　　税	法38① 基通14-1-4
【有価証券売却損】 有価証券売却損	・　「有価証券等の譲渡」（P.73）参照	非 課 税	
【評価損】 (1) 有価証券評価損	・　内部取引であり、資産の譲渡等に該当しないので不課税になる。	不 課 税	
(2) 棚卸商品評価損	・　内部取引であり、資産の譲渡等に該当しないので不課税になる。	不 課 税	

項　　目	項　目　の　説　明　及　び　取　扱　い	判　定	参考法令等
【償還差損】 (1) 償還差損	・　償還差損は、受取利息のマイナスとして課税売上割合の計算上、分母の金額から控除する。	非　課　税	令48⑥
(2) アモチゼーション	・　公社債についてアモチゼーションを行い、毎期減額をした場合には、その減額分が償還差損に該当し、その償還差損の金額を、課税売上割合の計算上、分母の金額から控除する。 （参考図） 本来⑤年度においてBを償還差損として計上するのであるが、①〜⑤の各年度において斜線部分のa〜eの償還差損を計上している場合には、a〜eを償還差損として取り扱うことができる。	非　課　税	
【為替差損】 為替差損	・　為替差損は、資産の譲渡等の対価の額又は課税仕入れの支払対価に含まれない（「為替差益」（P.167）を参照）。	不　課　税	
【負担金】 受益者負担金	・　専用側線利用権、電気ガス供給施設利用権、水道施設利用権、電気通信施設利用権のように、具体的な使用権等の取得に係る負担金は、対価性があり、課税対象になる。	課　　税	基通５−５−６㊟１
	・　具体的な使用権等の取得を意味しない単なる反射的利益に対する負担金は、対価性がないので不課税になる。	不　課　税	
【雑損失】 現金不足額	・　現金残高と現金出納帳等の残高の差額は、資産の譲渡等の対価に該当しないので、不課税になる。	不　課　税	

Ⅵ 特別損益

項　　目	項　目　の　説　明　及　び　取　扱　い	判　　定	参考法令等
【固定資産売却益】 チェックポイント (1) 土地売却益 アドバイス	◎　課税売上割合の計算上、譲渡対価を分母に加算しているか。 ・　土地の売却は、非課税に該当する。 ★　課税売上割合の計算上、分母の金額に加算するのは、売却益ではなく、譲渡対価そのものである（土地等の譲渡については、P.65、206参照）。	非 課 税	法別表第二1
(2) 建物等の売却益 アドバイス 誤りやすい事　　例	・　建物等の売却は、課税対象になる。 ★　課税標準は、売却益ではなく、建物、車両、器具及び備品等の譲渡対価そのものである。 ★　建物と土地を一括譲渡した場合には、それぞれの資産の譲渡の対価について合理的に区分しなければならない。 　　なお、租税特別措置法に規定する法人税の土地の譲渡等に係る課税の特例の計算における取扱いによって建物と土地の価格を区分しているときには、消費税の計算においてもその区分したところによらなければならない。 ◆　別途受け取る未経過固定資産税等を不課税にしていた。	課 　 税	法28、令45③、基通10−1−5 基通10−1−6
【受贈益】 寄附金・祝金・見舞金	・　資産の譲渡等の対価に該当しないので、不課税になる。	不 課 税	基通5−2−14
【補助金等】 補助金・奨励金・助成金等 誤りやすい事　　例	・　国又は地方公共団体等から受ける奨励金、助成金、補助金等のように、特定の政策目的の実現を図るための給付金は、資産の譲渡等の対価に該当しない。 　例：雇用調整助成金・地方バス路線維持補助金・職業転換給付金・身体障害者等能力開発助成金等 ◆　身体障害者を雇用しており、その職業訓練費の経費の支出に当たり、見積もった給付金の額を収入金額とし、課税対象にしていた。	不 課 税	基通5−2−15

損益項目 － 特別損益 － 対価補償金等

項　　目	項 目 の 説 明 及 び 取 扱 い	判　定	参考法令等
【対価補償金等】 (1)　対価補償金	・　土地、借地権、地上権、永小作権、地役権に対するものは、非課税になる。	非 課 税	法別表第二１
	・　建物、立木、鉱業権、土石採取権、温泉利用権等に対するものは、課税対象になる。	課　　税	
	・　権利の消滅に係る補償金 ①　課税対象とされるのは、権利者の権利が消滅し、かつ、収用者がそれに代わって権利を取得する場合に限られる。 ②　公有水面埋立法に基づく公有水面の埋立てによる漁業権又は入漁権の消滅等のように収用者が権利を取得しないものに係る補償金は、不課税になる。	課　　税 不 課 税	令２② 基通５－２－10 (注)
(2)　租税特別措置法上対価補償金と取り扱われる移転補償金等	・　移転補償金であっても、その交付を受ける者が実際に資産を取り壊した場合には、租税特別措置法上は「対価補償金」として取り扱われるが、消費税法上は、資産の移転に要する費用又は取り壊しに要する費用の補てんに充てるために交付を受ける補償金（移転補償金・経費補償金）は、課税対象外になる。	不 課 税	措通64(2)－8 基通５－２－10
(3)　休作補償金等	・　例えば、他人の農地で採石を行う場合、農地による損失の補てんとして休作補償金又は毛上補償金を支払う場合、採石権の対価及び採石料（賃借料）と、休作補償金等とを合理的に区分した場合には、区分した休作補償金等に係る部分が不課税になる。	不 課 税	
(4)　収益補償金、経費補償金、移転補償金	・　いずれも対価補償金に該当しないので、課税対象外になる。	不 課 税	基通５－２－10 (1)、(2)、(3)
【立退料】 (1)　建物からの退去に伴う立退料	・　建物の賃貸借契約が終了し、退去する場合の立退料は、権利の消滅であると考えられるので、課税対象外になる。	不 課 税	基通５－２－7

項　　目	項 目 の 説 明 及 び 取 扱 い	判　　定	参考法令等
誤りやすい事　　例	◆　立退料に含まれている設備・造作代を課税対象にしていなかった。		
	・　賃借人たる地位を第三者に譲渡する場合の対価は、課税対象になる。	課　税	基通5-2-7㊟
(2)　借家権	・　契約、慣習等によってその明渡しに際して借家権として転売できることになっているものである場合には、その立退料は、資産の譲渡等の対価と認められ、かつ、資産には繰延資産も含まれるので、課税対象になる。	課　税	基通5-2-7㊟
(3)　賃借人たる地位の譲渡	・　賃借人たる地位の譲渡は、建物賃借権の譲渡に該当し、課税の対象となる。なお、建物の所有権は従来の所有者が有していることから不課税とされる立退料には該当しない。	課　税	
【損害賠償金】(1)　損害賠償金	・　損害賠償金は、一般的には対価性がないので、課税対象外になる。	不 課 税	基通5-2-5
チェックポイント	◎　課税売上となるものはないか。		
アドバイス	★　損害賠償金で課税資産の取得をした場合、その取得は課税仕入れになる。		基通11-2-8
	・　次のものは対価性があり、課税対象になる。 ①　損害を受けた棚卸資産等が相手方に引き渡され、そのまま又は軽微な修理を加えることにより、使用できる場合等における譲渡代金相当額 ②　無体財産権の侵害を受けたことにより受領する権利の使用料相当部分 ③　不動産等の明渡し遅滞により受け取る賃貸料相当部分	課　税	基通5-2-5
アドバイス	★　権利の使用料又は不動産の賃貸料に相当する損害賠償金の額については、通常の割増し料部分が含まれる。		
(2)　早期完済割引料	・　本体価格と利子とを区分、明示して行った延払販売において、得意先が繰上弁済をしたことにより徴収する早期完済割引料は、逸失利益を補てんするために受け取る損害賠償金に該当するので、課税対象外である。	不 課 税	

損益項目 － 特別損益 － 損害賠償金

項　　目	項 目 の 説 明 及 び 取 扱 い	判　定	参考法令等
	・　上記の早期完済割引料が定額となっている場合は、解約手数料を対価とする役務の提供に該当し、課税対象になる。	課　　税	
(3)　遅延損害金	・　金銭債務の返済遅延に伴う損害金は、利息に相当するものであるから、非課税になる。	非 課 税	
(4)　リース取引における規定損害金	・　リース物件が滅失した場合に、その償いのために支払われる規定損害金は、対価性がないので、課税対象外になる。	不 課 税	
	・　ユーザーの倒産、廃業、会社更生等を理由にリース契約を解除してリース物件を引き揚げ、ユーザーに請求する規定損害金は、逸失利益の補償に該当するので、課税対象外になる。	不 課 税	
	・　物件のレベルアップ等に基因する合意解除の場合に授受される規定損害金は、リース料の修正の性格を有するので、課税対象になる（「リース取引の解約損害金」P.155を参照）。	課　　税	
(5)　クレーム処理の損害賠償金	・　値引と認められる場合　品質の不良、相違、破損、納期遅延等のクレームにより支払う損害賠償金が、値引と認められる場合には、対価の返還等になる。	課　　税	
	・　値引と認められない場合には、対価性がないので、課税対象外になる。	不 課 税	
	・　販売店等がメーカーに代わってクレーム処理を行った場合において、メーカーから受け取る対価は、課税対象になる。	課　　税	
(6)　施設の損傷に対する原因者負担金	・　自己所有の施設を他人が損傷した場合にその他人から徴収する損傷回復のための原因者負担金は、対価性が認められない損害賠償金の性格を有するものであるから、課税対象外になる。	不 課 税	
誤りやすい事　　例	◆　建物を壊され、加害者から受け取った損害賠償金で修理を行ったが、その修理代金を課税仕入れにしていなかった。		
(7)　建物賃	・　賃貸人の逸失利益を補てんする目的で受け取るものであ	不 課 税	

項　　目	項　目　の　説　明　及　び　取　扱　い	判　　定	参考法令等
貸のキャンセル料	り、課税対象外である（「建物賃借のキャンセル料」（P.155）を参照）。		
(8) キャンセル料として没収するゴルフ予約金	・　逸失利益に対する損害賠償金と解約に伴う事務手数料の部分の両方が含まれている場合に、その全額を損害賠償金として処理しているときは、その全額を課税対象外にすることができる（「ゴルフ場のキャンセル料」（P.155）を参照）。	不 課 税	
(9) 没収した手付金	・　売買契約の買手からの解約申し出に伴う手付金の没収は、損害賠償金になる。	不 課 税	
(10) 交通事故の示談金	・　一種の損害賠償金である。	不 課 税	基通 5 - 2 - 5
(11) 補償金・違約金	・　補償金・違約金については、対価性の有無により判断する。対価性の有無は、実質判断によるが、一般的には対価性はない。	不 課 税	
	・　倉庫からの搬出遅滞により徴収する違約金は、遅滞期間に応じて徴収する保管料に該当するので、役務の提供の対価として課税対象になる。	課　　税	
(12) 損害賠償の請求に要した経費	・　課税対象外となる損害賠償金を得るために要した課税仕入れは、個別対応方式を運用する場合においては、課税・非課税共通用になる。	課　　税	基通11 - 2 -16
【債務免除益】債務免除益	・　課税仕入れに係る買掛金について債務免除を受けた場合においても、その債務免除は仕入れに係る対価の返還等に該当しない。	不 課 税	基通12 - 1 - 7
【保険金】(1) 受取保険金	・　保険事故（満期若しくは死亡、傷害、損害等の事実）に基づき支払われる保険金、年金、共済金、満期返戻金等は、対価性がなく、課税対象外になる。	不 課 税	基通 5 - 2 - 4

損益項目	–	特別損益	–	固定資産売却損

項　　目	項　目　の　説　明　及　び　取　扱　い	判　　定	参考法令等
アドバイス	★　保険金での建物等の取得は、課税仕入れの対象になる。		基通11-2-8
(2)　価格差補てん金	・　収益補償金と同様の性格のものであり、対価補償金には該当しない。	不 課 税	基通5-2-10 (1)
【固定資産売却損】 固定資産売却損 アドバイス 誤りやすい事　　例	・　売却した固定資産が、課税資産か非課税資産かにより判定する（「固定資産売却益」（P.173）参照）。 ★　課税資産については、たとえ売却損が出たとしても、役員に対する低廉譲渡を除き、その譲渡対価が課税標準になる。 ◆　建物を売却したが、売却損となったので、その譲渡対価を課税標準に含めなかった。	課　　税 非 課 税	
【固定資産除却損】 固定資産除却損	・　固定資産について廃棄、火災、盗難又は滅失があった場合の除却損失等については、課税対象外になる。	不 課 税	基通5-2-13
【雑損失】 建設中に不可抗力により生じた損害の負担	・　建設中の建物やそれに要する資材等が地震、風水害等の不可抗力により滅失、毀損した場合に、建設工事の発注者が契約に基づき損害額（建設中の建物の復旧に要する費用相当額、資材の購入代金相当額等）を負担することがあるが、その復旧費用等は、建物等の建設対価を構成するものであるから、課税対象になる。	課　　税	

Ⅶ　輸出入取引

項　目	項　目　の　説　明　及　び　取　扱　い	判　　定	参考法令等
【輸　入】 (1)　商品輸 　　入	・　輸入（保税地域からの課税貨物の引取り）の際には、個人でも、また、無償でも、原則として課税対象になる。 　　なお、その際に課税された消費税額は、仕入税額控除の対象になる。	課　税	法4②、30 基通5-6-2
誤りやすい 事　　例	◆　輸入取引については保税地域から引き取られる貨物が課税対象になるが、保税倉庫からの引取りが完了していないのに課税仕入れにしていた。		
アドバイス	★　保税地域から引き取ろうとする者には事業者に限らず、消費者も含みます。		
	・　次のものは、非課税である。 ①　有価証券等 ②　郵便切手類 ③　印紙・証紙 ④　物品切手等 ⑤　身体障害者用物品 ⑥　教科用図書	非　課　税	法6② 法別表第二の二
(2)　無償で 　　輸入す 　　る場合	・　外国貨物については、非課税物品に該当するもの及び関税の課税価格が1万円以下のものを除き、無償で輸入するものであっても、課税対象になる。 ㊟　この場合の課税標準は、関税の課税価格（ＣＩＦ価格）に関税額及び消費税以外の個別消費税の額を加算した金額である。	課　税	
(3)　個人が 　　輸入す 　　る場合	・　外国貨物に係る納税義務者は、その貨物の引取者であり、事業者であるかどうかは問わないので、個人が輸入する場合であっても、一定金額以下の携行品輸入など、特に免税規定が設けられている場合を除き、課税対象になる。	課　税	法5②
(4)　無体財 　　産権を伴 　　う貨物の 　　輸入 アドバイス	・　貨物部分の輸入のみが課税対象となることから、工業所有権等の無体財産権そのものの外国からの導入には課税されない。 ★　この場合の課税標準は、関税の課税価格（工業所有権等（複製権を除く。）の使用に伴う対価の支払がその外国貨物の輸入取引	不　課　税	基通5-6-3

項　　　目	項 目 の 説 明 及 び 取 扱 い	判　　定	参考法令等
	の条件となっている場合は、その対価の額を含む。）に関税額及び消費税以外の個別消費税の額を加算した金額になる。		
(5)　映画フィルムのネガ　アドバイス	・　外国貨物であり、保税地域から引き取る時に消費税が課税される。 ★　複製権の使用の対価は、関税の課税価格に含まれていないので、映画フィルムのネガを輸入する場合の課税標準は、配給実績に応じて支払うロイヤリティ（使用料）を含まないところの物としてのフィルムの価格になる。	課　　税	
(6)　国外からの技術導入に伴って支払う技術使用料又は技術指導料　アドバイス	・　技術導入に伴って支払われる技術使用料は、「輸入取引としての課税」の対象にならない。 ★　技術使用料は、権利の貸付けの対価として支払われるものであるから、その権利が特許権等のようなものである場合は、その権利の登録をした機関の所在地（複数の国で登録している場合は、権利の譲渡又は貸付けをする者の所在地）により国内取引か国外取引かの判断をし（P.39参照）、国内であれば課税、国外であれば不課税になる。	不 課 税	令6①五
	・　技術指導料は、技術指導という役務の提供の対価であり、国内において行われる技術指導の対価として支払われるものは課税対象になる。	課　　税	
(7)　公海上での魚類の買付け	・　公海上で、外国の漁船が捕獲した魚類を買い付け、国内に搬入した場合については、その魚類は、外国貨物に該当し、保税地域から引き取る時に消費税が課税される。	課　　税	
	・　公海上で、日本の漁船が捕獲した魚類の買い付けは、国外取引で課税対象外であり、その魚類は、外国貨物に該当しないから、国内に持ち込む時には消費税は課税されない。（国内で譲渡する時に課税対象になる。）。	不 課 税	関法2①四
	・　捕獲した魚類を国内へ輸送する対価については輸出免税	免　　税	

項　　目	項　目　の　説　明　及　び　取　扱　い	判　　定	参考法令等
	になる（P.188参照）。		
(8) 輸入物品のリベート	・ 外国のメーカー等から受ける割戻し等については、輸入した商品の支払対価の返還に該当する。 　ただし、引取時の課税標準が修正されるものではないことから、引取りに係る消費税額を調整する必要はない。	不 課 税	
(9) 書籍等の輸入	・ 課税価格の合計額が1万円以下の場合は、免税になる。	免　税	輸徴法13①一
	・ 課税価格の合計額が1万円超の場合は、次のとおりとなる。 ① 記録文書その他の書籍（本、定期刊行物、新聞等） ② 絵本、絵画集、写真集	免　税 課　税	
(10) 外航船舶等の輸入	・ 船舶運航業者等が行う専ら国内と国外又は国外と国外との間にわたって行われる旅客若しくは貨物の輸送の用に供される船舶又は航空機の輸入は、免税になる。	免　税	輸徴法13② 輸徴令13⑤ 基通5-6-6
(11) 輸出した物品の返品	・ 輸出した物品が仕様の違い、製品の瑕疵等の原因により国内に引き取られる場合に関税が免除されるものは、消費税も免除される。	免　税	関税定率法14 十 輸徴法13①一
	・ 修繕物品に係る再輸出免税に該当するものについても、消費税は免除される。	免　税	関税定率法17 四 輸徴法13①四
(12) 外国の展示会に出品した物品の引取り アドバイス	・ 本邦から輸出した物品が返品されて国内に引き取られる場合に、輸出許可の際の性質及び形状が変わっていないものとして関税が免除されるものは、消費税も免除される。 ★ 外国において使用された形跡のあるものであっても、性質、形状が変わっていないものであれば、同じ取扱いとなるので、単なる展示用のもののほか、デモ用として使用されたものでも免税になる。	免　税	関税定率法14 十 輸徴法13①一
(13) 保税地域における外国貨物の消費	・ 外国貨物を消費又は使用した者が、その消費又は使用の時にその外国貨物を保税地域から引き取るものとみなされ、消費税が課税される。	課　税	法4⑥ 令7 基通5-6-4、 5-6-5

項　　　目	項 目 の 説 明 及 び 取 扱 い	判　　定	参考法令等
又は使用	・　外国貨物が課税貨物の原材料として消費・使用される場合	不 課 税	
アドバイス	★　これにより製造された貨物は、外国貨物とみなされ、その外国貨物を保税地域から引き取る時に、消費税が課税される。		
	・　税関職員等が法律の規定に基づいて外国貨物を消費・使用する場合	不 課 税	
	・　外国貨物の災害等による亡失・滅失	不 課 税	
	・　上記以外の外国貨物の消費・使用	課　　税	
	・　保税作業により内国貨物が課税貨物の原材料として消費・使用される場合 (注)　これにより製造された貨物は、外国貨物とみなされる。	不 課 税	
	・　保税地域内における加工行為 (注)　国内取引に該当し、かつ、輸出取引にも該当しない。	課　　税	
【輸　出】 (1)　輸出免税の要件	・　次の要件のすべてを満たしているものは、消費税が免除される。 　①　その資産の譲渡等が、課税事業者によって行われるものであること。 　②　その資産の譲渡等が、国内において行われるものであること。 　③　その資産の譲渡等が、原則として課税資産の譲渡等に該当するものであること。 　④　その資産の譲渡等が、輸出取引に該当するものであること。 　⑤　その資産の譲渡等が、輸出取引に該当するものであることにつき、証明がなされたものであること。 　(注)　内外判定については「国内取引の判定」(P.38)を参照	免　　税	法7① 基通7−1−1
(2)　輸出として行われる資産の譲渡等	・　輸出取引は、原則として免税であるが、その輸出額は、課税売上高に含まれるので、課税売上割合の計算上は、分子、分母のいずれにも算入される。	免　　税	
	・　輸出取引等の範囲	免　　税	法7①

項　　目	項　目　の　説　明　及　び　取　扱　い	判　　定	参考法令等
	①　本邦からの輸出として行われる資産の譲渡等（典型的な輸出） 　　㊟　「輸出」とは、内国貨物を外国に向けて送り出すことをいう。 ②　外国貨物の譲渡又は貸付け 　　㊟　「外国貨物」とは、輸出の許可を受けた貨物及び外国から本邦に到着した貨物（外国の船舶により公海で採捕された水産物を含む。）で輸入が許可される前のものをいう。 ③　国内及び国外にわたって行われる旅客又は貨物の輸送（国際取引の一環として行われる国内輸送区間における輸送を含む。） ④　外航船舶等の譲渡若しくは貸付けで船舶運航事業者等に対して行われるもの（P.188参照） 　　なお、「外航船舶等」かどうかは、その船舶又は航空機の属性（専ら国際輸送の用に供されるかどうか、専ら外国間の輸送の用に供されるかどうか）によって判定する。専らかどうかは、就航割合が80％以上であるかどうかによる。 ⑤　外国船舶等の修理で船舶運航事業者等の求めに応じて行われるもの ⑥　専ら国内と国外又は国外と国外との間の貨物の輸送の用に供されるコンテナーの譲渡、貸付で船舶運航事業者等に対するもの又は当該コンテナーの修理で船舶運航事業者等の求めに応じて行われるもの ⑦　外航船舶等の水先、誘導、その他入出港若しくは離着陸の補助又は入出港、離着陸、停泊若しくは駐機のための施設の提供に係る役務の提供等で船舶運航事業者等に対するもの（外国船舶等の清掃、廃油の回収、汚水処理等が含まれる。） ⑧　外国貨物の荷役、運送、保管、検数又は鑑定等の役務の提供（外国貨物に係る検量若しくは港湾運送関連事業に係る業務又は輸入貨物に係る通関手続若しくは青果物に係るくんじょう等の役務の提供が含まれる。） ⑨　国内と国外との間の通信又は郵便若しくは信書便 ⑩　鉱業権、工業所有権、著作権等の無体財産権の譲渡又は貸付けで、非居住者に対して行われるもの ⑪　非居住者に対して行われる役務の提供で次のもの以外のもの 　　イ　国内資産の運送又は保管 　　ロ　国内における飲食又は宿泊		令17①② 基通7－2－1 関法2①二 関法2①三 基通7－2－11 基通7－2－12

損益項目 － 輸出入取引 － 輸 出

項　　目	項　目　の　説　明　及　び　取　扱　い	判　　定	参考法令等
アドバイス	ハ　イ又はロに準ずるもので、国内において直接便益を享受するもの ★　国際線空港施設の提供 　出国待合室、コンコース、固定橋、旅客搭乗橋及びタラップは、消費税法施行令第17条第2項第3号《輸出取引等の範囲》に規定する航空機の駐機のための施設とは認められないため、これらの施設の使用料は課税対象になる。 ★　外国の漁船から徴収する岸壁使用料 　消費税法施行令第17条第2項第3号の規定により港湾施設利用料が輸出免税となるのは、消費税法第7条第1項第4号に規定する専ら国内及び国内以外の地域にわたって旅客又は貨物の輸送の用に供される船舶又は消費税法施行令第17条第2項第1号に規定する専ら国内以外の地域間で行われる旅客又は貨物の輸送の用に供される船舶を停泊させるための港湾施設の利用で、船舶運航事業者等に対して行われるものに限られる。したがって、漁船は上記のいずれの船舶にも該当せず、また、漁業者は消費税法施行令第17条第2項第2号に規定する船舶事業者等に該当しないことから、その船舶が外国籍の船舶であっても、その漁船に係る岸壁使用料等は課税対象になる。		令17②三 法7①四 令17②一～三
(3)　輸出免税の証明	・　課税資産の譲渡等が輸出取引に該当するものであることにつき次のような証明がなされた場合に免税になる。 ①　輸出として行われる資産の譲渡又は貸付け（船舶又は航空機の貸付けを除く。） 　イ　輸出許可があったことを証する書類（通常は輸出申告書に税関長の輸出許可の印を押なつしたもの） 　ロ　郵便物の場合は、税関長の証明（20万円超）又はその事実を記載した帳簿又は書類（20万円以下） ②　国際運輸、国際通信及び国際郵便 　その事業者がその事実を記載した帳簿又は書類 ③　その他 　取引の相手方との契約書その他その事実を証明する書類	免　税	規5①一、二 規5①三 規5①四
(4)　非課税資産の輸出取引等 アドバイス	・　非課税資産の輸出取引等を行った場合において証明がされたものについては、課税資産の輸出取引を行ったものとみなして、仕入税額控除の規定を適用する。 ★　非課税資産の輸出取引等については、課税売上割合の計算上、分子・分母のいずれにも算入することになるが、事業者免税点制度や簡易課税制度の適用の有無の判定の基礎となる課税売上高に	免　税	法30、31① 規16①

— 184 —

項　　目	項　目　の　説　明　及　び　取　扱　い	判　　定	参考法令等
	は含まれない。		
(5) 輸出物品の下請加工等	・　次のような取引には、輸出免税の適用はない。 ①　輸出する物品の製造のための下請加工 ②　輸出取引を行う事業者に対して行う国内での資産の譲渡等（P.63参照）	課　税	基通7-2-2
(6) 賃借物件の自己使用等のための輸出	・　リース会社から資産を借り受けた事業者が自己使用や国外取引のためにその資産を国外の事務所に輸出した場合には、本来の輸出免税の対象にはならないが、その輸出につき証明がされているときには、課税資産の譲渡等に係る輸出取引を行ったものとみなされ、リース料等の課税仕入れに係る消費税額を控除することができる。	免　税	法7①、31②
（アドバイス）	★　リース機材を国外の支店等で使用する場合の課税売上割合の計算 　　消費税法施行令第51条第3項及び第4項の規定は、その資産に係る国内取引が譲渡によるものか貸付けによるものかに関係なく適用されるものであるから、賃借人においてもそのFOB価格を課税売上割合の分母、分子に加算することになる。		令51③④
	・　資産の使用場所が当事者間の合意により、国外に変更された場合は、変更後のリース料は国外取引として不課税になる。	不課税	基通5-7-12
(7) 親子会社間の輸出取引	・　親子関係の法人同士の取引であっても、非居住者たる国外の法人に対して役務の提供をしているものであれば、輸出免税になる。	免　税	
(8) タックス・ヘイブン法人の事務委託費	・　親会社が収受するタックス・ヘイブン法人からの事務委託費は、非居住者に対する役務の提供として輸出免税になる。	免　税	
(9) その他の免税取引	・　その他次の取引が輸出免税の対象になる。 ①　日本国籍の外航船（機）に積み込む船用品又は機用品の譲渡 ②　外国籍の船舶又は航空機への内国貨物の積込み ③　外国籍の船舶又は航空機に船用品又は機用品として積	免　税	措法85① 基通7-2-18 法7① 基通7-2-18 輸徴法12①

項　　目	項　目　の　説　明　及　び　取　扱　い	判　　定	参考法令等
	み込む外国貨物の保税地域からの引取り		
	④　渡航先において贈答用に供するものとして出国に際して携帯する物品		基通7-2-20
	⑤　米軍基地からの受注工事		所得臨時法7①
	⑥　海軍販売所等に対する物品の譲渡		措法86の2
アドバイス	★　輸出物品販売場における免税販売		法8①
	納税地の所轄税務署長の許可を受けた輸出物品販売場（免税店）を経営する事業者が、外国人旅行者などの非居住者に対して免税対象物品を一定の方法で販売する場合には、消費税が免除される。		令18②一、⑬規6
	免税対象物品とは、通常生活の用に供する物品であって、同一の非居住者に対する同一の輸出物品販売場における1日の販売価額（税抜き）の合計額が次の基準を満たすものをいう。なお、一般物品と消耗品の販売価額が各々5千円未満であったとしても、合計額（税抜き）が5千円以上であれば、一般物品を消耗品と同様の指定された方法により包装することで、免税販売することができる。		
	輸出物品販売場を経営する事業者は、購入者（非居住者）から提供を受けた旅券等の情報及び免税販売した免税対象物品等について記録した電磁的記録（購入記録情報）を、電子情報処理組織を使用して、遅滞なく国税庁長官に提供するとともに、購入記録情報を7年間保存する必要がある。		

免税対象物品の区分	販売価額（税抜）
一般物品（家電、バッグ、衣料品等《消耗品以外のもの》）	5千円以上
消耗品（飲食料品、医薬品、化粧品その他の消耗品）	5千円以上50万円以下

項　　目	項　目　の　説　明　及　び　取　扱　い	判　　定	参考法令等
	（注）1　非居住者が免税購入した物品を出国日（その者が居住者となる場合にはその居住者となる日）までに輸出しない場合又は非居住者が免税購入した物品を国内で譲渡した場合には、免除税額を直ちに徴収することとされている。		法8③⑤
	2　免税対象物品となる「通常生活の用に供する物品」から、事業用又は販売用として購入することが明らかな物品及び金又は白金の地金は除かれている。		令18①
	★　簡易課税事業者の輸出免税		法37①、45①
	簡易課税事業者の場合は、輸出取引を除いた課税売上高に係る消費税額にみなし仕入率を乗じた金額が仕入控除税額となり、結果として返還される税額は通常発生しない。		

項　　目	項　目　の　説　明　及　び　取　扱　い	判　　定	参考法令等
【保税地域における譲渡】 チェックポイント	◎　保税地域内の作業をすべて輸出免税としていないか。		
(1)　保税地域における貨物の譲渡	・　外国貨物（輸入許可を受ける前の貨物）の譲渡	免　　税	法7①二
	・　輸入許可を受けた貨物の譲渡	課　　税	
アドバイス	★　保税地域内の売買であっても、国内において行った資産の譲渡等に該当する。		令17②四
(2)　国外で購入した貨物の保税地域経由で国外への譲渡	・　国外で購入した資産の国内の保税地域への搬入	不　課　税	
	・　上記貨物を保税地域から引き取らず（すなわち、輸入手続をしないで）、第三国に有償譲渡し、国外へ搬出した場合におけるその譲渡については、国内における課税資産の譲渡等に該当し、かつ、輸出免税の対象になる。	免　　税	法7① 基通7-2-3
アドバイス	★　上記貨物の外国企業への販売の対価は、仕入控除税額の計算をする場合の課税売上割合の計算上、分母及び分子に算入されることになる。		法30⑥
【国際輸送】 (1)　国際輸送	・　国際輸送とは、国内から国外への旅客若しくは貨物の輸送又は国外から国内への旅客若しくは貨物の輸送をいい、輸出免税の対象になる。	免　　税	基通7-2-4、 7-2-5
	・　「国外の港等↔国外の港等」は、国外取引に該当し、輸出免税の対象にならない。	不　課　税	基通7-2-7 (1)ハ、(2)ロ
(2)　国際輸送の一環として行われる国内輸送	・　次の要件を満たす場合（貨物の輸送の場合は①のみ）には、その全体が国際輸送とみなされ輸出免税の対象になる。 ①　契約において、国内輸送に係る部分が国際輸送の一環であることが明らかにされていること。 ②　乗継時間が定期路線時刻表上で24時間以内であること。	免　　税	基通7-2-4、 7-2-5
	・　海外赴任者のためのドアツードア・サービスのうち、輸出のための梱包や輸出関係書類の作成は、引越荷物の国際輸送に不可欠の作業であることから、これらの付帯作業も含めて、国際一貫輸送として一の請負契約となっている場	免　　税	

項　　目	項 目 の 説 明 及 び 取 扱 い	判　定	参考法令等
	合には、その全体が輸出免税の対象になる。		
(3)　公海上の地域から国内への魚類の輸送	・　国内及び国内以外の地域にわたって行われる貨物（内国貨物、外国貨物を問わない。）の輸送は、輸出免税になる。	免　税	法7①三
(4)　月極め運賃の中に外国貨物に係るものが含まれている場合	・　例えば、運送料金を○トントラック1台当たり月○円というように、仕事の量にかかわらず一定期間当たりの対価が定額となっている場合には、実際に輸送した貨物の中に外国貨物が含まれているときであっても、輸出免税の規定は適用されない。	課　税	
【外航船舶等の貸付け又は修理等】 (1)　外航船舶等の貸付け	・　外航船舶（航空機）の船舶運航事業者等に対する貸付けは、輸出免税に該当する。 ・　船舶の貸付けには、裸傭船契約に基づくもののほか定期傭船契約に基づくものも含まれる。	免　税 免　税	令17①一、二 基通7-2-8 基通7-2-9
(2)　外航船舶等の修理	・　船舶運航事業者等からの直接の求めに応じて行われる保守、点検（いわゆるオーバーホール）又は修理は、輸出免税に該当する。	免　税	令17①三 基通7-2-10
	・　単なる検査は、輸出免税にならない。	課　税	
	・　航空機から取り外したエンジンのみの修理の委託を受けた場合は、航空機の修理には該当しない。	課　税	
	・　外航船舶に装備されている救命器具に対する修理は輸出免税に該当する。	免　税	
	・　船舶運航事業者等以外の者（例えば、船舶運航事業者等から修理の委託を受けた事業者）の求めに応じて行われるものは、課税対象になる。	課　税	基通7-2-10 ㊟

項　　　目	項　目　の　説　明　及　び　取　扱　い	判　　　定	参考法令等
(3) 外航船舶等に対する水先業務等	・　船舶運航事業者等に対して直接行われる水先、誘導その他入出港若しくは離着陸の補助又は入出港、離着陸、停泊若しくは駐機のための施設の提供に係る役務の提供は、輸出免税の対象になる。	免　税	令17②三
	・　船舶運航事業者等からの直接の依頼を受けた事業者の下請けとして行う水先業務等については、輸出免税の対象にならない。	課　税	
	・　外航船舶等の清掃、廃油の回収又は汚水処理等の役務の提供で船舶運航事業者等に対して行うものは、輸出免税の対象になる。	免　税	基通7-2-11
【外国貨物の荷役・運送等】 (1) 外国貨物の荷役・運送等	・　外国貨物の荷役、運送、保管、検数、鑑定、検量、通関手続、青果物のくんじょう、税関長への届出により行う内容の点検、改装、仕分け、貨物の記号・番号の刷換え、さびみがき、油さし、虫干し、風入れ等は、輸出免税に該当する。	免　税	令17②四 基通7-2-12～14
アドバイス	★　下請業者が外国貨物の荷役、運送、保管等に係る役務の提供を行った場合でも輸出免税の適用がある。		
	・　外国貨物に係る運送状の作成代行、通関事務以外の届出代行は、課税対象になる。 　(注) 外国貨物については、「輸出」の「輸出として行われる資産の譲渡等」の②(注)（P.182）を参照	課　税	法2十 関法2①三
(2) 輸出しようとする貨物等の指定保税地域等における荷役・運送等	・　次の役務の提供は、輸出免税の対象になる。 　〔対象貨物〕 　　輸出しようとする貨物及び輸入の許可を受けた貨物（輸入申告を行った際に蔵置されていた保税地域にあるものに限られる。） 　〔場所〕 　　指定保税地域、保税蔵置場、保税展示場、総合保税地域 　〔役務の内容〕 　　荷役、運送、保管、検数、鑑定（美術品の鑑定を含む。）、検量、海上投棄、通関手続、青果物のくんじょう、税関長	免　税	令17②四 基通7-2-13

項　　目	項 目 の 説 明 及 び 取 扱 い	判　　定	参考法令等
	への届出により行う内容の点検、改装、仕分け、貨物の記号・番号の刷換え、さびみがき、油さし、虫干し、風入れ等		
アドバイス	★　輸出免税の適用がある「輸入の許可を受けた貨物」とは、輸入申告の際に蔵置されていた保税地域に引き続き置かれているものに限られるので、本船扱い等により輸入の許可を受けた貨物を保税地域に搬入した後に行う保管、検数、鑑定等は、保税地域で行われるものであっても輸出免税の適用はない。		
	・　指定保税地域における見本の展示、簡単な加工その他これらに類する行為は、輸出免税の対象にならない。	課　　税	基通7-2-14
	・　輸入許可後に他の保税地域に移動する場合の運送や移動後の保税地域における保管等の役務の提供は輸出免税にならない。	課　　税	
アドバイス	★　本船扱い、ふ中扱い（税関長の承認を受けることにより、外国貨物を保税地域に入れないで輸入通関することができる制度）により輸入の許可を受けた内国貨物に対する本船又ははしけ上での荷役、検数等の役務の提供は保税地域で行われるものではないことから、輸出免税の適用はなく、その陸揚げ、保税地域への搬入についても輸出免税の適用はない。		
(3)　保税地域間の貨物輸送	・　外国貨物に係る保税地域間の貨物輸送は、輸出免税の対象になる。	免　　税	令17②四
	・　上記以外の貨物に係るものは、課税になる。	課　　税	
(4)　外国貨物に対する警備	・　危険物や貴重品等で特定できる外国貨物について行われる警備は輸出免税の対象になる。	免　　税	
【無体財産権等の非居住者に対する譲渡又は貸付け】 (1)　無体財産権の譲	・　国内取引に該当する場合は、輸出免税の対象になる。	免　　税	令6①四〜八、17②六

項　　目	項　目　の　説　明　及　び　取　扱　い	判　　定	参考法令等
渡又は貸付け アドバイス	★　この場合の輸出証明は、取引の相手方との契約書等を保存することにより、輸出取引であることを証明する。 　　例：日本に登録されている鉱業権等、工業所有権等、著作権等、営業権、漁業権等 ㊟　内外判定については、「国内取引の判定」(P.38) を参照 ・　国外取引に該当する場合	（空） （空） 不　課　税	規5①四
(2)　ノウハウの提供	・　国内の事業者が非居住者に対して行うノウハウの譲渡又は貸付けは、輸出取引に該当する。	免　　税	令17②六
【非居住者に対する役務の提供】 (1)　国外事業者のために行う設計	・　事務所等の所在地が国内にある場合 　　設計については、設計に係る事務所等が国内にあれば、国内取引に該当し、それが非居住者に対するものであれば、輸出免税の対象になる。	免　　税	令6②五、17②七
	・　事務所等の所在地が国外にある場合 　　設計に係る事務所等が国外にある場合には、国外取引となり、消費税の課税対象外になる。	不　課　税	
(2)　外国企業の広告掲載	・　外国企業（非居住者）が国内に事務所等を設置していない場合 　　非居住者からの依頼により、国内において行う広告や宣伝は、輸出免税の対象になる。	免　　税	令17②七
	・　外国企業が国内に事務所等を設置している場合（「国内に支店を有する非居住者に対する役務の提供」P.194を参照）	課　　税	基通7-2-17
(3)　海外のコンテナリース会社に対する役務の提供	・　国内において海外のコンテナリース会社に対して国内法人が行う次の役務の提供 ①　空コンテナの国内の荷主に対する貸付契約の締結……輸出免税の対象になる。 ②　空コンテナの回収・保管、コンテナ台車からの積卸し及び国内で貸し付けた空コンテナの賃借人手配のトラックへの積込み……国内に所在するコンテナに係る輸送・	免　　税 課　　税	

項　　目	項 目 の 説 明 及 び 取 扱 い	判　定	参考法令等
	保管等であるから、非居住者に対するものであっても、課税対象になる（ただし、そのコンテナが外国貨物に該当する場合を除く。）。		
(4) 非居住者に対する国内情報の提供	・　情報提供に係る事務所等の所在地が国内に所在する場合は、国内取引に該当するが、非居住者に対するものであれば、輸出免税の対象になる。	免　税	令6②五、17②七
(5) 国内の輸出業者に対する海外情報の提供	・　輸出に関連する情報であっても、提供者も提供を受ける者も国内事業者であれば、輸出免税の対象にならない。	課　税	令6②五、17②七
(6) 非居住者から受け取る弁護士報酬	・　非居住者に対する弁護士業務としての役務の提供は、その役務の提供が国内で行われるものであっても、輸出免税の対象になる。	免　税	令17②七
(7) 非居住者から受け取るリース料	・　リース物件が海外に所在する場合には、国外取引になる。	不 課 税	法4③一
	・　国内に所在する場合は、課税対象（ただし、土地等を除く。）になる。	課　税	
	・　国内において行われた鉱業権、特許権、著作権等の非居住者に対する無体財産権の貸付けは、輸出免税の対象になる。	免　税	令17②六
(8) 証券の国際間取引に係る手数料	・　証券の国際間取引に係る手数料は、課税対象であるが、非居住者に対するものである場合には、輸出免税の対象になる。	免　税	令17②七
(9) 非居住者から受領する信用保証料 アドバイス	・　信用を保証する者の事務所等が国内にある場合における非居住者に対する信用保証は、その信用の保証に係る債権者が居住者であるか非居住者であるかを問わず、非課税資産の譲渡等に係る輸出取引等に該当する。 ★　その保証料は法30の適用においては、課税売上割合の計算上、分子・分母のいずれにも加算する。	免　税	法31① 令6②六、17②七

項　　目	項　目　の　説　明　及　び　取　扱　い	判　　　定	参考法令等
⑽　非居住者から受領する債券先物取引売買手数料	・　非居住者から債券売買の委託を受けた場合の売買委託手数料は、非居住者に対する役務の提供として輸出免税の対象になる。	免　　税	
⑾　非居住者から収受する小切手帳発行代金等	・　銀行が非居住者から受け取る次のものは、いずれも国内において直接便益を享受する役務の提供であり、輸出免税の対象にならない。 ①　小切手帳発行代 ②　国内の口座への振込手数料	課　　税	
⑿　非居住者から収受する有価証券の保管料等	・　有価証券の保管料及び引渡手数料	課　　税	令17②七
	・　有価証券の名義書換手数料及び各種申請に係る事務代行手数料……この部分の金額が契約上区分されていれば、輸出免税になる。	免　　税	令17②七
アドバイス	★　区分されていない場合は、その全体が課税対象になる。		
⒀　常任代理人	・　代理人手数料……国内において行う非居住者に対する役務の提供となるから、輸出免税の対象になる。	免　　税	
アドバイス	★　保管料、引渡手数料その他については上記「⑿非居住者から収受する有価証券の保管料等」と同じ取扱いになる。		
⒁　代理業務手数料	・　海運代理店業者等が非居住者である船舶運航業者等のために行う入出港手続、荷役手配等の代理業務は、輸出免税の対象になる。	免　　税	令17②七
⒂　非居住者に対する役務の提供で課税対象となるもの	・　非居住者に対する役務の提供であっても、非居住者が国内において便益を直接享受する次のようなものは、課税対象になる。 ①　国内に所在する資産に係る運送・保管 ②　国内に所在している不動産の管理・修理 ③　建物の建築請負 ④　電車、バス、タクシー等による旅客の輸送 ⑤　国内における飲食・宿泊 ⑥　国内における理容・美容	課　　税	令17②七 基通7-2-16

項　　目	項　目　の　説　明　及　び　取　扱　い	判　　定	参考法令等
	⑦　国内における医療・療養 ⑧　国内に所在する興行場等における観覧・観劇等 ⑨　国内間の電話・郵便又は信書便 ⑩　日本語学校等における語学教室（非課税になるものを除く。）		
【国内に支店を有する非居住者に対する役務の提供】 国内に支店を有する非居住者との取引	・　非居住者に対する役務の提供であっても、その非居住者が支店又は出張所等を国内に有するときはこれらの支店等を経由して行ったものとみなして、輸出免税の対象にはならない。	課　税	基通7-2-17
	・　非居住者に対する役務の提供であっても、次の要件のいずれも満たす場合は輸出免税の対象になる。 ①　その役務の提供が非居住者の国外の本店等との直接取引であって、非居住者の国内の支店等はその役務の提供に直接的にも間接的にもかかわっていないこと ②　役務の提供を受ける非居住者の国内の支店等の業務はその役務の提供に係る業務と同種又は関連する業務でないこと	免　税	基通7-2-17
【非居住者に対する金銭の貸付け等】 非居住者から受け取る利子等	・　非居住者が債務者である等、次に掲げるものは、輸出取引とみなされ、それぞれのかっこ書に掲げる金額を課税売上割合の計算上、分子・分母に算入する。 ①　利子を対価とする金銭の貸付け（利子） ②　利子を対価とする国債等の取得（利子） ③　国際通貨基金協定第15条の特別引出権の保有（利子） ④　預貯金（ＣＤを含む）の預入（利子） ⑤　合同運用信託、投資信託等の取得（分配金・利子） ⑥　利息を対価とする抵当証券の取得（利息） ⑦　償還差益を対価とする国債等の取得（償還差益・利子）	免　税	令17③

項　　目	項　目　の　説　明　及　び　取　扱　い	判　　定	参考法令等
	⑧　手形（約束手形を除く）の割引（割引料・利子） ⑨　金銭債権の譲受け等（利子） ⑩　有価証券及び登録国債の貸付け（貸付料・利子） 　㊟　有価証券、支払手段、金銭債権の輸出は、ここでの輸出取引に含まれないこととされているから、課税売上割合の計算上、分子には含まれない。		

Ⅷ　国外取引

項　　目	項 目 の 説 明 及 び 取 扱 い	判　　定	参考法令等
【国外取引】 (1) 国外資産の譲渡	・　国内の事業者が国外にある資産の譲渡又は貸付けをした場合には、その取引先が居住者であれ非居住者であれ、国外取引に該当し、課税対象外になる。 ㊟　内外判定については、「国内取引の判定」（P.38）を参照	不 課 税	法4③ 令6 基通5-7-10
(2) 船荷証券の譲渡	・　船荷証券の譲渡については、その船荷証券の譲渡が行われる時のその表彰されている貨物の所在場所により、内外判定を行うが、次の取扱いによっても差し支えない。 ①　輸入貨物の場合……船荷証券上の荷揚地が国内であるもの（輸入貨物に係る船荷証券）については、国内取引（輸出免税）となる。 　　なお、この取扱いによる場合は船荷証券の写しの保存が必要になる。 ②　輸出貨物の場合……船荷証券上の荷揚地が外国であることから、国外取引に該当する。	 免　　税 不 課 税	基通5-7-11 法7①二 基通5-7-11 なお書
(3) 国外取引に係る割賦手数料等	・　国外に所在する資産を非居住者に割賦販売又は延払いの方法で販売し、その契約において手数料の額又は利子若しくは保証料の額を明示した場合、その手数料等は非課税売上げとなり、消費税法第31条第1項《非課税資産の輸出等を行った場合》の規定が適用され、課税売上割合の計算上、分子・分母のいずれにも算入される。	免　　税	法31①
(4) 国外での請負工事 アドバイス	・　国外での請負工事は、国外取引に該当し、課税対象外になる。 ★　国外における工事であっても、それ（仕入等）が国内で行われたとした場合に課税資産の譲渡等に該当するものであれば、これに要する国内における課税仕入れは、個別対応方式の適用上課税資産の譲渡等にのみ要するものに該当する。	不 課 税	法4③二 基通11-2-11
(5) 国外での下請工事	・　国内の商社が元請した国外の工事について、その請負工事を下請させた場合、その請負に係る作業現場が国外であることから、下請業者が居住者であれ非居住者であれ、下請工事代金は国外取引に該当し、課税対象外になる。	不 課 税	法4③二
(6) 海外プ	・　海外で行うプラント工事について、技術的な指導、助言、	不 課 税	令6②六

項　　目	項　目　の　説　明　及　び　取　扱　い	判　　定	参考法令等
ラント工事の下請	監督に関する業務については、専門的な科学技術に関する知識を必要とする助言・監督で生産設備等の建設、製造に関して行うものであるから、その生産設備等の建設、製造に必要な資材の大部分が調達される場所によって判定する。 　したがって、資材の大部分が国外で調達されるのであれば国外取引になる。		
(7) 国外で引渡しを行う機械設備の製作請負	・　据付けを要する機械設備の製作請負及び据付けを海外の法人から受注し、機械の本体部分は国内で完成させた上で海外に搬出し、海外で据付けを行った場合は、役務の提供が区分される取引であっても、その契約が機械の完成引渡しを約するものである場合、引渡しを完了した時点で内外判定を行うことから、事例の場合は国外取引になる。	不課税	
(8) 海外への人材派遣（建設等を伴うもの）	・　国外における生産設備等の建設又は製造に関して、調査、企画、立案、助言、監督、検査等のために人材が派遣された場合において、その建設等に必要な資材の大部分が国外で調達されたときは、課税対象外になる。	不課税	令6②六
	・　上記の調達場所が国内であるとき ①　居住者に対する人材派遣は、課税対象となる。 ②　非居住者に対する人材派遣は、輸出免税となる。 　㊟　この場合の生産設備等とは、次に掲げるものをいう。 　　①　建物及び建物附属設備、構築物 　　②　鉱工業生産施設、発電及び送電施設、鉄道、道路、港湾設備その他の運輸施設、漁業生産施設 　　③　変電及び配電施設、ガス貯蔵及び供給施設、石油貯蔵施設、通信施設、放送施設、工業用水道施設、上水道施設、下水道施設、汚水処理等施設、農業生産施設、林業生産施設、船舶、鉄道用車両、航空機	課　税 免　税	令6②五イ〜ハ、17②七 規2
(9) 海外への人材派遣（建設等を伴わないもの）	・　役務の提供場所が国外であるので、課税対象外になる。	不課税	
(10) 金投資口座の内外判定	・　次の要件のすべてを満たしているものは、国外取引に該当する。 ①　銀行等が顧客に交付する金の預り証又は取引規定に金	不課税	

項　　目	項 目 の 説 明 及 び 取 扱 い	判　　定	参考法令等
	の預り場所（例えば、「ロンドンにおいて」のように具体的な保管場所）を明記していること ② 銀行等と国内の商社等との契約書等において金の保管場所を具体的に記載していること ③ 売買の目的物が現実に海外に保管されていること		
⑾ 海外で行うイベントの内外判定	・ 海外で行われるイベントの企画、立案を国内で行ったとしても、その開催場所が国外である場合は、その役務の提供の完結場所が国外であることから、国外取引に該当する。	不 課 税	基通5-7-15
⑿ 外国の美術館から絵画を賃借する場合の内外判定 アドバイス	・ 賃借する絵画の引渡し場所が国内であるかどうかにより判定するので、外国の美術館の監督（責任）の下に国内に運び込まれ、国内（保税地域も国内である。）で引渡しを受ける場合には、国内取引になる。 ★ 特許権等無形資産以外の資産で、その資産の使用場所が特定されていて、当事者間の合意に基づき、その資産の使用場所を変更した場合は、変更後の資産の使用場所により、内外判定を行う。	課 税	法4③一 基通5-7-12
⒀ リース取引の内外判定	・ リース取引の場合も上記と同様であり、国内に使用場所を変更した場合は、課税対象になる。	課 税	
⒁ 広告請負に係る内外判定	・ 主として広告代理店の場合 　国内において行う広告の製作（企画、立案）と国外で行う広告の掲載を請け負っている場合で、その対価が一括して取り決められているものは、広告会社の役務の提供を行う事務所等の所在地により、内外判定を行うこととなり、国内に事務所等が所在していれば、国内取引になる。	課 税	令6②六 基通5-7-15
	・ 主として新聞社の場合 　契約の内容が単に国外の広告媒体に広告を掲載することとなっている場合は、役務の提供場所が国外であるから、国外取引に該当し、課税対象外になる。	不 課 税	
⒂ 看板掲出に係る内外判定	・ 国外において行う看板について、国内における製作（企画、立案）と国外で行う看板の掲出を請け負っている場合で、その対価が一括して取り決められているものは、広告	課 税	令6②六 基通5-7-15

項　　　目	項　目　の　説　明　及　び　取　扱　い	判　　定	参考法令等
	会社の役務の提供を行う事務所等の所在地により、内外判定を行うこととなり、国内に事務所等が所在していれば、国内取引になる。		
	・　広告会社が使用権を有している場所を広告掲出のために賃貸する契約は国外取引に該当し、課税対象外になる。	不　課　税	
⒃　旅行会社が支払う海外旅行の添乗員派遣料	・　海外旅行の添乗員派遣料の取扱いは次のとおりとなる。 ①　海外現地のみで行われる添乗サービス 　国外における役務の提供であり、課税の対象とならない。 ②　出国から帰国まで一貫して行われる添乗サービス 　国内及び国外において行われる役務の提供であり、役務の提供を行う者の役務の提供に係る事務所等の所在地で内外判定を行う。 　国内に事務所等が所在していれば、国内取引になる。	不　課　税 課　　税	
【三国間取引】 三国間取引	・　三国間取引は、国外取引として課税対象にならない。	不　課　税	基通5-7-1
	・　三国間取引に要する国内における課税仕入れ等は、仕入税額控除の対象となる。 　この場合において、事業者が個別対応方式を適用するときは、当該課税仕入れ等は課税資産の譲渡等にのみ要するものに該当する。	課　　税	基通11-2-11
【外国証券取引】 ⑴　外国法人の発行する株式等の譲渡 アドバイス	・　株式等の所在場所が外国である場合	不　課　税	
	・　株式等の所在場所が国内である場合	非　課　税	
	★　上記の取扱いは、その有価証券の譲渡が現先取引として行われる場合や信託財産の譲渡として行われる場合であっても、同様である。		
⑵　外国に保管されている外	・　次の外国証券は、外国における現地保管機関に保管されているので、課税対象外になる。 ①　東京証券取引所に上場されている上場外国株式の譲渡	不　課　税	令6①九

項　　　目	項　目　の　説　明　及　び　取　扱　い	判　　定	参考法令等
国証券の譲渡	②　海外市場において譲渡される外国証券 ③　国内店頭取引による外国証券 ④　外国投資信託証券		
(3)　外国に所在する有価証券の貸付け	・　その有価証券が所在していた場所で判定する。	不 課 税	令6①九イ
(4)　証券先物取引等	・　海外先物市場等で行う証券先物取引・証券オプション取引	不 課 税	
(5)　非居住者の発行するCPの譲渡	・　非居住者の発行するコマーシャル・ペーパー（CP）は、有価証券に該当し、非課税になる（電子決済手段を除く。）。 ①　内国法人の本店から非居住者に譲渡する場合 ②　内国法人の海外支店が非居住者に譲渡する場合	 非 課 税 不 課 税	基通6-2-1(1)ヨ 令9①一
アドバイス	★　CPの譲渡が国内取引に該当するか国外取引に該当するかの判定は、そのCPの譲渡を行う者の譲渡に係る事務所等の所在地による。		令6①九イ
(6)　非居住者に支払う外国証券の売買委託手数料等	・　外国証券の売買取引、海外証券先物取引等を行った場合に海外の証券会社に支払う委託手数料	不 課 税	
	・　国内の発行体が海外市場において証券を発行した場合に海外の引受証券会社に支払う引受手数料、販売手数料	不 課 税	
(7)　券面のない有価証券	・　券面のない有価証券の譲渡に係る内外判定基準について、原則として当該有価証券を取り扱う振替機関等の所在地で判定	非 課 税 不 課 税	
【外国から賃借した資産の賃借料】 (1)　外国から賃借した資産の賃借料	・　国内取引に該当するもの（賃貸人がその資産を国内に搬入し、国内において引き渡す場合）	課　　税	
	・　国外取引に該当するもの（引渡しが外国で行われる場	不 課 税	

項　　目	項　目　の　説　明　及　び　取　扱　い	判　　定	参考法令等
(アドバイス)	合） ★　無形財産以外の資産でその資産の使用場所が特定されていて、当事者間の合意に基づき、その資産の使用場所を変更した場合は、変更後の資産の使用場所により、内外判定を行う。		基通5－7－12
(2)　海外からのソフトウェアの借入れ	・　コンピュータのソフトウェア等は著作権等に該当するため、貸付けを行う者の住所地により、国内取引かどうかを判定することとなる。ソフトウェアが書類又は磁気テープ等により輸入される場合は、その郵便物が課税貨物に該当し、消費税の課税対象になる。 　　なお、課税価格の合計額は1万円以下の場合は少額免税の規定により免税になる。	免　　税	関税定率法14十八 輸徴法13①一
【国境を越えた電気通信利用役務の提供】 国境を越えた電気通信利用役務の提供に係る課税関係	・　電気通信利用役務の提供に係る内外判定は、その電気通信利用役務の提供を受ける者の住所若しくは居所（現在まで引き続いて一年以上居住する場所をいう。）又は本店若しくは主たる事務所の所在地が国内にあるかどうかにより判定する。 ・　その電気通信利用役務の提供については、①事業者向け電気通信利用役務の提供と②消費者向け電気通信利用役務の提供に区分し、①については、リバースチャージ方式により、役務の提供を受ける者に納税義務が課せられる。 　　また、②については、役務を提供する国外事業者が納税義務者となるが、役務の提供を受ける国内事業者については、仕入税額控除が制限される。	課　　税	平成27年改正法附則42、44②、法5①、2①八の四、基通5－7－15の2、5－8－1、5－8－4
(チェックポイント)	◎　消費者向け電気通信利用役務の提供について、仕入税額控除を受けられるのは、登録国外事業者からの役務提供であるが（当分の間としての措置）、登録されていない国外事業者からの役務提供についても仕入控除していないか。		
(アドバイス)	★　当分の間としての措置として、その課税期間における課税売上割合が95％以上である者及びその課税期間について簡易課税制度が適用される事業者については、特定課税仕入れはなかったものとされている。 　　したがって、リバースチャージ方式が適用される事業者は、一般課税により申告する者で、課税売上割合が95％未満の課税期間である。		

項　　　目	項　目　の　説　明　及　び　取　扱　い	判　　　定	参考法令等
	★　「事業者向け電気通信利用役務の提供」とは、例えば、企業のイメージ広告の配信等、役務の性質又はその役務の提供に係る取引条件等から、その役務の提供を受ける者が通常事業者に限られるものをいう。 　　なお、これに対する「消費者向け電気通信利用役務の提供」（リバースチャージ方式は適用されない取引）とは、例えば、広く消費者を対象に提供されている電子書籍・音楽・映像の配信等をいう。		

第2 貸借対照表科目

I 流動資産

項　　目	項 目 の 説 明 及 び 取 扱 い	判　定	参考法令等
【流動資産】 (1) 現　金	・ 両替及び支払手段の譲渡は、非課税である（課税売上割合の計算上、分母の額に含めない。）。	非課税	法別表第二2 令48②一
アドバイス	★ 収集品及び販売用の支払手段の譲渡は課税対象になる。		法別表第二2 令9③
(2) 預貯金	・ 預貯金の譲渡は、非課税である。	非課税	法別表第二2
(3) 受取手形	・ 同上	非課税	法別表第二2
(4) 売掛金	・ 同上	非課税	法別表第二2 令48②二
アドバイス	★ 資産の譲渡等の対価として取得した金銭債権の譲渡については、売上の二重計上を排除するため、その譲渡の対価の額は、課税売上割合の計算上、分母の金額に含めない。		
(5) 有価証券	・ 「有価証券等の譲渡」（P.73）参照	非課税	法別表第二2
(6) 商品、製品、半製品、原材料、仕掛品、貯蔵品	・ 引渡しを受けた時に課税仕入れの対象になる。 　なお、免税事業者が課税事業者となった場合、最初の課税期間の前日の棚卸資産は、課税仕入れ等とみなされるが、課税事業者が免税事業者となる場合には、最後の課税期間の末日において有する棚卸資産は、課税仕入れの対象にはならない。	課　税	法36①⑤
アドバイス	★ 販売側、仕入側でその計上時期が異なっている場合であっても、その計上基準がそれぞれにおいて合理的かつ継続適用のものであれば、認められる。		
	・ 商品等を試験研究用、展示用見本として消費又は使用した場合の消費又は使用は、資産の譲渡等に該当しない。	不課税	基通5-2-12
	・ 商品等の廃棄、盗難、滅失は、資産の譲渡等に該当しない。	不課税	基通5-2-13

貸借項目	－	流動資産	－	未成工事支出金

項　　目	項　目　の　説　明　及　び　取　扱　い	判　　定	参考法令等
(7)　未成工事支出金 チェックポイント アドバイス	・　外注費、材料費等 ◎　物品の引渡し又は役務の提供が未完了のものを課税仕入れとしていないか。 ★　未成工事支出金に係る課税仕入れ等は、その仕入れ等をした日の属する課税期間の課税仕入れ等となる。ただし、継続適用を条件にその目的物を引き渡した日の属する課税期間における課税仕入れ等とすることができる。	課　　税	基通11-3-5
	・　賃金、給与、賞与、退職金	不 課 税	
	・　法定福利費、保険料（P.138、142を参照）	非 課 税	
(8)　立替金	・　ホテルがタクシー代やコンパニオン代を客に代わって立替払いをし、その旨を明確に区分している場合には、その代金をお客から領収しても課税売上げに含める必要はなく、また、この場合にはその支払はホテルの課税仕入れに該当しない。	不 課 税	
(9)　前渡金 誤りやすい事　　例	・　前渡金を支払った時点では、課税仕入れがあったことにはならず、現実に資産の引渡しやサービスの提供があった時点で課税仕入れの対象になる。 ◆　設備投資により機械等の購入に際し、前払金や実際には納入未了の段階であるにもかかわらず、課税仕入れとしていた。	不 課 税	
(10)　仮払金	・　同上	不 課 税	
(11)　前払費用 アドバイス	・　前払いの段階では、原則として課税仕入れとならない。 ★　1年以内の前払費用で、法人税基本通達2-2-14《短期前払費用》の適用を受けているものについては、その支出した日の属する課税期間の課税仕入れとして取り扱われる。	不 課 税	基通11-3-8 法基通2-2-14
(12)　短期貸付金	・　貸付金の元本そのものは不課税であり、その利子は非課税になる。	不 課 税	
(13)　繰延税金資産	・　税効果会計を採用している法人において「将来減算一時差異」が生じた場合は、当該一時差異に係る法人税等を貸	不 課 税	

項　　目	項 目 の 説 明 及 び 取 扱 い	判　　定	参考法令等
	借対照表上「繰延税金資産」として計上するとともに、損益計算書においては同額を「法人税等調整額」として法人税等の額から減算することになるが、これは会計処理の一手法であり、課税取引に該当しない。		

Ⅱ　有形固定資産

項　　目	項 目 の 説 明 及 び 取 扱 い	判　　定	参考法令等
【有形固定資産】 (1)　土　地	・　土地には借地権等を含み、いわゆる土地類似株式を含まない（「土地及び土地の上に存する権利の譲渡」（P.67）参照）。	非 課 税	
	・　土地区画整理法、土地改良法等に基づく換地処分、都市再開発法による第一種市街地再開発事業における権利変換は資産の譲渡等に該当しない。	不 課 税	
	・　換地処分に伴い授受される清算金は資産の譲渡等の対価に該当する。	非 課 税	
アドバイス	★　借地権の設定等の課否 　　借地権の譲渡又は設定は、「土地の上に存する権利の譲渡又は貸付け」に該当するので、非課税となる。また、借地権に係る更新料又は更改料は、借地権の継続すなわち土地の貸付けの継続のために支払われるものであり、土地の上に存する権利の設定又は土地の貸付けの対価に該当し、非課税になる。 ★　駐車場の貸付け 　　土地に駐車場としての用途に応じる地面の整備若しくはフェンス、区画、建物の設置等をしている場合は、施設の貸付けに該当し、土地の貸付けに含まれないことになる（P.68参照）。 ★　たまたま土地の譲渡があった場合の課税売上割合に準ずる割合の承認 　　土地の譲渡が単発のものであり、かつ、当該土地の譲渡がなかったとした場合には、事業の実態に変動がないと認められる場合に限り、次の①又は②の割合のいずれか低い割合により課税売上割合に準ずる割合の承認申請ができる。 ①　当該土地の譲渡があった課税期間の前３年に含まれる課税期間の通算課税売上割合（令第53条第３項《通算課税売上割合の計算方法》に規定する計算方法により計算した割合をいう。） ②　当該土地の譲渡があった課税期間の前課税期間の課税売上割合 　注１　事業の実態に変動がないと認められる場合とは、事業者の営業の実態に変動がなく、かつ、過去３年間で最も高い課税売上割合と最も低い課税売上割合の差が５％以内である場合とされている。		法別表第二１ 基通６-１-３ 令８ 基通６-１-５ 注１

項　　目	項　目　の　説　明　及　び　取　扱　い	判　　定	参考法令等
	2　たまたま土地の譲渡があった場合に適用されることから、翌課税期間において適用廃止届出書を提出する必要がある。		
(2)　個別対応方式における土地造成費・仲介手数料の取扱い	・　個別対応方式における土地造成費、仲介手数料は、課税仕入れ時における土地の利用目的に応じて次のように区分する。 ①　その土地に自社ビルの建設をする場合 　イ　事業者が課税売上げのみの業務を行っている場合 　ロ　事業者が非課税売上げのみの業務を行っている場合 　ハ　事業者が課税・非課税の両方の業務を行っている場合 ②　その土地に貸ビルの建設をする場合 ③　その土地に分譲マンション（土地付）の建設をする場合 ④　転売用の土地	 課　　税 非　課　税 課　　税 非　課　税 （共通用） 課　　税 課　　税 非　課　税 （共通用） 非　課　税	
	・　販売目的で取得し、一時的に自社の資材置場として使用しているときは、最終的な使用目的が販売用であるので、非課税用となる。	非　課　税	
	・　課税期間の末日までにその利用目的が定まっていないときは、共通用にする。	課　　税 非　課　税	
(3)　建物等	・　建物、建物附属設備、構築物等は課税対象になる。	課　　税	
チェックポイント	◎　課税仕入れの時期は適正か。		
アドバイス	★　減価償却資産に係る仕入税額控除 　課税仕入れ等に係る資産が減価償却資産に該当する場合であっても、課税仕入れについては、その資産の課税仕入れを行った日の属する課税期間において税額控除することになる。また、書画骨とうのように、時の経過により価値が減少しない資産についても同様である。 ★　居住用賃貸建物に係る仕入税額控除 　事業者が国内において行う別表第一第13号に掲げる住宅の貸付けの用に供しないことが明らかな建物（その附属設備を含む。）以外の建物（法第12条の4①に規定する高額特定資産又は同条②に規定する調整対象自己建設高額資産に該当するものに限り、「居住用賃貸建物」という。）に係る課税仕入等の税額については、仕入税額控除を適用することができない。	 非　課　税	基通11-3-3 法30⑩

貸借項目	−	有形固定資産	−	建設仮勘定

項　　目	項 目 の 説 明 及 び 取 扱 い	判　　定	参考法令等
誤りやすい事　　例	◆　建物購入の際、まだ建物の引渡しを受けていないにもかかわらず、その手付金及び中間金を支払った日の属する課税期間において課税仕入れにしていた。		
	・　固定資産税、都市計画税の未経過分を買主が負担する場合の当該負担金は、不動産の譲渡対価の一部を構成するものであるから、建物に係るものは、課税対象になる。	課　　税	基通10−1−6
(4)　建設仮勘定	・　建設工事に係る目的物の完成前に行った課税仕入れ等の金額について建設仮勘定として経理した場合においても、その目的物の一部について引渡しを受けたときは、その一部の引渡しを受けた日の属する課税期間の課税仕入れ等になる。	課　　税	基通11−3−6
	・　建設仮勘定として経理した課税仕入れ等について、その目的物の完成した日の属する課税期間における課税仕入れ等とすることもできる。	課　　税	
(5)　機械装置等	・　機械、装置、車両及び運搬具等は課税対象になる。	課　　税	
(6)　備品等	・　工具、器具、備品等は課税対象になる。	課　　税	
アドバイス	★　陳列棚の無償取得 　　法人税法上受贈益として収益に計上する必要があるものであっても、消費税法上は、課税資産の譲渡等に該当しない限り課税関係は生じない。したがって、化粧品メーカー等の陳列棚等の広告宣伝用の資産を無償で取得しても、それにより反対給付としての課税資産の譲渡等（広告宣伝という新たな負担）を行うものではないことから、課税関係は生じない。 注1　化粧品メーカーが陳列棚の取得等に要した費用については、個別対応方式による場合は、課税資産の譲渡等にのみ要するものとして仕入税額控除の対象とすることになる。 　　2　上記取引において、受贈を受けた事業者が一部負担金をメーカーに支出している場合には、その支出した金額はその事業者の課税仕入れになる（メーカーにおいては、課税売上げになる。）。		法基通4−2−1
(7)　リース用資産	・　リース用資産については、それを購入した日の属する課税期間において一括して仕入税額控除の対象になる。	課　　税	

項　　目	項　目　の　説　明　及　び　取　扱　い	判　　定	参考法令等
(8) 建物、機械装置、備品等の付随費用	・　取得価額に算入された付随費用のうち、次に掲げるものは課税仕入れになる。 ①　引取運賃 ②　荷役費 ③　購入手数料	課　　税	
	・　取得価額に算入された付随費用のうち、次に掲げるものは課税仕入れにはならない。 ①　運送保険料 ②　関税、不動産取得税、自動車取得税、事業所税、登録免許税等の租税公課 ③　借入金の利子 ④　運賃、荷役費のうち免税取引のもの（P.127参照）	非　課　税 不　課　税 非　課　税 免　　税	

Ⅲ 無形固定資産

項　　目	項　目　の　説　明　及　び　取　扱　い	判　　定	参考法令等
【無形固定資産】 (1) 差入保証金・敷金等	・ 差入保証金・敷金は、原則として課税仕入れに該当しないが、返還されない部分については、居住用の場合を除き返還されないことが確定した時の課税仕入れに該当する。	課　税	基通5-4-3、9-1-23
	・ 借家保証金等から差し引く原状回復費用は、課税対象になる。	課　税	
	・ 容器保証金は、容器の回収を担保するために預託するものであり、不課税になる。 　なお、容器が返却されないことにより、返還しないこととなった保証金は次による。 ① 当事者間において、容器の譲渡の対価としている場合は、資産の譲渡等の対価に該当する。 ② 当事者間において、損害賠償金としている場合は、資産の譲渡等の対価に該当しない。 　①、②のいずれによるかは、当事者間で授受する請求書等の書類で明らかにする。	不課税 課　税 不課税	法2①八、4① 基通5-2-6
(2) 鉱業権等	・ 鉱業権、土石採取権、温泉利用権等は課税対象になる。	課　税	基通6-1-2
(3) 工業所有権	・ 特許権、実用新案権、意匠権、商標権等は課税対象になる。	課　税	
	・ いわゆる職務発明の対価として従業員に対する支払のうち、次に掲げる金銭は課税仕入れの対象になる。 ① その報償金が使用人から、発明等に係る特許等を受ける権利又は特許権等を承継したことにより支給するもの ② 特許権等を取得した使用人等にこれらの権利の実施権の対価として支給するもの ③ 合理化等に資するための工夫、考案等（特許等を受けるまでのものでなく、その工夫等が通常の職務の範囲内の場合を除く。）をした使用人に支給するもの（「いわゆる職務発明に係る報償金」P.121参照）	課　税	基通11-2-2

項　　　目	項　目　の　説　明　及　び　取　扱　い	判　　定	参考法令等
(4) 施設利用権	・　次のような権利の設定に係る対価は、負担金等の名目であっても、課税対象になる。 　　専用側線利用権、電気ガス供給施設利用権、水道施設利用権、電気通信施設利用権	課　税	基通 5 - 5 - 6 ㊟ 1、11- 2 - 6 ㊟
(5) 営業権 アドバイス	・　営業権は、課税対象になる。 ★　営業権には、繊維工業における織機の登録権利、許可漁業の出漁権、タクシー業のいわゆるナンバー権なども含まれる。	課　税	基通 5 - 7 - 8
(6) その他の無形固定資産	・　農地法上の耕作権については、土地の上に存する権利として非課税になる。	非 課 税	
	・　試掘権、採掘権などは課税対象になる。	課　税	

Ⅳ 投　資

項　　目	項　目　の　説　明　及　び　取　扱　い	判　　定	参考法令等
【投　資】 (1) 信　託	・　信託の設定時 　　信託契約に基づき財産を信託会社に移転する行為であり、原則として不課税になる（車両信託を除く。）。	不 課 税	基通 4 - 2 - 1
	・　土地信託、建物信託等 　①　信託配当 　②　信託受益権の譲渡 　　イ　信託財産が課税資産の場合 　　ロ　信託財産が非課税資産の場合	不 課 税 課　　税 非 課 税	法14①
	・　合同運用信託、証券投資信託等 　①　信託配当 　②　信託受益権の譲渡は、金銭債権の譲渡として非課税（資産の譲渡等の帰属は信託会社とされる。）	非 課 税 非 課 税	法14①ただし書 令10③二
	・　車両信託 　①　信託の設定時 　　車両等の製造業者から電鉄会社等に資産の譲渡が行われたものとして課税取引になる。 　②　信託受益権の譲渡 　　金銭債権の譲渡として非課税 　③　賃貸料のうち減価償却費相当分 　④　賃貸料のうち金利相当分	課　　税 非 課 税 不 課 税 非 課 税	
(2) ゴルフ 　　会員権 チェックポイント	◎　入会金のうち、課税仕入れとならないものはないか。		
	・　ゴルフクラブ入会金、預託金等 　①　返還されるもの 　②　返還されないもの ㊟　「株式等の形態によるゴルフ会員権等の譲渡」（P.75）参照	不 課 税 課　　税	基通 5 - 5 - 5
	・　ゴルフ会員権の譲渡（P.75、168参照）	課　　税	基通 5 - 1 - 3
	・　ゴルフ会員権の売買の仲介手数料	課　　税	

項　　目	項 目 の 説 明 及 び 取 扱 い	判　　定	参考法令等
	・　ゴルフ会員権の名義書換料	課　　税	
	・　ゴルフ会員権の買取償却	課　　税	
	・　預託金返還請求権に基づく預託金の返還	不 課 税	

Ⅴ　繰延資産

項　　目	項 目 の 説 明 及 び 取 扱 い	判　　定	参考法令等
【繰延資産】 (1)　創立費、開業費、開発費等 チェックポイント アドバイス	・　創立費、開業費、開発費等の繰延資産に係る課税仕入れ等の対象となるものを支出したときは、その費用の支出時点で、課税仕入れの対象になる。 ◎　登録免許税、印紙税等の公租公課を課税仕入れとしていないか。 ★　その者が課税事業と非課税事業を兼業している場合には、これらの仕入れに係る控除税額は、課税・非課税共通用になる。	課　　税	基通11-3-4
	・　ただし、次に掲げる費用が含まれている場合には、その金額は、課税仕入れの対象にならない。 ①　登録免許税、印紙税等の租税公課 ②　給料、賃金等 ③　支払利子、保険料	不 課 税 不 課 税 非 課 税	
(2)　社債発行差金	・　発行価額と償還金額との差額であり、法人税法上は負債の利子に準ずるものとされており、課税仕入れの対象にならない。	非 課 税	法令21①
(3)　公共施設の負担金、賦課金等	・　負担金等が資産の譲渡等に係る対価であるかどうかは、負担金等と事業の実施に伴う役務の提供との間に、明白な対価関係があるかどうかにより判定する。	課　　税 不 課 税	基通5-5-6、11-2-6
	・　判定が困難な場合は、国、地方公共団体、同業者団体等が定めたところによる。 　　ただし、専用側線利用権等に係る負担金は、課税対象になる（P.172、211参照）。	課　　税	
(4)　資産を賃借するための権利金等	・　建物を賃借するために支出する権利金等は、課税仕入れになる。	課　　税	
	・　電子計算機その他の機器の賃借に伴って支出する引取運賃、据付費その他の費用（保険料を除く。）についても、上記と同じ取扱いになる。	課　　税	
(5)　ノウハウの頭金	・　ノウハウの設定契約に際して支出する一時金又は頭金等は課税仕入れになる。	課　　税	

項　　目	項目の説明及び取扱い	判　定	参考法令等
等			
(6) ソフトウェアの開発費	・　他の者からソフトウェアの提供を受け又は他の者に委託してソフトウェアを開発した場合におけるその提供を受けるため又は委託するために要した費用	課　税	
(7) 広告宣伝用資産の贈与費用	・　自社製品ブランド名又は商標等の表示を条件として、陳列棚等の取得のための助成金は、広告宣伝のためであるから、課税仕入れになる。	課　税	
	・　ブランド名を表示した広告宣伝用資産の贈与	不課税	
	・　上記の資産の購入費用	課　税	
(8) 出版権の設定の対価	・　出版権については、著作権法第79条第1項《出版権の設定》を参照のこと。 　例えば、漫画の主人公を商品のマーク等として使用する等他人の著作物を利用することについて著作権者等の許諾を得るために支出する一時金の費用を含む。	課　税	法基通8-1-10(注)
(9) 同業者団体等の入会金	・　同業者団体等の入会金が課税仕入れとなるかどうかは、その入会金と同業者団体等の構成員に対する役務の提供との間に、明白な対価関係があるかどうかにより判定する。 　なお、対価性の判定が困難なものにつき、同業者団体等が対価性がないものとし、かつ、その入会金を支払う事業者側がその支払を課税仕入れに該当しないこととしているときは、対価性がないものとされる。	課　税 不課税	基通5-5-4、11-2-4

第3編

軽減税率判定早見表

軽減税率適用対象取引等判定早見表

目　　　　次

第1 軽減税率適用対象取引等判定早見表

Ⅰ 飲食料品の譲渡

1 飲食料品の範囲

項　　　　目	項 目 の 説 明 及 び 取 扱 い	判　　定	参考法令等
飲食料品	食品表示法第2条第1項《定義》に規定する食品（酒税法第2条第1項《酒類の定義及び種類》に規定する酒類を除く。）をいい、一定の一体資産を含む。なお、外食及びケータリング等は軽減税率の対象には含まれない。	8%	法2①九の二、別表第1一
人の飲用又は食用以外の用途に供するものとして取引されるもの （例）　工業用原材料として取引される塩	食品とは、人の飲用又は食用に供されるものをいうから、例えば、人の飲用又は食用以外の用途に供するものとして取引されるものは、飲食が可能なものであっても「食品」に該当しないから軽減税率の適用対象とならない。	10%	基通5－9－1
生きた畜産物 （例）　肉用牛、食用豚、食鳥等	販売の時点で、人の飲用又は食用に供されるものではないため「食品」に該当しないから、軽減税率の適用対象とならない。	10%	法2①九の二、別表第1一 基通5－9－1 個別Q&A 2
畜産物 （例）　食肉（枝肉含む。）、生乳、食用鳥卵など	人の飲用又は食用に供するものであり、軽減税率の適用対象となる。	8%	
水産物 （例）　魚類、貝類、海藻類など	人の飲用又は食用に供するものは「食品」に該当し、軽減税率の適用対象となる。	8%	法2①九の二、別表第1一 基通5－9－1
人の食用に供する活魚	人の食用に供される活魚は「食品」に該当し、その販売は軽減税率の適用対象となる。	8%	法2①九の二、別表第1一 基通5－9－1 個別Q&A 3
観賞用の魚 （例）　熱帯魚	人の飲用又は食用に供されるものではない熱帯魚などの観賞用の魚は、「食品」に該当しないことから、その販売は軽減税率の適用対象とならない。	10%	
家畜の飼料、ペットフード	人の飲用又は食用に供するものではないため、その販売は軽減税率の適用対象とならない。	10%	法2①九の二、別表第1一

項　　　目	項 目 の 説 明 及 び 取 扱 い	判　定	参考法令等
			基通5−9−1 個別 Q&A 4
農産物 （例）　米穀、野菜、 　　　　果物など	人の飲用又は食用に供されるものは、「食品」 に該当し、その販売は軽減税率の適用対象となる。	8 %	法2①九の二、 別表第1一
苗木、種子等			
人の飲用又は食用 　に供される種子等 　（例）　コーヒー生 　　　　豆、もみ、製菓 　　　　の原料用種子	人の飲用又は食用に供されるものは、「食品」 に該当し、その販売は軽減税率の適用対象となる。	8 %	法2①九の二、 別表第1一 基通5−9−1 個 別 Q&A 5、 6、7
人の飲用又は食用 　に供されない苗木、 　種子等 　（例）　種もみ、果 　　　　物の苗木、栽 　　　　培用の植物及 　　　　びその種子	果物の苗木など栽培用として販売される植物及 びその種子は、「食品」に該当しないことから、 その販売は軽減税率の適用対象とならない。	10%	
加工食品 （例）　めん類、パン 　　　　類、菓子類、調味 　　　　料、飲料水など	人の飲用又は食用に供されるものは、「食品」 に該当し、その販売は軽減税率の適用対象となる。	8 %	法2①九の二、 別表第1一
水			
飲料水 　（例）　ミネラルウ 　　　　ォーター	人の飲用に供するものであり、「食品」に該当 し、軽減税率の適用対象となる。	8 %	法2①九の二、 別表第1一 基通5−9−1 個別 Q&A 8
水道水	水道水は、炊事や飲用に供される「食品」とし ての水と、生活用水としての水が渾然一体となっ て提供されるため、軽減税率の適用対象とならな い。	10%	
水道水をペット	水道水をペットボトルに入れて、人の飲用に供	8 %	

項　　　目	項 目 の 説 明 及 び 取 扱 い	判　定	参考法令等
ボトルに入れて飲料水としたもの	されるものは飲料水の取扱いになる。		
氷			
食用氷 （例）　かき氷用氷、飲料に入れて使用する氷	人の飲用又は食用に供されるものであるかき氷に用いられる氷や飲料に入れて使用される氷などの食用氷は、「食品」に該当し、その販売は軽減税率の適用対象となる。	8％	法2①九の二、別表第1―基通5－9－1 個別 Q&A 9
保冷用の氷、ドライアイス	人の飲用又は食用に供するものではなく、「食品」に該当しないから軽減税率の適用対象とならない。	10％	
ウォーターサーバーのレンタル	「資産の貸付け」であるウォーターサーバーのレンタルは、軽減税率の適用対象とならない。	10％	法2①九の二、別表第1―基通5－9－1
ウォーターサーバー用の水の販売	人の飲用又は食用に供されるウォーターサーバーで使用する水は、「食品」に該当し、その販売は軽減税率の適用対象となる。	8％	個別 Q&A10
消費期限、賞味期限切れの食品の廃棄のための譲渡	人の飲用又は食用に供されるものとして譲渡されるものではないことから、軽減税率の適用対象とならない。	10％	法2①九の二、別表第1―基通5－9－1 個別 Q&A11
酒類	酒税法第2条第1項《酒類の定義及び種類》に規定する酒類は、軽減税率の適用対象となる「飲食料品」からのぞかれており、軽減税率の適用対象とならない。	10％	法2①九の二、別表第1―個別 Q&A12
食品の原材料となるワインなどの酒類	食品の原材料となるワインなどであっても酒税法に規定する酒類は、飲食料品に該当しない。	10％	法2①九の二、別表第1―個別 Q&A13
みりん、料理酒			
酒税法に規定するみりん	酒税法に規定するみりんは、「飲食料品」に該当しないから、軽減税率の適用対象とならない。	10％	法2①九の二、別表第1―

項　　　目	項 目 の 説 明 及 び 取 扱 い	判　　定	参考法令等
料理酒、みりん風調味料（酒類に該当しないもの）	酒類に該当しない料理酒などの発酵調味料（アルコール分が１度以上であるものの塩を加えることにより飲用できないようにしたもの）やみりん風調味料（アルコール分が１度未満のもの）については、「飲食料品」に該当し、その販売は軽減税率の適用対象となる。	8 %	個別 Q&A14
ノンアルコールビール、甘酒	酒税法に規定する酒類に該当しない飲料は、飲食料品に該当するから、軽減税率の適用対象となる。	8 %	法２①九の二、別表第１一個別 Q&A15
日本酒の原材料となる米	米は酒類ではなく、人の食用に供されるものであるため、軽減税率の適用対象となる。	8 %	基通５－９－１個別 Q&A17
食品添加物（食品衛生法に規定するもの）	食品の製造・加工等過程において添加される食品衛生法に規定する「添加物」は、「食品」に該当し、その販売は軽減税率の適用対象となる。	8 %	食品衛生法４②個別 Q&A18
重曹			
食用の重曹	人の飲用又は食用に供されるものである食品添加物として販売されるものは、軽減税率の適用対象となる。	8 %	法２①九の二、別表第１一個別 Q&A20
清掃用の重曹	食品添加物に該当しないものは、軽減税率の適用対象とならない。	10%	
食品添加物の金箔	食品衛生法に規定する「添加物」として販売される金箔は、「食品」に該当し、その販売は軽減税率の適用対象となる。	8 %	法２①九の二、別表第１一個別 Q&A19
炭酸ガス	食品衛生法に規定する「添加物」として販売される「炭酸ガス」は、「食品」に該当し、その販売は軽減税率の適用対象となる 。 　なお、炭酸ガスが充てんされたボンベは、炭酸ガスの販売に付帯して通常必要なものとして使用されるものと考えられますので、ボンベについて別途対価を徴している場合を除き、ボンベも含め「飲食料品の譲渡」に該当し、軽減税率の適用対象となる。	8 %	法２①九の二、別表第１一基通５－９－１個別 Q&A22

項　　　　目	項 目 の 説 明 及 び 取 扱 い	判　　定	参考法令等
医薬品・医薬部外品・再生医療等製品	「医薬品、医療機器等の品質、有効性及び安全性の確保等に関する法律」に規定する「医薬品」、「医薬部外品」及び「再生医療等製品」（以下「医薬品等」といいます。）は、食品表示法において「食品」から除かれており、飲食料品に該当しないから軽減税率の適用対象とならない。	10%	法2①九の二、別表第1一食品表示法2①
栄養ドリンク	医薬品等に該当しない栄養ドリンクは、軽減税率の適用対象となる。	8 %	法2①九の二、別表第1一個別 Q&A23
医薬品等に該当する栄養ドリンク	医薬品等に該当する栄養ドリンクは、軽減税率の適用対象とならない。	10%	
特定保健用食品、栄養機能食品	特定保健用食品、栄養機能食品は、医薬品等に該当しないから飲食料品に該当し、その販売は軽減税率の適用対象となる。	8 %	法2①九の二、別表第1一個別 Q&A24
医薬品等に該当しない健康食品、美容食品など	いわゆる健康食品、美容食品で医薬品等に該当しないものは、飲食料品に該当し、軽減税率の適用対象となる。	8 %	
包装材料、容器	飲食料品の販売に使用される包装材料及び容器（以下「包装材料等」という。）が、その販売に付帯して通常必要なものとして使用されるものは、その包装材料等も含め飲食料品の譲渡に該当する。 　通常必要なものとして使用される包装材料等とは、その飲食料品に付帯し、通常、飲食料品が費消され又はその飲食料品と分離された場合に不要となるようなものが該当する。 　(注)　例えば、陶磁器やガラス食器等の容器のように食器や装飾品となるようなものは、「一体資産」に該当する場合がある。	8 %	基通5－9－2個別 Q&A25
飲食料品とは別に請求する包装材料等	贈答用の包装など包装材料等について別途対価を定めている場合は、飲食料品の譲渡には該当しない。	10%	
キャラクターを印刷したお菓子の缶箱等	キャラクター等が印刷されたものであっても、基本的には、その販売に付帯して通常必要なものとして使用されるものに該当し、その缶箱入りの	8 %	法2①九の二、別表第1一基通5－9－2

項 目	項 目 の 説 明 及 び 取 扱 い	判 定	参考法令等
	お菓子の販売は、軽減税率の適用対象となる。 　なお、飲食料品の販売の際に付帯する包装材料等が、例えば、その形状や販売方法等から、装飾品、小物入れ、玩具など、顧客に他の用途として再利用させることを前提として付帯しているものは、通常必要なものとして使用されるものに該当せず、その商品は、「一体資産」に該当する。		個別 Q&A26
桐の箱の容器	桐の箱等の容器に入れられて飲食料品が販売される場合に、桐の箱にその商品の名称などを直接印刷等して、その飲食料品を販売するためにのみ使用していることが明らかなときは、その飲食料品の販売に付帯して通常必要なものとして使用されるものに該当するものとして取り扱われる。 　なお、容器等に商品の名称などを直接印刷等したとしても、その飲食料品を販売するためにのみ使用していることが明らかでないもの（例えば、その形状や販売方法等から、装飾品、小物入れ、玩具など、他の用途として再利用させることを前提として付帯しているもの）については、その飲食料品の販売に付帯して通常必要なものには該当しない。	8 %	法2①九の二、別表第1一 基通5-9-2 個別 Q&A27
割り箸を付帯した弁当、ストローを付帯した飲料等	飲食料品に食器具等（弁当に付帯する割り箸やよう枝、スプーン、お手拭き、飲料に付帯するストローなど）を付帯して販売する場合、これらの食器具等は、通常、その飲食料品を飲食する際にのみ用いられるものであるため、その販売は、これらの食器具等も含め「飲食料品の譲渡」に該当し、軽減税率の適用対象となる。 　なお、「その飲食料品を飲食する際にのみ用いられるもの」とは、通常、飲食料品が費消された場合に不要となるものが該当し、飲食後に再利用させることを前提に付帯しているものは含まれない。	8 %	法2①九の二、別表第1一 基通5-9-2 個別 Q&A28
お菓子用の包装紙の仕入れ	お菓子を包装するための包装紙は「飲食料品」に該当せず、その販売は軽減税率の適用対象とならない。	10%	法2①九の二、別表第1一 個別 Q&A29

項　　　　目	項 目 の 説 明 及 び 取 扱 い	判　　定	参考法令等
飲用後に回収される空びん	清涼飲料を販売する際に使用するガラスびんは、その販売に付帯して通常必要なものとして使用されるものであるため、清涼飲料の販売は、ガラスびんも含めて「飲食料品の譲渡」として軽減税率の適用対象となる。	8％	法2①九の二、別表第1一 基通5-9-2 個別Q&A30
飲料メーカー等が空びんを回収する際に販売店等に支払う「びん代」	飲料メーカー等が飲用後の空びんを回収する際に販売店等に支払う「びん代」は、販売店等から受けた「飲食料品の譲渡」の対価ではなく、「空びんの譲渡」の対価であることから、軽減税率の適用対象とならない。 　なお、この場合、「びん代」を売上げに係る対価の返還等として処理することも差し支えないとされている。	10％	
容器保証金	容器等込みで飲料を仕入れる際に支払い、飲料を消費等した後に空の容器等を返却したときに返還されるいわゆる「容器保証金」は、消費税の課税対象外であり、課税仕入れに該当しないため、飲料メーカーに空びんを返却する際に返還される「容器保証金」も、資産の譲渡等の対価に該当せず、消費税の課税対象外となる。	不課税	基通5-2-6 個別Q&A30
レジ袋	レジ袋の譲渡は、飲食料品に併せて譲渡される場合であっても、軽減税率の適用対象とならない。	10％	法2①九の二、別表第1一
包装材料等の仕入 （例）　洋菓子店のケーキの包装材料の仕入	ケーキを包装するための包装材料の仕入は、「飲食料品」の仕入に該当しないことから、その仕入は軽減税率の適用対象とならない。	10％	法2①九の二、別表第1一
缶、ペットボトル、トレイの販売	包装材料等の販売者が行う飲料メーカーに対する缶、ペットボトルの販売やスーパーマーケット等の小売店に対するトレイの販売は、容器そのものの販売であるから、「飲食料品の譲渡」に該当せず、軽減税率の適用対象とならない。	10％	法2①九の二、別表第1一

2 飲食料品の譲渡の範囲

項　　目	項 目 の 説 明 及 び 取 扱 い	判　定	参考法令等
果物狩り、潮干狩り、釣り堀			
入園料等	果物狩りの入園料は、顧客に果物を収穫させ、収穫した果物をその場で飲食させるという役務の提供に該当するため飲食料品の譲渡に該当せず、軽減税率の適用対象とならない。 　潮干狩りや釣り堀等についても、同様の取扱いになる。	10%	法2①九の二、別表第1一 個別 Q&A32
収穫した果物等を別途対価を徴して販売する場合	収穫した果物等について、別途対価を徴して販売する場合は、飲食料品の譲渡に該当し、軽減税率の適用対象となる。	8 %	
自動販売機による飲食料品の譲渡	自動販売機により行われるジュース、パン、お菓子等の販売は、単にこれらの飲食料品を販売するものであるから、軽減税率の適用対象となる。	8 %	法2①九の二、別表第1一 基通5－9－5 個別 Q&A33
自動販売機の手数料	飲料メーカーから設置している自動販売機による清涼飲料の販売数量等に応じて受領している販売手数料は、自動販売機の設置等に係る対価として支払いを受けるものであるため、その対価の額が販売数量等に応じて計算されるものであったとしても、飲食料品の売上げ（又は仕入れ）に係る対価の返還等には該当せず、「役務の提供」の対価に該当することから、軽減税率の適用対象とならない。	10%	法2①九の二、別表第1一 個別 Q&A43
通信販売による飲食料品の譲渡	インターネット等を利用した通信販売であっても、販売する商品が飲食料品に該当する場合には、軽減税率の適用対象となる。	8 %	法2①九の二、別表第1一 個別 Q&A34
カタログギフトの販売	カタログギフトの販売は、贈答者による商品の贈答を、カタログギフトを企画して販売する者が代行すること（具体的には、様々な商品を掲載したカタログを提示するとともに、受贈者が選択した商品を手配する一連のサービス）を内容とする「役務の提供」を行うものであるため、受贈者が食品を選択したとしても「飲食料品の譲渡」に該	10%	法2①九の二、別表第1一 個別 Q&A35

項　　　目	項 目 の 説 明 及 び 取 扱 い	判　定	参考法令等
	当せず、軽減税率の適用対象とならない。 　なお、食品のみを掲載するカタログギフトの販売であっても、同様に「役務の提供」を行うものであり、「飲食料品の譲渡」には該当しない。 　※　カタログギフト　贈答を受けた者がカタログに掲載された商品の中から任意に選択した商品を受け取ることができるギフト商品 （参考）　百貨店等から購入者（贈答者）に対するカタログギフトの販売も、軽減税率の適用対象とはならない。		
飲食料品のお土産付きのパック旅行	パック旅行は、旅行という包括的な一つの役務の提供を行うもので、たとえ飲食料品のお土産が付く場合であっても、その対価は役務の提供の対価であり、軽減税率の適用対象とならない。	10%	法2①九の二、別表第1一個別 Q&A36
送料（飲食料品の譲渡に要するもの）	飲食料品の譲渡に要する送料は、飲食料品の譲渡の対価ではないから、軽減税率の適用対象とならない。	10%	法2①九の二、別表第1一個別 Q&A39
送料込み商品	「送料込み商品」の販売など別途送料を求めない場合は、その販売が飲食料品の譲渡であれば、軽減税率の適用対象となる。	8%	
保冷剤を付けた食品の販売 （例）　洋菓子、冷凍食品の販売	食品を低温に保つために、サービスで保冷剤を付けて販売する場合であっても、軽減税率の適用対象となる。	8%	法2①九の二、別表第1一個別 Q&A31
別途対価を受領する保冷剤	保冷剤について別途対価を受領している場合の、その保冷剤は軽減税率の適用対象とならない。	10%	
食品加工の加工料	食品加工は役務の提供に該当し、この対価である加工料は軽減税率の適用対象とならない。	10%	法2①九の二、別表第1一個別 Q&A40
飲食料品に係る販売奨励金	販売奨励金等は、売上げの対価の返還等又は仕入れの対価の返還等に該当するため、その販売奨励金等の対象となった取引が「飲食料品の譲渡」に該当する場合には、軽減税率の適用対象となる。	8%	法2①九の二、別表第1一個別 Q&A42

項　　　　目	項　目　の　説　明　及　び　取　扱　い	判　　定	参考法令等
	㊟　「販売奨励金」という名目でやり取りが行われるものであっても、例えば、「販路拡大」などの役務提供の対価として支払う（受け取る）ものは、軽減税率の適用対象とならない。		
物流センターの使用料（センターフィー）	食品の販売数量や販売高に応じて計算される、スーパーマーケットの物流センターの使用料等（いわゆるセンターフィー）については、物流センターの使用等に係る対価として支払うものであるため、その対価の額が食品の販売数量等に応じて計算されるものであったとしても、飲食料品の売上げ（又は仕入れ）に係る対価の返還等には該当せず、「役務の提供」の対価に該当するものであることから、軽減税率の適用対象とならない。	10%	法2①九の二、別表第1一個別 Q&A44
委託販売手数料の取扱い	委託販売その他業務代行等（委託販売等）を通じて商品を販売する委託者について、原則として、受託者が委託商品を譲渡等したことに伴い収受した又は収受すべき金額が委託者における資産の譲渡等の金額となり、受託者に支払う委託販売手数料が課税仕入れに係る支払対価の額となります。委託販売等を通じて受託者が行う飲食料品の譲渡は軽減税率の適用対象となる一方、受託者が行う委託販売等に係る役務の提供は、その取扱商品が飲食料品であったとしても、軽減税率の適用対象とならない。 ㊟　委託販売等に係る取扱商品が軽減税率の適用対象でない場合は、その課税期間中に行った委託販売等のすべてについて、その資産の譲渡等の金額からその受託者に支払う委託販売手数料を控除した残額を委託者における資産の譲渡等の金額とする純額処理によることができる。 　なお、その場合には、軽減税率の適用対象ではない取扱商品に係る委託販売等の全てについて、純額処理による必要がある。	10%	法2①九の二、別表第1一基通10－1－12㊟個別 Q&A45

3　一体資産の譲渡

項　　目	項　目　の　説　明　及　び　取　扱　い	判　定	参考法令等
一体資産	「一体資産」とは、食品と食品以外の資産があらかじめ一の資産を形成し、又は構成しているもので、「一体資産」としての価格のみが提示されているものをいい、「一体資産」の譲渡は、原則として、軽減税率の適用対象とならない。	10％	法2①九の二、別表第1一基通5－9－3、5－9－4制度Q&A3
菓子と玩具により構成されているいわゆる食玩や紅茶とティーカップのセット商品などの一体資産で、次のいずれの要件も満たすもの ①　一体資産の譲渡の対価の額（税抜価額）が1万円以下 ②　一体資産の価額のうちにその一体資産に含まれる食品に係る部分の価額の占める割合として合理的な方法により計算した割合が3分の2以上	左欄の①及び②の要件を満たす一体資産は、飲食料品として、その譲渡全体について軽減税率の適用対象となる。 　なお、「合理的な方法」とは、例えば、①一体資産の譲渡に係る売価のうち、食品の売価の占める割合や、②一体資産の譲渡に係る原価のうち、食品の原価の占める割合による方法がある。	8％	
一の資産の価格のみが提示されているもの	一体資産は、「一の資産の価格のみが提示されているもの」に限られるため、次の場合は、食品と食品以外の資産が一の資産を形成し、又は構成しているものであっても、「一体資産」に該当しない。	8％又は10％	法2①九の二、別表第1一令2の3令45③基通5－9－3
①　食品と食品以外の資産を組み合わせた一の詰め合わせ商品について、当該詰め合わせ商品の価格とともに、これを構成する	1　①、②の場合は、個々の商品ごとに適用税率を判定することとなる。 2　②の場合に個々の商品に係る対価の額が明らかでないときは、商品の価額を適用税率ごとに合理的に区分することとなる。		

項　　　目	項 目 の 説 明 及 び 取 扱 い	判　　定	参考法令等
個々の商品の価格を内訳として提示している場合（一括譲渡） （例）　1,000 円（内訳Ａ商品400円、Ｂ商品300円、Ｃ商品300円）			
②　個々の商品の価格を提示して販売しているか否かにかかわらず、商品（食品と食品以外）を、例えば「よりどり３品△△円」との価格を提示し、顧客が自由に組み合わせることができるようにして販売している場合（一括譲渡） （例）　このワゴンボックス内の商品は、よりどり３品1,000円			
販促品付きペットボトル飲料	特定の食品にあらかじめおもちゃなどの販促品を付けて販売するものは、「食品と食品以外の資産があらかじめ一の資産を形成し、又は構成しているもの」であり、また、一の資産に係る価格のみが提示されているものであるため、「一体資産」に該当します。しかしながら、このおもちゃなどの販促品が非売品であり、また、販促品が付かない場合でも価格が変わらないようなものは、販促品の価格は０円であると認められるため、一体	8％	法２①九の二、別表第１一令２の３個別 Q&A89

項　　　目	項 目 の 説 明 及 び 取 扱 い	判　　定	参考法令等
	資産の価額のうち食品に係る部分の価額の占める割合は3分の2以上となり、一体資産の譲渡の対価の額（税抜価額）が1万円以下である場合、その販売は「飲食料品の譲渡」に該当し、全体が軽減税率の適用対象となる。		
一体資産に含まれる食品に係る部分の割合として合理的な方法により計算した割合	「一体資産の価額のうちにその一体資産に含まれる食品に係る部分の価額の占める割合として合理的な方法により計算した割合」とは、事業者の販売する商品や販売実態等に応じ、例えば、次の割合など、事業者が合理的に計算した割合であれば、これによって差し支えないこととされている。 ①　その一体資産の譲渡に係る売価のうち、合理的に計算した食品の売価の占める割合 ②　その一体資産の譲渡に係る原価のうち、合理的に計算した食品の原価の占める割合 ㊟　原価に占める割合により計算を行う場合において、その原価が日々変動するなど、その割合の計算が困難なときは、前課税期間における原価の実績等により合理的に計算することが認められるが、売価又は原価と何ら関係のない、例えば、重量、表面積、容積等といった基準のみにより計算した場合は、その一体資産に含まれる食品に係る部分の価額に占める割合として合理的な方法により計算した割合とは認められない。	8％ 又は 10％	基通5－9－4
合理的な割合が不明な場合 （例）　食玩を仕入れた小売業者など	小売業や卸売業等を営む事業者が、一体資産に該当する商品を仕入れて販売する場合において、販売する対価の額（税抜き）が1万円以下であれば、その課税仕入れのときに仕入先が適用した税率をそのまま適用できる。	8％ 又は 10％	個別Q&A96
一括譲渡 （例）　スーパーマーケットで食肉・野菜と日用品を販売する場合など、食品と食品以外の商品を一括して販売する	その商品が食品であれば軽減税率が、食品以外のものであれば標準税率が適用されることとなる。 　このような取引において、対価の合計額から一括して値引きを行う場合（例えば、レジで500円の値引き券の提示を受けて、値引きする場合など）には、合理的に区分して、適用税率ごとの値引き後の対価の額を算出する必要がある。 　なお、一括譲渡の際に顧客へ交付する領収書等	8％ 又は 10％	基通1－8－5

項　　　　目	項 目 の 説 明 及 び 取 扱 い	判　　定	参考法令等
場合	において、いずれの商品から値引きされているかを問わず、適用税率ごとの値引額又は値引額控除後の対価の額が表示されている場合には、合理的に区分されていることとなる。 　㈿　適用税率ごとの値引き後の対価の額の合理的な区分の方法 　　　例えば、顧客が割引券等を利用したことにより、これら同時に行った資産の譲渡等を対象として一括して対価の額の値引きが行われており、その資産の譲渡等に係る適用税率ごとの値引額又は値引額控除後の対価の額が明らかでないときは、割引券等による値引額をその資産の譲渡等に係る価額の比率によりあん分し、適用税率ごとの値引額及び値引額控除後の対価の額を区分することとされている。		
食品と食品以外の資産の仕入れに共通して要した付随費用	一体資産の価額のうちにその一体資産に含まれる食品に係る部分の価額の占める割合として合理的な方法により計算した割合は、事業者の販売する商品や販売実態等に応じ、例えば、次の割合など、事業者が合理的に計算した割合であればこれによることができるとされている。 ①　その一体資産の譲渡に係る売価のうち、合理的に計算した食品の売価の占める割合 ②　その一体資産の譲渡に係る原価のうち、合理的に計算した食品の原価の占める割合 　したがって、食品と食品以外の資産のセット商品における食品に係る部分の価額の占める割合を、それぞれの原価（上記②の方法）により計算する場合、例えば、 イ　商品の仕入価格のみで計算する方法 ロ　商品の仕入価格とそれぞれの商品の仕入れに要するものとしてあん分した付随費用との合計額で割合を計算する方法 のいずれかの方法で計算することができる。 　なお、例えば、食品と食品以外の資産の仕入れに共通して要した付随費用を食品の原価にのみ加算して計算することや付随費用のみで計算することは、合理的であるとはいえないので注意を要する。	8％ 又は 10%	法2①九の二、別表第1一 基通5-9-4 個別Q&A94

項　　　　目	項 目 の 説 明 及 び 取 扱 い	判　　　定	参考法令等
	㊟　食品の仕入れにのみ付随費用を要した場合には、食品の原価にのみ付随費用を加算して計算することができる。		

4　飲食料品の輸入

項　　　　目	項 目 の 説 明 及 び 取 扱 い	判　　　定	参考法令等
飲食料品の輸入	保税地域から引き取られる飲食料品については、軽減税率の適用対象となる。 　なお、課税貨物が「飲食料品」に該当するかどうかは、輸入の際に、人の飲用又は食用に供されるものとして輸入されるかどうかにより判定する。	8％	法２①九の二、別表第１一 個別Q&A46

5　外食の範囲

項　　　　目	項 目 の 説 明 及 び 取 扱 い	判　　　定	参考法令等
外食（軽減税率が適用されない「飲食店業等を営む者が行う食事の提供」）	軽減税率が適用されない「飲食店業等を営む者が行う食事の提供」とは、①飲食店業等を営む者がテーブル、椅子、カウンターその他の飲食に用いられる設備（以下「飲食設備」という。）のある場所（場所要件）において、②飲食料品を飲食させる役務の提供（サービス要件）をいう。 　㊟　「外食」に該当するかどうかは、①場所要件、②サービス要件を満たすか否かにより判定する。 　なお、「飲食店業等を営む者」とは、食品衛生法施行令に規定する飲食店営業、喫茶店営業その他の飲食料品をその場で飲食させる事業を営む者をいい、飲食設備のある場所において飲食料品を飲食させる役務の提供を行う全ての事業者が該当する。 　㊟　「外食」は、飲食店営業や喫茶店営業を行う者でなくても、飲食料品をその場で飲食させる事業を営む者が行うすべての食事の提供が該当する。	10％	法２①九の二、別表第１一イ 令２の４① 基通５－９－６ 制度Q&A７

項　　　目	項 目 の 説 明 及 び 取 扱 い	判　　定	参考法令等
レストラン、喫茶店、食堂、フードコート等	飲食設備のある場所において顧客に飲食料品を飲食させる役務の提供であり、「食事の提供」に該当するから軽減税率の適用対象とならない。	10%	法2①九の二、別表第1一イ令2の4①基通5-9-9
社員食堂	会社内に設けられた社員食堂で提供する食事も、社員や職員に飲食料品を飲食させる役務の提供を行うものであるから、軽減税率の適用対象とならない。	10%	法2①九の二、別表第1一イ令2の4①個別 Q&A49
セルフサービスの飲食店 (例)　フードコート、立ち食いそば	セルフサービスの飲食店であっても、顧客にその店舗のテーブル、椅子、カウンター等の飲食設備を利用させて、飲食料品を飲食させる役務の提供を行うものであるから、軽減税率の適用対象とならない。	10%	法2①九の二、別表第1一イ令2の4①個別 Q&A50
立食形式の飲食店 (例)　立ち食いそば、立ち食いレストラン	テーブルのみ、椅子のみ、カウンターのみ又はこれら以外の設備であっても、又は飲食目的以外の施設等に設置されたテーブル等であっても飲食に用いられるのであれば「飲食設備」に該当するから、カウンターのみ設置した立食形式の飲食店で、飲食料品を飲食させる役務の提供は「食事の提供」に該当し、軽減税率の適用対象とならない。	10%	法2①九の二、別表第1一イ令2の4①基通5-9-7個別 Q&A64
持ち帰り販売、テイクアウト	飲食店であっても、飲食料品を持ち帰りのための容器に入れ、又は包装をして行ういわゆる持ち帰り販売又はテイクアウトは、飲食設備のある場所において、飲食料品を飲食させる役務の提供には当たらない単なる飲食料品の販売であることから、軽減税率の適用対象となる。 　なお、店内飲食(10%)か持ち帰り販売(8%)かの判定は、その飲食料品を提供する時点で、例えば、顧客に意思確認を行うなどの方法により行う。	8 %	法2①九の二、別表第1一イ令2の4①基通5-9-10制度 Q&A 9
コンビニエンスストアのイートインスペースでの飲食	例えば、トレイや返却が必要な食器に入れて飲食料品を提供する場合などは、店内のイートインスペースで飲食させる「食事の提供」であり、軽減税率の適用対象とならない。	10%	法2①九の二、別表第1一イ令2の4①

項　　　　目	項 目 の 説 明 及 び 取 扱 い	判　　定	参考法令等
	（例）　カップラーメンや惣菜パンなどの持ち帰り 　　　は８％、店内飲食は10%		基通5-9-9(3) 個別 Q&A52
ホットスナック、 弁当等	持ち帰りも店内飲食も可能な商品は、顧客に店内飲食か持ち帰りかの意思確認を行うなどの方法で軽減税率の適用対象となるかならないかを判定する。その際、大半の飲食料品が持ち帰りであることが前提のコンビニエンスストアにおいて、例えば、「イートインコーナーを利用する場合はお申し出ください」等の掲示をして意思確認を行うなど、営業の実態に応じた方法で意思確認することも認められる。	10% 又は ８%	法2①九の二、 別表第１一イ 令２の４① 基通5-9-9(3) 個別 Q&A52
スーパーマーケット の休憩スペース等で の飲食	「飲食設備」は、その規模や目的を問わないため、スーパーマーケットの休憩スペースであっても、飲食設備に該当することになり、その休憩スペースにおいて顧客に飲食料品を飲食させる役務の提供は「食事の提供」に該当し、軽減税率の適用対象とならない。 　㈨　飲食料品の販売の際、顧客に対して店内飲食か持ち帰りかの意思確認を行うなどの方法で、軽減税率の適用対象となるかならないかを判定する必要がある。 　　その際、大半の商品（飲食料品）が持ち帰りであることを前提として営業しているスーパーマーケットの場合において、全ての顧客に店内飲食か持ち帰りかを質問することを必要とするものではなく、例えば、「休憩スペースを利用して飲食する場合はお申し出ください」等の掲示を行うなど、営業の実態に応じた方法で意思確認を行うこととして差し支えないとされている。	10%	法2①九の二、 別表第１一イ 令２の４① 基通5-9-7 個別 Q&A53
ファストフードのテイクアウト （例）　牛丼店、ハンバーガー店のテイクアウト、寿司屋の土産	飲食料品を持ち帰りのための容器に入れ又は包装して譲渡するいわゆる「テイクアウト」などは、軽減税率の適用対象となる。 　軽減税率の適用対象とならない「食事の提供」に該当するか又は「持ち帰り」に該当するかの判定は、その飲食料品の提供を行った時において、例えば、その飲食料品について、その場で飲食す	８%	法2①九の二、 別表第１一イ 令２の４① 基通5-9-10 個別 Q&A58

項　　　　目	項 目 の 説 明 及 び 取 扱 い	判　　定	参考法令等
	るか又は持ち帰るかを相手方に意思確認するなどの方法により行う。		
セット商品のうち一部を店内飲食する場合	ファストフード店において、例えば、ハンバーガーとドリンクのセット商品は一の商品であることから、意思確認の結果、そのセット商品の一部（ドリンク）を店内飲食し、残りを持ち帰ると申し出があったとしても、一のセット商品の一部をその場で飲食させるために提供することから、そのセット商品の販売は「食事の提供」に該当し、軽減税率の適用対象とならない。 （参考）　持ち帰りのハンバーガーと店内飲食するドリンクを単品で販売する場合、持ち帰りのハンバーガーは「飲食料品の譲渡」として軽減税率の適用対象となり、店内飲食するドリンクは「食事の提供」として軽減税率の適用対象とならない。	10%	法２①九の二、別表第１一個別Q&A60
コーヒーチケット			
コーヒーチケットの発行	物品切手に該当するコーヒーチケットの発行は、消費税の課税の対象外になる。	不 課 税	基通６-４-５個別Q&A57
コーヒーチケットと引き換えに店内で飲食する場合	コーヒーチケットとの引換えによるコーヒーの提供は、チケットと引き換えに提供した時に消費税の課税の対象となりますが、飲食設備のある場所における飲食料品を飲食させる役務の提供に該当し、軽減税率の適用対象とならない。	10%	法２①九の二、別表第１一イ令２の４①個別Q&A57
コーヒーチケットと引き換えにテイクアウトとして提供する場合	単なるコーヒーの販売であり、軽減税率の適用対象となる。したがって、持ち帰りか否かを、その販売時点において顧客に意思確認を行うなどにより判定する必要がある。	8 %	
列車内、航空機内等での飲食			
列車内等の食堂施設における飲食	列車内等の食堂施設における飲食料品の提供は、飲食設備のある場所において飲食料品を飲食させる役務の提供に該当するから、軽減税率の適用対	10%	法２①九の二、別表第１一イ令２の４①

項　　　目	項 目 の 説 明 及 び 取 扱 い	判　　定	参考法令等
	象とならない。		基通5-9-9(3) 個別Q&A69
売店、移動ワゴン等における販売	列車内等の売店や移動ワゴン等による弁当や飲み物等の販売は、軽減税率の適用対象となる。	8%	
列車内等における次のような場合 ① 座席等で飲食させるための飲食メニューを座席等に設置して、顧客の注文に応じてその座席等で行う食事の提供 ② 座席等で飲食するため事前に予約を取って行う食事の提供	左記のような場合は、その施設内の座席等で飲食させるために提供していると認められるため、軽減税率の適用対象とならない。	10%	
カラオケボックスでの飲食料品の提供	カラオケボックスの客室で顧客の注文に応じて行われる飲食料品の提供は、飲食設備のある場所における飲食料品を飲食させる役務の提供に該当するから、軽減税率の適用対象とならない。	10%	法2①九の二、別表第1一イ 令2の4① 基通5-9-9(2) 個別Q&A70
映画館の売店での飲食料品の販売	映画館内の売店で行われる飲食料品の販売は、単に店頭で飲食料品を販売しているものであるから、軽減税率の適用対象となる。	8%	法2①九の二、別表第1一イ 令2の4①
売店のそばにテーブル、椅子等を設置して、その場で顧客に飲食させる場合	飲食設備がある場所において飲食料品を飲食させる役務の提供に該当し、持ち帰りによる販売である場合を除き、軽減税率の適用対象とならない。 (注)　売店により、例えば、映画館の座席で次のような飲食料品の提供が行われる場合には、その飲食料品の提供は、食事の提供に該当し、軽減	10%	基通5-9-9(4) 個別Q&A71

項　　　目	項　目　の　説　明　及　び　取　扱　い	判　　定	参考法令等
	税率の適用対象とならない。 ①　座席等で飲食させるための飲食メニューを座席等に設置して、顧客の注文に応じてその座席等で行う食事の提供 ②　座席等で飲食するため事前に予約を取って行う食事の提供		
旅館、ホテル等宿泊施設における飲食料品の提供			
宴会場、会議室等における飲食料品の提供	旅館、ホテル等の宴会場や会議室・研修室等で行われる飲食料品の提供が、ホテル等自体又はホテル等のテナントであるレストランが行うものである場合は、「食事の提供」に該当し、軽減税率の適用対象とならない。	10%	法2①九の二、別表第1一イ 令2の4① 基通5-9-9⑴ 個別 Q&A72、73
ルームサービス	いわゆるルームサービスは、ホテル等の客室内の飲食設備がある場所において飲食料品を飲食させる役務の提供であるため、「食事の提供」に該当し、軽減税率の適用対象とならない。	10%	
客室に備え付けられた冷蔵庫内の飲料等	ホテル等の客室に備え付けられた冷蔵庫内の飲料（酒税法に規定する酒類を除く。）は、単に飲食料品を販売するものであることから「飲食料品の譲渡」に該当し、軽減税率の適用対象となる。	8 %	
バーベキュー施設での飲食等	バーベキュー施設内で飲食する飲食料品について、そのバーベキュー施設を運営する事業者からしか提供を受けることができない場合は、施設利用料と食材代を区分していたとしても、その全額が飲食に用いられる設備において飲食料品を飲食させる役務の提供に係る対価として「食事の提供」の対価に該当するため、軽減税率の適用対象とならない。 ㈭　飲食料品を提供する事業者が、バーベキュー施設を運営する事業者自体ではなく、その運営事業者の契約等により、顧客にバーベキュー施設の飲食設備を利用させている事業者である場合についても同様の取扱いとなる。	10%	法2①九の二、別表第1一 個別 Q&A74

項　　　目	項　目　の　説　明　及　び　取　扱　い	判　　定	参考法令等
屋台・キッチンカーでの飲食料品の提供			
屋台等を営む事業者が、 ・　自らテーブル、椅子、カウンター等を設置している場合 ・　自ら飲食設備を設置はしていないが、例えば、設備設置者から使用許可等を受けている場合	飲食設備等における飲食料品を飲食させる役務の提供に該当し、軽減税率の適用対象とならない。	10%	法2①九の二、別表第1一イ 基通5－9－7、5－9－8 個別Q&A51
屋台等を営む事業者が、 ・　テーブル、椅子、カウンター等がない場合 ・　テーブル、椅子、カウンター等はあるが、例えば、公園などの公共のベンチ等で特段の使用許可等をとっておらず、顧客が使用することもあるがその他の者も自由に使用している場合	飲食料品の譲渡であり、軽減税率の適用対象となる。	8%	
公園のベンチでの飲食	飲食料品を提供する事業者と公園の設置者等の間でベンチの利用についての合意等がなく、誰でもベンチを利用できる場合は、軽減税率の適用対象となる。	8%	法2①九の二、別表第1一イ 令2の4① 基通5－9－8 個別Q&A66、67
公園の設置者等と	飲食料品を提供する事業者と公園の設置者等の	10%	

項　　目	項 目 の 説 明 及 び 取 扱 い	判　定	参考法令等
の合意等によりベンチを利用する場合	合意等により、ベンチを利用させている場合は、軽減税率の適用対象とならない。 　(注)　この「合意等」には、契約書等で明らかにされている明示的な合意のみならず、「黙示の合意」も含みます。 　　　　「黙示の合意」とは、飲食料品を提供する事業者が、設備設置者との明示の合意なく自らの顧客にその設備を使わせていることが設備設置者に黙認されており、かつ、飲食料品を提供する事業者がその設備を「管理支配しているような状況」をいいます。 　　　　また、ここでいう「管理支配しているような状況」とは、例えば、その設備にメニュー等を設置、顧客を案内、配膳、下膳、清掃を行っているなど、自らの飲食設備として利用させている状況が該当する。 　(参考)　飲食設備とは、設備設置者と飲食料品を提供する事業者との間の合意等に基づき、その設備をその事業者の顧客に利用させることとしている場合は、これに該当する。この「顧客に利用させること」とは、その利用目的を問わないため、あくまで飲食料品を提供している事業者が、その設備を顧客に利用させている場合は、飲食用・休憩用などの目的にかかわらず飲食設備に該当する。		
遊園地の売店（売店の管理が及ぶ飲食設備で飲食させる場合）	例えば、遊園地の売店のそばに設置したテーブルや椅子など売店の管理が及ぶ設備は「飲食設備」に該当し、この施設で顧客に飲食料品を飲食させる場合は「食事の提供」に該当し、軽減税率の適用対象とならない。 　したがって、販売の際、顧客にその場で飲食するかどうかの意思確認を行うなどにより判定する必要がある。 　(参考)　遊園地の運営事業者（設備の設置者）と売店等の飲食料品を販売する事業者が異なる場合には、両者の間の「合意等」に基づき、その設備を売店等の顧客に利用させることとしているときは「飲食設備」に該当	10%	法2①九の二、別表第1一個別 Q&A68

項　　　　目	項 目 の 説 明 及 び 取 扱 い	判　　定	参考法令等
	する。		
遊園地の売店（上記以外の場合）	園内において食べ歩く場合や園内に点在している売店の管理が及ばないベンチ等は、その売店の飲食設備に該当しないため、このような場合は、単に飲食料品を販売しているにすぎないことから、「飲食料品の譲渡」に該当し、軽減税率の適用対象となる。	8％	

6　ケータリング等の範囲

項　　　　目	項 目 の 説 明 及 び 取 扱 い	判　　定	参考法令等
ケータリング、出張料理	いわゆるケータリング、出張料理は、「相手方が指定した場所において行う加熱、調理又は給仕等の役務を伴う飲食料品の提供」に該当し、軽減税率の適用対象となる「飲食料品の譲渡」には含まれない。 　また、いわゆるケータリング、出張料理は、相手方が指定した場所で、飲食料品の提供を行う事業者が食材等を持参して調理して提供するものや調理済みの食材を当該指定された場所で加熱して温かい状態で提供すること等をいい、具体的には以下のような場合が該当する。 ①　相手方が指定した場所で飲食料品の盛り付けを行う場合 ②　相手方が指定した場所で飲食料品が入っている器を配膳する場合 ③　相手方が指定した場所で飲食料品の提供とともに取り分け用の食器等を飲食に適する状態に配置等を行う場合	10％	法2①九の二、別表第1一ロ 基通5-9-11 個別 Q&A75
出前、宅配 （例）　そば・すしの 　　　　出前、宅配ピザ	そばの出前、宅配ピザなどの配達は、顧客の指定した場所まで単に飲食料品を届けるだけであるため、「飲食料品の譲渡」に該当し、軽減税率の適用対象となる。	8％	法2①九の二、別表第1一ロ 基通5-9-11 個別 Q&A77
弁当、飲料類の宅配	顧客の指定した場所で加熱、調理又は給仕等の	8％	法2①九の二、

項　　　　目	項 目 の 説 明 及 び 取 扱 い	判　　定	参考法令等
	役務を一切伴わないものは、単に飲食料品を届けるだけであるため、「飲食料品の譲渡」に該当し、軽減税率の適用対象となる。		別表第1一ロ
配達先での飲食料品の取り分け（味噌汁付弁当の味噌汁の取り分けなど）	軽減税率の適用対象となる「飲食料品の譲渡」には、「相手方が指定した場所において行う加熱、調理又は給仕等の「役務」を伴う飲食料品の提供（いわゆる「ケータリング、出張料理」）は含まないこととされている。この「役務」には「盛り付け」を含むとされているが、飲食料品の譲渡に通常必要な行為である持ち帰り用のコーヒーをカップに注ぐような容器への「取り分け」行為は含まれないことから、例えば、「味噌汁を取り分け用の器に注ぐ」という行為は、味噌汁の販売に必要な行為である「取り分け」に該当し、ケータリングに該当しない（味噌汁付弁当の全体が軽減税率の適用対象となる。）。	8％	法2①九の二、別表第1一ロ基通5-9-11個別Q&A79
家事代行における料理代行サービス	顧客の自宅で料理を行い、飲食料品を提供するサービスは、いわゆるケータリング、出張料理に該当し、軽減税率の適用対象とならない。	10％	法2①九の二、別表第1一ロ基通5-9-11個別Q&A76
社内会議室への飲食料品の配達	顧客の指定した場所まで単に飲料を届けるような場合は、「飲食料品の譲渡」に該当し、軽減税率の適用対象となる。	8％	法2①九の二、別表第1一ロ基通5-9-11個別Q&A78
配達後に給仕等の役務の提供が行われる場合	配達後に会議室内で給仕等の役務の提供が行われる場合には、いわゆる「ケータリング、出張料理」に該当し、軽減税率の適用対象とならない。	10％	
有料老人ホームにおける飲食料品の提供	老人福祉法第29条第1項の規定による届出が行われている有料老人ホームにおいて、その有料老人ホームの設置者又は運営者が一定の入居者に対して行う飲食料品の提供は軽減税率の適用対象となる。 　（注）　次の入居者に対する飲食料品の提供が軽減税率の適用対象となる。 　①　60歳以上の者 　②　要介護認定・要支援認定を受けている60歳	8％	法2①九の二、別表第1一ロ令2の4②一個別Q&A80

項　　　　目	項 目 の 説 明 及 び 取 扱 い	判　　定	参考法令等
	未満の者 　③　①又は②の者と同居の配偶者		
軽減税率の適用対象となる飲食料品の提供の限度額	有料老人ホームの設置者等が、同一の日に同一の入居者に対して行う飲食料品の提供の対価の額（税抜き）が一食につき640円以下であるもののうち、その累計額が1,920円に達するまでの飲食料品の提供が軽減税率の適用対象となる。 　ただし、設置者等が同一の日に同一の入居者等に対して行う飲食料品の提供のうち、その累計額の計算の対象となる飲食料品の提供（640円以下のものに限られる。）をあらかじめ書面により明らかにしている場合には、その対象飲食料品の提供の対価の額によりその累計額を計算するものとされている。	8 %	法2①九の二、別表第1一ロ 個別 Q&A80
受託調理	有料老人ホームの入居者への飲食料品の提供を他の事業者に委託している場合における、その有料老人ホームの設置者と調理受託業者との間の調理受託取引は、委託者である有料老人ホームに対して行う食事調理に係る役務の提供であり、軽減税率の適用対象とならない。 受託業者　→〔調理受託業務（標準税率）〕→　施設　→〔飲食料品の提供（軽減税率）〕→　入居者	10%	法2①九の二、別表第1一ロ 基通5−9−12 個別 Q&A83
サービス付き高齢者向け住宅における飲食料品の提供	高齢者の居住の安定確保に関する法律第6条第1項に規定する登録を受けたサービス付き高齢者向け住宅において、設置者又は運営者が、入居者に対して行う飲食料品の提供は軽減税率の適用対象となる。 　(注)　次の入居者に対する飲食料品の提供が軽減税率の適用対象となる。 　①　60歳以上の者 　②　要介護認定・要支援認定を受けている60歳未満の者 　③　①又は②の者と同居の配偶者	8 %	法2①九の二、別表第1一ロ 令2の4②二 個別 Q&A80

項 目	項 目 の 説 明 及 び 取 扱 い	判　定	参考法令等
軽減税率の適用対象となる飲食料品の提供の限度額	サービス付き高齢者向け住宅の設置者等が、同一の日に同一の入居者に対して行う飲食料品の提供の対価の額（税抜き）が一食につき640円以下であるもののうち、その累計額が1,920円に達するまでの飲食料品の提供が軽減税率の適用対象となる。 　ただし、設置者等が同一の日に同一の入居者等に対して行う飲食料品の提供のうち、その累計額の計算の対象となる飲食料品の提供（640円以下のものに限られる。）をあらかじめ書面により明らかにしている場合には、その対象飲食料品の提供の対価の額によりその累計額を計算するものとされている。	8％	法2①九の二、別表第1一ロ 個別Q&A80
学校給食（義務教育諸学校（小学校、中学校、義務教育学校、中等教育学校の前期課程又は特別支援学校の小学部若しくは中学部）における給食）	学校給食法第3条第2項に規定する義務教育諸学校の施設において、当該義務教育諸学校の設置者が、その児童又は生徒の全てに対して学校給食として行う飲食料品の提供は軽減税率の適用対象となる。 ㊟　アレルギーなどの個別事情により全ての児童又は生徒に対して提供することができなかったとしても軽減税率の適用対象となる。	8％	法2①九の二、別表第1一ロ 令2の4②三 個別Q&A75
夜間課程を置く高等学校の夜間学校給食	夜間課程を置く高等学校の施設において、その高等学校の設置者が、夜間過程において、生徒の全てに対して夜間学校給食として行う飲食料品の提供は軽減税率の適用対象となる。	8％	法2①九の二、別表第1一ロ 令2の4②四 個別Q&A75
特別支援学校の幼稚部又は高等部の学校給食	特別支援学校の幼稚部又は高等部の施設において、当該特別支援学校の設置者が、その幼児又は生徒の全てに対して学校給食として行う飲食料品の提供は軽減税率の適用対象となる。 ㊟　アレルギーなどの個別事情により全ての幼児又は生徒に対して提供することができなかったとしても軽減税率の適用対象となる。	8％	法2①九の二、別表第1一ロ 令2の4②五 個別Q&A75
幼稚園	幼稚園の施設において、当該幼稚園の設置者が、その施設で教育を受ける幼児の全てに対して学校給食に準じて行う飲食料品の提供は軽減税率の適	8％	法2①九の二、別表第1一ロ 令2の4②六

項　　　　目	項 目 の 説 明 及 び 取 扱 い	判　　定	参考法令等
	用対象となる。 (注) アレルギーなどの個別事情により全ての幼児に対して提供することができなかったとしても軽減税率の適用対象となる。		個別 Q&A75
特別支援学校の寄宿舎	特別支援学校に設置される寄宿舎において、当該寄宿舎の設置者が、当該寄宿舎に寄宿する幼児、児童又は生徒に対して行う飲食料品の提供は軽減税率の適用対象となる。	8 %	法2①九の二、別表第1一ロ 令2の4②七 個別 Q&A75
学生食堂における飲食料品の提供	利用が選択制である学生食堂での飲食料品の提供は学校給食に該当しない。また、学生食堂での飲食料品の提供は、飲食設備のある場所において飲食料品を飲食させる役務の提供に該当するので、軽減税率の適用対象とならない。	10%	法2①九の二、別表第1一ロ 令2の4②三 個別 Q&A81
病院食	健康保険法等の規定に基づく入院時食事療養費に係る病院食の提供は非課税となる。	非 課 税	消法6①、別表第2六 個別 Q&A82
患者の選択による特別メニューの食事の提供	患者の自己選択により、特別メニューの食事の提供を受けた場合に支払う特別料金については、非課税に該当しない。また、病室等で役務を伴う飲食料品の提供を行うものであるから、軽減税率の適用対象とならない。	10%	

Ⅱ　新聞の譲渡

項　　　　目	項 目 の 説 明 及 び 取 扱 い	判　　定	参考法令等
新聞の譲渡	一定の題号を用い、政治、経済、社会、文化等に関する一般社会的事実を掲載する週2回以上発行される新聞の定期購読契約に基づく譲渡は、軽減税率の適用対象となる。 (注) 企業等への新聞の販売についても、週2回以上発行される新聞の定期購読契約に基づく譲渡は、軽減税率の適用対象となる。	8 %	法2①九の二、別表第1二

項　　目	項 目 の 説 明 及 び 取 扱 い	判　定	参考法令等
スポーツ新聞、業界紙、外国語新聞等で週2回以上発行され、定期購読契約により譲渡されるもの	いわゆるスポーツ新聞、業界紙、外国語新聞等についても、1週に2回以上発行されるもので、定期購読契約に基づいて譲渡されるものは、軽減税率の適用対象となる。	8％	法2①九の二、別表第1二個別Q&A97
コンビニ等で販売される新聞	コンビニエンスストアや駅の売店等における新聞の販売は、定期購読契約に基づくものではないため軽減税率の適用対象とならない。	10％	法2①九の二、別表第1二個別Q&A98
電子版の新聞	インターネットを通じて配信する電子版の新聞は、電気通信回線を介して行われる役務の提供である「電気通信利用役務の提供」に該当し、「新聞の譲渡」に該当しないから、軽減税率の適用対象とならない。	10％	消法2①八の三法2①九の二、別表第1二個別Q&A101
紙の新聞と電子版の新聞のセット販売	紙の新聞と電子版の新聞をセット販売している場合には、セット販売の対価の額を軽減税率の適用対象となる「紙の新聞」の金額と、軽減税率の適用対象とならない「電子版の新聞」の金額とに区分した上で、それぞれの税率が適用されることとなる。 （注）　例えば、「紙の新聞」は新聞販売店、「電子版の新聞」は新聞社の本社が提供する契約となっている場合、それぞれ異なる取引として個別に課税されることになるため、対価の額は区分され、適用税率も取引ごとに判定されることとなる。	8％又は10％	法2①八の三法2①九の二、別表第1二基通5−9−13個別Q&A102

Ⅲ　その他

項　　目	項 目 の 説 明 及 び 取 扱 い	判　定	参考法令等
軽減税率適用資産の譲渡等に係る委託販売手数料	委託販売その他業務代行等において、受託者が行う委託販売手数料等を対価とする役務の提供は、その委託販売等に係る課税資産の譲渡が軽減税率の適用対象となる場合であっても、軽減税率の適用対象とならない。	10％	基通10−1−12

第2 食品表示法・食品表示基準の分類からみた判定表

(注) 「判定」欄は、次に掲げる食品を人の飲用又は食用として譲渡した場合の適用税率である。

食品表示法・食品表示基準の分類				食品表示基準の規定		判定
食　品	小　分　類	中　分　類	大分類			
あ						
アイスクリーム類		酪農製品	加工食品	別表第1	15	8％
あおさ類	海藻類	水産物	生鮮食品	別表第2	3	8％
あかがい・もがい類	貝類	水産物	生鮮食品	別表第2	3	8％
あじ・ぶり・しいら類	魚類	水産物	生鮮食品	別表第2	3	8％
小豆	豆類	農産物	生鮮食品	別表第2	1	8％
亜熱帯性果実	果実	農産物	生鮮食品	別表第2	1	8％
アヒルの卵	食用鳥卵	畜産物	生鮮食品	別表第2	2	8％
油揚げ類		豆類の調製品	加工食品	別表第1	11	8％
油菓子		菓子類	加工食品	別表第1	10	8％
アルファー化穀類		穀類加工品	加工食品	別表第1	9	8％
あわ	雑穀	農産物	生鮮食品	別表第2	1	8％
あわび類	貝類	水産物	生鮮食品	別表第2	3	8％
あん		豆類の調製品	加工食品	別表第1	11	8％
い						
イースト		その他の加工食品	加工食品	別表第1	24	8％
いか類	水産動物類	水産物	生鮮食品	別表第2	3	8％
いせえび・うちわえび・ざりがに類	水産動物類	水産物	生鮮食品	別表第2	3	8％
いたやがい類	貝類	水産物	生鮮食品	別表第2	3	8％
いのしし肉	食肉	畜産物	生鮮食品	別表第2	2	8％
いも粉		粉類	加工食品	別表第1	2	8％
いり豆		豆類の調製品	加工食品	別表第1	11	8％
いるか	海産哺乳動物類	水産物	生鮮食品	別表第2	3	8％
いんげん	豆類	農産物	生鮮食品	別表第2	1	8％
飲料水		飲料等	加工食品	別表第1	25	8％
う						
うさぎ肉	食肉	畜産物	生鮮食品	別表第2	2	8％
うずらの卵	食用鳥卵	畜産物	生鮮食品	別表第2	2	8％
うに・なまこ類	水産動物類	水産物	生鮮食品	別表第2	3	8％
え						
えび類	水産動物類	水産物	生鮮食品	別表第2	3	8％
塩蔵魚介類		加工魚介類	加工食品	別表第1	18	8％
塩蔵野菜（漬物を除く）		野菜加工品	加工食品	別表第1	4	8％

食品表示法・食品表示基準の分類				食品表示基準の規定		判定
食　　品	小　分　類	中　分　類	大分類			
えんどう	豆類	農産物	生鮮食品	別表第2	1	8％
えん麦	麦類	農産物	生鮮食品	別表第2	1	8％
お						
オートミール		穀類加工品	加工食品	別表第1	9	8％
大麦	麦類	農産物	生鮮食品	別表第2	1	8％
オールスパイス（百味こしょう）		香辛料	加工食品	別表第1	7	8％
か						
かき類	貝類	水産物	生鮮食品	別表第2	3	8％
家きん肉	食肉	畜産物	生鮮食品	別表第2	2	8％
核果類	果実	農産物	生鮮食品	別表第2	1	8％
加工食肉製品		食肉製品	加工食品	別表第1	14	8％
加工水産物冷凍食品		加工魚介類	加工食品	別表第1	18	8％
加工鳥獣肉冷凍食品		食肉製品	加工食品	別表第1	14	8％
加工乳		酪農製品	加工食品	別表第1	15	8％
果菜類	野菜	農産物	生鮮食品	別表第2	1	8％
果実缶		果実加工品	加工食品	別表第1	5	8％
果実漬物		果実加工品	加工食品	別表第1	5	8％
果実的野菜	野菜	農産物	生鮮食品	別表第2	1	8％
果実バター		果実加工品	加工食品	別表第1	5	8％
果実瓶詰		果実加工品	加工食品	別表第1	5	8％
果実冷凍食品		果実加工品	加工食品	別表第1	5	8％
かつお・まぐろ・さば類	魚類	水産物	生鮮食品	別表第2	3	8％
かに類	水産動物類	水産物	生鮮食品	別表第2	3	8％
かめ類	水産動物類	水産物	生鮮食品	別表第2	3	8％
からし粉		香辛料	加工食品	別表第1	7	8％
かれい・ひらめ類	魚類	水産物	生鮮食品	別表第2	3	8％
カレー粉		香辛料	加工食品	別表第1	7	8％
かんきつ類	果実	農産物	生鮮食品	別表第2	1	8％
甘しょでん粉		でん粉	加工食品	別表第1	3	8％
乾燥果実		果実加工品	加工食品	別表第1	5	8％
乾燥野菜		野菜加工品	加工食品	別表第1	4	8％
缶詰魚介類		加工魚介類	加工食品	別表第1	18	8％
寒天		加工海藻類	加工食品	別表第1	19	8％

食品表示法・食品表示基準の分類				食品表示基準の規定		判定
食　品	小 分 類	中 分 類	大分類			
寒天原草類	海藻類	水産物	生鮮食品	別表第2	3	8％
き						
きなこ		豆類の調製品	加工食品	別表第1	11	8％
きのこ類	野菜	農産物	生鮮食品	別表第2	1	8％
きのこ類加工品		野菜加工品	加工食品	別表第1	4	8％
きび	雑穀	農産物	生鮮食品	別表第2	1	8％
キャンデー類		菓子類	加工食品	別表第1	10	8％
牛肉	食肉	畜産物	生鮮食品	別表第2	2	8％
牛乳		酪農製品	加工食品	別表第1	15	8％
く						
鯨	海産哺乳動物類	水産物	生鮮食品	別表第2	3	8％
クローブ（丁子）		香辛料	加工食品	別表第1	7	8％
け						
鶏卵	食用鳥卵	畜産物	生鮮食品	別表第2	2	8％
鶏卵の加工製品		加工卵製品	加工食品	別表第1	16	8％
玄米	米穀	農産物	生鮮食品	別表第2	1	8％
こ						
香辛野菜	野菜	農産物	生鮮食品	別表第2	1	8％
香辛料原材料	その他の農産食品	農産物	生鮮食品	別表第2	1	8％
コーヒー製品		茶、コーヒー及びココアの調製品	加工食品	別表第1	6	8％
氷		飲料等	加工食品	別表第1	25	8％
凍り豆腐		豆類の調製品	加工食品	別表第1	11	8％
穀果類	果実	農産物	生鮮食品	別表第2	1	8％
ココア製品		茶、コーヒー及びココアの調製品	加工食品	別表第1	6	8％
小麦	麦類	農産物	生鮮食品	別表第2	1	8％
小麦粉		粉類	加工食品	別表第1	2	8％
小麦でん粉		でん粉	加工食品	別表第1	3	8％
米加工品		穀類加工品	加工食品	別表第1	9	8％
根菜類	野菜	農産物	生鮮食品	別表第2	1	8％
こんにゃく		その他の農産加工食品	加工食品	別表第1	13	8％
こんにゃくいも	その他の農産食品	農産物	生鮮食品	別表第2	1	8％
こんぶ		加工海藻類	加工食品	別表第1	19	8％
こんぶ加工品		加工海藻類	加工食品	別表第1	19	8％

食品表示法・食品表示基準の分類				食品表示基準の規定		判定
食　　品	小　分　類	中　分　類	大分類			
こんぶ類	海藻類	水産物	生鮮食品	別表第2	3	8％
さ						
さく河性さけ・ます類	魚類	水産物	生鮮食品	別表第2	3	8％
酒類		飲料等	加工食品	別表第1	25	10％
サゴでん粉		でん粉	加工食品	別表第1	3	8％
さざえ類	貝類	水産物	生鮮食品	別表第2	3	8％
ささげ	豆類	農産物	生鮮食品	別表第2	1	8％
雑穀粉		粉類	加工食品	別表第1	2	8％
砂糖		砂糖類	加工食品	別表第1	12	8％
砂糖漬菓子		菓子類	加工食品	別表第1	10	8％
サフラン		香辛料	加工食品	別表第1	7	8％
山菜類	野菜	農産物	生鮮食品	別表第2	1	8％
さんしょう		香辛料	加工食品	別表第1	7	8％
し						
塩干魚介類		加工魚介類	加工食品	別表第1	18	8％
しじみ・たにし類	貝類	水産物	生鮮食品	別表第2	3	8％
シナモン（桂皮）		香辛料	加工食品	別表第1	7	8％
ジャム		果実加工品	加工食品	別表第1	5	8％
しょうが		香辛料	加工食品	別表第1	7	8％
しょう果類	果実	農産物	生鮮食品	別表第2	1	8％
しょうゆ		調味料及びスープ	加工食品	別表第1	21	8％
食塩		調味料及びスープ	加工食品	別表第1	21	8％
食酢		調味料及びスープ	加工食品	別表第1	21	8％
植物性たんぱく		その他の加工食品	加工食品	別表第1	24	8％
食用加工油脂		食用油脂	加工食品	別表第1	22	8％
食用植物油脂		食用油脂	加工食品	別表第1	22	8％
食用動物油脂		食用油脂	加工食品	別表第1	22	8％
仁果類	果実	農産物	生鮮食品	別表第2	1	8％
す						
スープ		調味料及びスープ	加工食品	別表第1	21	8％
すずき・たい・にべ類	魚類	水産物	生鮮食品	別表第2	3	8％
スナック菓子		菓子類	加工食品	別表第1	10	8％
素干魚介類		加工魚介類	加工食品	別表第1	18	8％

食品表示法・食品表示基準の分類				食品表示基準の規定		判 定
食 品	小 分 類	中 分 類	大分類			
せ						
生乳	乳	畜産物	生鮮食品	別表第2	2	8％
精麦		麦類	加工食品	別表第1	1	8％
精米	米穀	農産物	生鮮食品	別表第2	1	8％
生山羊乳	乳	畜産物	生鮮食品	別表第2	2	8％
清涼飲料		飲料等	加工食品	別表第1	25	8％
そ						
そうざい		調理食品	加工食品	別表第1	23	8％
ソース		調味料及びスープ	加工食品	別表第1	21	8％
その他の飲料		飲料等	加工食品	別表第1	25	8％
その他の海産ほ乳動物類	海産哺乳動物類	水産物	生鮮食品	別表第2	3	8％
その他の海藻類	海藻類	水産物	生鮮食品	別表第2	3	8％
その他の貝類	貝類	水産物	生鮮食品	別表第2	3	8％
その他の加工海藻類		加工海藻類	加工食品	別表第1	19	8％
その他の加工魚介類		加工魚介類	加工食品	別表第1	18	8％
その他の加工食品		その他の加工食品	加工食品	別表第1	24	8％
その他の加工卵製品		加工卵製品	加工食品	別表第1	16	8％
その他の果実	果実	農産物	生鮮食品	別表第2	1	8％
その他の果実加工品		果実加工品	加工食品	別表第1	5	8％
その他の菓子類		菓子類	加工食品	別表第1	10	8％
その他の魚類	魚類	水産物	生鮮食品	別表第2	3	8％
その他の甲かく類	水産動物類	水産物	生鮮食品	別表第2	3	8％
その他の香辛料		香辛料	加工食品	別表第1	7	8％
その他の穀類加工品		穀類加工品	加工食品	別表第1	9	8％
その他の粉類		粉類	加工食品	別表第1	2	8％
その他の雑穀	雑穀	農産物	生鮮食品	別表第2	1	8％
その他の食肉製品		食肉製品	加工食品	別表第1	14	8％
その他の食用鳥卵	食用鳥卵	畜産物	生鮮食品	別表第2	2	8％
その他の水産加工食品		その他の水産加工食品	加工食品	別表第1	20	8％
その他の水産動物類	水産動物類	水産物	生鮮食品	別表第2	3	8％
その他のスープ		調味料及びスープ	加工食品	別表第1	21	8％
その他の畜産加工食品		その他の畜産加工食品	加工食品	別表第1	17	8％
その他の畜産食品	その他の畜産食品	畜産物	生鮮食品	別表第2	2	8％

食品表示法・食品表示基準の分類				食品表示基準の規定	判定
食　　　　品	小 分 類	中 分 類	大分類		
その他の調味料		調味料及びスープ	加工食品	別表第1　21	8 %
その他の調理食品		調理食品	加工食品	別表第1　23	8 %
その他のでん粉		でん粉	加工食品	別表第1　3	8 %
その他の肉類	食肉	畜産物	生鮮食品	別表第2　2	8 %
その他の乳	乳	畜産物	生鮮食品	別表第2　2	8 %
その他の農産加工食品		その他の農産加工食品	加工食品	別表第1　13	8 %
その他の豆類	豆類	農産物	生鮮食品	別表第2　1	8 %
その他の豆類調製品		豆類の調製品	加工食品	別表第1　11	8 %
その他の野菜	野菜	農産物	生鮮食品	別表第2　1	8 %
その他の野菜加工品		野菜加工品	加工食品	別表第1　4	8 %
その他の酪農製品		酪農製品	加工食品	別表第1　15	8 %
そば	雑穀	農産物	生鮮食品	別表第2　1	8 %
そら豆	豆類	農産物	生鮮食品	別表第2　1	8 %
た					
大豆	豆類	農産物	生鮮食品	別表第2　1	8 %
たこ類	水産動物類	水産物	生鮮食品	別表第2　3	8 %
他に分類されない農産食品	その他の農産食品	農産物	生鮮食品	別表第2　1	8 %
タピオカでん粉		でん粉	加工食品	別表第1　3	8 %
たら類	魚類	水産物	生鮮食品	別表第2　3	8 %
淡水産魚類	魚類	水産物	生鮮食品	別表第2　3	8 %
ち					
チーズ		酪農製品	加工食品	別表第1　15	8 %
茶		茶、コーヒー及びココアの調製品	加工食品	別表第1　6	8 %
チューインガム		菓子類	加工食品	別表第1　10	8 %
鳥獣肉の缶詰		食肉製品	加工食品	別表第1　14	8 %
鳥獣肉の瓶詰		食肉製品	加工食品	別表第1　14	8 %
調整澱粉		粉類	加工食品	別表第1　2	8 %
調味植物性たんぱく		その他の加工食品	加工食品	別表第1　24	8 %
調味料関連製品		調味料及びスープ	加工食品	別表第1　21	8 %
調理冷凍食品		調理食品	加工食品	別表第1　23	8 %
チョコレート類		菓子類	加工食品	別表第1　10	8 %
チルド食品		調理食品	加工食品	別表第1　23	8 %
て					

食品表示法・食品表示基準の分類				食品表示基準の規定		判定
食　品	小　分　類	中　分　類	大分類			
添加物			添加物	食品衛生法施行規則別表第1		8％
と						
豆腐		豆類の調製品	加工食品	別表第1	11	8％
糖蜜		砂糖類	加工食品	別表第1	12	8％
とうもろこし	雑穀	農産物	生鮮食品	別表第2	1	8％
とうもろこしでん粉		でん粉	加工食品	別表第1	3	8％
糖料作物	その他の農産食品	農産物	生鮮食品	別表第2	1	8％
糖類		砂糖類	加工食品	別表第1	12	8％
トマト加工品		野菜加工品	加工食品	別表第1	4	8％
な						
納豆		豆類の調製品	加工食品	別表第1	11	8％
ナツメグ（肉づく）		香辛料	加工食品	別表第1	7	8％
に						
にしん・いわし類	魚類	水産物	生鮮食品	別表第2	3	8％
煮干魚介類		加工魚介類	加工食品	別表第1	18	8％
煮豆		豆類の調製品	加工食品	別表第1	11	8％
乳飲料		酪農製品	加工食品	別表第1	15	8％
乳酸菌飲料		酪農製品	加工食品	別表第1	15	8％
ね						
熱帯性果実	果実	農産物	生鮮食品	別表第2	1	8％
練り製品		加工魚介類	加工食品	別表第1	18	8％
の						
濃縮乳		酪農製品	加工食品	別表第1	15	8％
のり加工品		加工海藻類	加工食品	別表第1	19	8％
のり類	海藻類	水産物	生鮮食品	別表第2	3	8％
は						
ばかがい類	貝類	水産物	生鮮食品	別表第2	3	8％
麦芽		その他の加工食品	加工食品	別表第1	24	8％
麦芽シロップ		その他の加工食品	加工食品	別表第1	24	8％
麦芽抽出物		その他の加工食品	加工食品	別表第1	24	8％
バター		酪農製品	加工食品	別表第1	15	8％
はだか麦	麦類	農産物	生鮮食品	別表第2	1	8％

食品表示法・食品表示基準の分類				食品表示基準の規定		判定
食　　品	小　分　類	中　分　類	大分類			
蜂蜜		その他の畜産加工食品	加工食品	別表第1	17	8 %
発酵乳		酪農製品	加工食品	別表第1	15	8 %
はとむぎ	雑穀	農産物	生鮮食品	別表第2	1	8 %
馬肉	食肉	畜産物	生鮮食品	別表第2	2	8 %
パプリカ		香辛料	加工食品	別表第1	7	8 %
はまぐり・あさり類	貝類	水産物	生鮮食品	別表第2	3	8 %
ばれいしょでん粉		でん粉	加工食品	別表第1	3	8 %
パン粉		穀類加工品	加工食品	別表第1	9	8 %
半生菓子		菓子類	加工食品	別表第1	10	8 %
パン類		めん類・パン類	加工食品	別表第1	8	8 %
ひ						
ピーナッツ製品		豆類の調製品	加工食品	別表第1	11	8 %
ひえ	雑穀	農産物	生鮮食品	別表第2	1	8 %
ビスケット類		菓子類	加工食品	別表第1	10	8 %
びつまもの類	野菜	農産物	生鮮食品	別表第2	1	8 %
ふ						
ふ		穀類加工品	加工食品	別表第1	9	8 %
豚肉	食肉	畜産物	生鮮食品	別表第2	2	8 %
ブラックペッパー		香辛料	加工食品	別表第1	7	8 %
粉乳		酪農製品	加工食品	別表第1	15	8 %
粉末ジュース		その他の加工食品	加工食品	別表第1	24	8 %
へ						
米菓		菓子類	加工食品	別表第1	10	8 %
米粉		粉類	加工食品	別表第1	2	8 %
弁当		調理食品	加工食品	別表第1	23	8 %
ほ						
干あらめ		加工海藻類	加工食品	別表第1	19	8 %
干のり		加工海藻類	加工食品	別表第1	19	8 %
干ひじき		加工海藻類	加工食品	別表第1	19	8 %
干わかめ類		加工海藻類	加工食品	別表第1	19	8 %
ホワイトペッパー		香辛料	加工食品	別表第1	7	8 %
ま						
マーマレード		果実加工品	加工食品	別表第1	5	8 %

食品表示法・食品表示基準の分類				食品表示基準の規定		判定
食　　品	小　分　類	中　分　類	大分類			
豆粉		粉類	加工食品	別表第 1	2	8 %
み						
未加工飲料作物	その他の農産食品	農産物	生鮮食品	別表第 2	1	8 %
みそ		調味料及びスープ	加工食品	別表第 1	21	8 %
む						
麦茶		穀類加工品	加工食品	別表第 1	9	8 %
め						
めん羊肉	食肉	畜産物	生鮮食品	別表第 2	2	8 %
めん類		めん類・パン類	加工食品	別表第 1	8	8 %
も						
もろこし	雑穀	農産物	生鮮食品	別表第 2	1	8 %
や						
焼き菓子		菓子類	加工食品	別表第 1	10	8 %
山羊肉	食肉	畜産物	生鮮食品	別表第 2	2	8 %
野菜缶		野菜加工品	加工食品	別表第 1	4	8 %
野菜つくだ煮		野菜加工品	加工食品	別表第 1	4	8 %
野菜漬物		野菜加工品	加工食品	別表第 1	4	8 %
野菜瓶詰		野菜加工品	加工食品	別表第 1	4	8 %
野菜冷凍食品		野菜加工品	加工食品	別表第 1	4	8 %
ゆ						
ゆば		豆類の調製品	加工食品	別表第 1	11	8 %
よ						
葉茎菜類	野菜	農産物	生鮮食品	別表第 2	1	8 %
洋生菓子		菓子類	加工食品	別表第 1	10	8 %
ら						
ライ麦	麦類	農産物	生鮮食品	別表第 2	1	8 %
落花生	豆類	農産物	生鮮食品	別表第 2	1	8 %
り						
緑豆	豆類	農産物	生鮮食品	別表第 2	1	8 %
れ						
冷菓		菓子類	加工食品	別表第 1	10	8 %
レッドペッパー		香辛料	加工食品	別表第 1	7	8 %
レトルトパウチ食品		調理食品	加工食品	別表第 1	23	8 %

食品表示法・食品表示基準の分類				食品表示基準の規定		判定
食　　　品	小　分　類	中　分　類	大分類			
練乳		酪農製品	加工食品	別表第1	15	8 %
ろ						
ローレル（月桂葉）		香辛料	加工食品	別表第1	7	8 %
わ						
わかめ類	海藻類	水産物	生鮮食品	別表第2	3	8 %
わさび粉		香辛料	加工食品	別表第1	7	8 %
和生菓子		菓子類	加工食品	別表第1	10	8 %
和干菓子		菓子類	加工食品	別表第1	10	8 %

第4編

参　考
（消費税法基本通達）

課　消　2 −25（例規）
課　所　6 −13
課　法　3 −17
徴　管　2 −70
査　調　4 − 3
平成 7 年12月25日

（一部改正）
平成11年 3 月 5 日　課消 2 − 5
平成11年 4 月12日　課消 2 − 8
平成12年 5 月12日　課消 2 −10
平成13年 5 月 7 日　課消 1 − 5
平成14年 6 月17日　課消 1 −12
平成14年 9 月25日　課消 1 −40
平成14年12月 2 日　課消 1 −48
平成15年 4 月30日　課消 1 −13
平成15年 6 月30日　課消 1 −37
平成16年 6 月 7 日　課消 1 −25
平成17年 4 月14日　課消 1 −22
平成17年 9 月29日　課消 1 −60
平成18年 3 月 1 日　課消 1 − 1
平成18年 4 月 4 日　課消 1 −11
平成18年 4 月28日　課消 1 −16
平成18年 9 月29日　課消 1 −43
平成19年 6 月22日　課消 1 −18
平成20年 2 月19日　課消 1 − 2
平成20年 3 月28日　課消 1 − 8

平成21年 3 月30日　課消 1 −10
平成22年 4 月 1 日　課消 1 − 9
平成23年 9 月30日　課消 1 −35
平成24年 4 月 5 日　課消 1 − 7
平成25年 7 月 1 日　課消 1 −34
平成26年 5 月29日　課消 1 − 8
平成27年 4 月 1 日　課消 1 − 9
平成27年 5 月26日　課消 1 −17
平成28年 4 月12日　課消 1 −57
平成29年 3 月31日　課消 2 − 5
平成30年 5 月29日　課消 2 − 5
平成31年 4 月 1 日　課消 2 − 9
令和元年10月 1 日　課消 2 −18
令和 2 年 6 月22日　課消 2 − 9
令和 3 年 4 月 1 日　課消 2 − 1
令和 4 年 4 月 1 日　課消 2 − 4
令和 5 年 3 月31日　課消 2 − 3
（最終改正）
令和 5 年 8 月10日　課消 2 − 9

国　税　局　長
沖縄国税事務所長
税　　関　　長　　殿
沖縄地区税関長

国　税　庁　長　官

消費税法基本通達の制定について

消費税法基本通達を別冊のとおり定めたから、平成 8 年 4 月 1 日以降これにより取り扱われたい。

なお、昭和63年12月30日付間消 1 −63「消費税法取扱通達の制定について」及び平成 3 年 6 月24日付間消 2 −29「消費税関係法令の一部改正に伴う消費税の取扱いについて」通達は平成 8 年 3 月31日限り廃止する。

（理由）

「消費税法取扱通達の制定について」及び「消費税関係法令の一部改正に伴う消費税の取扱いについて」通達を整理、統合するとともに、その後の質疑応答事例等を踏まえて消費税法基本通達を制定するものである。

用　語　の　意　義

消費税法基本通達において次に掲げる用語の意義は、別に定める場合を除き、それぞれ次に定めるところによる。

法	消費税法をいう。
令	消費税法施行令をいう。
規則	消費税法施行規則をいう。
所法	所得税法をいう。
所法令	所得税法施行令をいう。
所基通	所得税基本通達をいう。
法法	法人税法をいう。
法法令	法人税法施行令をいう。
法基通	法人税基本通達をいう。
租特法	租税特別措置法をいう。
租特法令	租税特別措置法施行令をいう。
租特法規則	租税特別措置法施行規則をいう。
輸徴法	輸入品に対する内国消費税の徴収等に関する法律をいう。
通則法	国税通則法をいう。
通則法令	国税通則法施行令をいう。
消費税等	消費税及び地方消費税をいう。
消費税額等	課税資産の譲渡等につき課されるべき消費税額及び当該消費税額を課税標準として課されるべき地方消費税額に相当する額をいう。
国内	法第2条第1項第1号《定義》に規定する国内をいう。
国外	国内以外の地域をいう。
保税地域	法第2条第1項第2号《定義》に規定する保税地域をいう。
個人事業者	法第2条第1項第3号《定義》に規定する個人事業者をいう。
人格のない社団等	法第2条第1項第7号《定義》に規定する人格のない社団等をいう。
内国法人	法法第2条第3号《定義》に規定する内国法人をいう。
外国法人	法法第2条第4号《定義》に規定する外国法人をいう。
国外事業者	法第2条第1項第4号の2《定義》に規定する国外事業者をいう。
通算子法人	法法第2条第12号の7《定義》に規定する通算子法人をいう。
通算法人	法法第2条第12号の7の2《定義》に規定する通算法人をいう。
通算親法人	法法第2条第12号の6の7《定義》に規定する通算親法人をいう。
通算完全支配関係	法法第2条第12号の7の7《定義》に規定する通算完全支配関係をいう。
適格請求書発行事業者	法第2条第1項第7号の2《定義》に規定する適格請求書発行事業者をいう。
資産の譲渡等	法第2条第1項第8号《定義》に規定する資産の譲渡等をいう。
特定資産の譲渡等	法第2条第1項第8号の2《定義》に規定する特定資産の譲渡等をいう。
電気通信利用役務の提供	法第2条第1項第8号の3《定義》に規定する電気通信利用役務の提供

	をいう。
事業者向け電気通信利用役務の提供	法第2条第1項第8号の4《定義》に規定する事業者向け電気通信利用役務の提供をいう。
課税資産の譲渡等	法第2条第1項第9号《定義》に規定する課税資産の譲渡等をいう。
	㊟　1−4−1において、「課税資産の譲渡等（特定資産の譲渡等に該当するものを除く。11−2−10から11−2−20、11−5−7及び12−4−1を除き、以下同じ。）」
軽減対象課税資産の譲渡等	法第2条第1項第9号の2《定義》に規定する軽減対象課税資産の譲渡等をいう。
飲食料品	法別表第一第1号《飲食料品の譲渡》に規定する飲食料品をいう。
食品	法別表第一第1号《飲食料品の譲渡》に規定する食品をいう。
外国貨物	法第2条第1項第10号《定義》に規定する外国貨物をいう。
課税貨物	法第2条第1項第11号《定義》に規定する課税貨物をいう。
課税仕入れ	法第2条第1項第12号《定義》に規定する課税仕入れをいう。
特定仕入れ	法第4条第1項《課税の対象》に規定する特定仕入れをいう。
特定課税仕入れ	法第5条第1項《納税義務者》に規定する特定課税仕入れをいう。
課税仕入れ等	国内において行う課税仕入れ及び保税地域からの課税貨物の引取りをいう。
事業年度	法第2条第1項第13号《定義》に規定する事業年度をいう。
基準期間	法第2条第1項第14号《定義》に規定する基準期間をいう。
特定期間	法第9条の2第4項《前年又は前事業年度等における課税売上高による納税義務の免除の特例》に規定する特定期間をいう。
棚卸資産	法第2条第1項第15号《定義》に規定する棚卸資産をいう。
調整対象固定資産	法第2条第1項第16号《定義》に規定する調整対象固定資産をいう。
高額特定資産	法第12条の4第1項《高額特定資産を取得した場合の納税義務の免除の特例》に規定する高額特定資産をいう。
自己建設資産	令第25条の5第1項第2号《高額特定資産の範囲等》に規定する自己建設資産をいう。
調整対象自己建設高額資産	法第12条の4第2項《高額特定資産を取得した場合等の納税義務の免除の特例》に規定する調整対象自己建設高額資産をいう。
課税事業者	事業者のうち法第9条第1項本文《小規模事業者に係る納税義務の免除》の規定により消費税を納める義務が免除される事業者以外の事業者をいう。
免税事業者	事業者のうち法第9条第1項本文《小規模事業者に係る納税義務の免除》の規定により消費税を納める義務が免除される事業者をいう。
基準期間における課税売上高	法第9条第2項《基準期間における課税売上高の意義》に規定する基準期間における課税売上高をいう。
特定期間における課税売上高	法第9条の2第2項《前年又は前事業年度等における課税売上高による納税義務の免除の特例》に規定する特定期間における課税売上高をいう。

資産等取引	法第14条第1項《信託財産に係る資産の譲渡等の帰属》に規定する資産等取引をいう。
信託資産等	法第15条第1項《法人課税信託の受託者に関するこの法律の適用》に規定する信託資産等をいう。
固有資産等	法第15条第1項《法人課税信託の受託者に関するこの法律の適用》に規定する固有資産等をいう。
受託事業者	法第15条第3項《法人課税信託の受託者に関するこの法律の適用》に規定する受託事業者をいう。
固有事業者	法第15条第4項《法人課税信託の受託者に関するこの法律の適用》に規定する固有事業者をいう。
課税期間	法第19条第1項《課税期間》に規定する課税期間をいう。
対価の額	法第28条第1項《課税標準》に規定する対価の額をいう。
標準税率	法第29条第1号《税率》に規定する率をいう。
軽減税率	法第29条第2号《税率》に規定する率をいう。
仕入控除税額	法第32条第1項第1号《仕入れに係る消費税額の控除》に規定する仕入れに係る消費税額をいう。
課税仕入れ等の税額	法第30条第2項《仕入れに係る消費税額の控除》に規定する課税仕入れ等の税額をいう。
仕入税額控除	法第45条第1項第2号《課税資産の譲渡等及び特定課税仕入れについての確定申告》に掲げる課税標準額に対する消費税額から仕入控除税額を控除することをいう。
課税売上割合	法第30条第6項後段《課税売上割合》に規定する課税売上割合をいう。
個別対応方式	法第30条第2項第1号《個別対応方式による仕入税額控除》に規定する仕入税額控除の方法をいう。
一括比例配分方式	法第30条第2項第2号《一括比例配分方式による仕入税額控除》に規定する仕入税額控除の方法をいう。
課税仕入れに係る支払対価の額	法第30条第8項第1号ニ《仕入税額控除に係る帳簿》に規定する課税仕入れに係る支払対価の額をいう。
居住用賃貸建物	法第30条第10項《居住用賃貸建物に係る仕入税額控除の制限》に規定する居住用賃貸建物をいう。
非課税資産の譲渡等	法第31条第1項《非課税資産の輸出等を行った場合の仕入れに係る消費税額の控除の特例》に規定する非課税資産の譲渡等をいう。
仕入れに係る対価の返還等	法第32条第1項《仕入れに係る対価の返還等を受けた場合の仕入れに係る消費税額の控除の特例》に規定する仕入れに係る対価の返還等をいう。
簡易課税制度	法第37条第1項《中小事業者の仕入れに係る消費税額の控除の特例》の規定を適用して法第45条第1項第2号《課税資産の譲渡等についての確定申告》に掲げる課税標準額に対する消費税額から控除することができる仕入控除税額を算出する方法をいう。

売上げに係る対価の返還等	法第38条第1項《売上げに係る対価の返還等をした場合の消費税額の控除》に規定する売上げに係る対価の返還等をいう。
適格請求書	法第57条の4第1項《適格請求書の交付義務》に規定する適格請求書をいう。
適格簡易請求書	法第57条の4第2項《適格簡易請求書の交付》に規定する適格簡易請求書をいう。
適格返還請求書	法第57条の4第3項《適格返還請求書の交付義務》に規定する適格返還請求書をいう。
総額表示	法第63条《価格の表示》の規定による価格表示をいう。
税込価格	課税資産の譲渡等につき課されるべき消費税額等を含んだ課税資産の譲渡等に係る資産又は役務の価格をいう。
税抜価格	課税資産の譲渡等につき課されるべき消費税額等を含まない課税資産の譲渡等に係る資産又は役務の価格をいう。
特定非常災害	租特法第86条の5第1項《納税義務の免除の規定の適用を受けない旨の届出等に関する特例》に規定する特定非常災害をいう。
被災事業者	租特法第86条の5第1項《納税義務の免除の規定の適用を受けない旨の届出等に関する特例》に規定する被災事業者をいう。

目　　　　　次

第1章　納税義務者

第1節　個人事業者の納税義務（略）

第2節　法人の納税義務（抄）

（福利厚生等を目的として組織された従業員団体に係る資産の譲渡等）

1－2－4　事業者の役員又は使用人をもって組織した団体（以下1－2－5において「従業員団体」という。）が、これらの者の親睦、福利厚生に関する事業を主として行っている場合において、その事業経費の相当部分を当該事業者が負担しており、かつ、次に掲げる事実のいずれか一の事実があるときは、原則として、当該事業の全部を当該事業者が行ったものとする。

⑴　事業者の役員又は使用人で一定の資格を有する者が、その資格において当然に当該団体の役員に選出されることになっていること。

⑵　当該団体の事業計画又は事業の運営に関する重要案件の決定について、当該事業者の許諾を要する等当該事業者がその事業の運営に参画していること。

⑶　当該団体の事業に必要な施設の全部又は大部分を当該事業者が提供していること。

（従業員負担がある場合の従業員団体の資産の譲渡等の帰属）

1－2－5　従業員団体について、例えば、その団体の課税仕入れ等が、当該事業者から拠出された部分と構成員から収入した会費等の部分とであん分する等の方法により適正に区分されている場合には、1－2－4にかかわらず、その団体が行った事業のうちその区分されたところにより当該構成員から収入した会費等の部分に対応する資産の譲渡等又は課税仕入れ等については、当該事業者が行ったものとすることはできないものとする。

第3節　共同事業に係る納税義務

（共同事業に係る消費税の納税義務）

1－3－1　共同事業（人格のない社団等又は匿名組合が行う事業を除く。以下1－3－1及び9－1－28において同じ。）に属する資産の譲渡等又は課税仕入れ等については、当該共同事業の構成員が、当該共同事業の持分の割合又は利益の分配割合に対応する部分につき、それぞれ資産の譲渡等又は課税仕入れ等を行ったことになるのであるから留意する。

（匿名組合に係る消費税の納税義務）

1－3－2　匿名組合の事業に属する資産の譲渡等又は課税仕入れ等については、商法第535条《匿名組合契約》に規定する営業者が単独で行ったことになるのであるから留意する。

第4節　納税義務の免除（抄）

（基準期間が免税事業者であった場合の課税売上高）

1－4－5　基準期間である課税期間において免税事業者であった事業者が、当該基準期間である課税期間中に国内において行った課税資産の譲渡等については消費税等が課されていない。したがって、その事業者の基準期間における課税売上高の算定に当たっては、免税事業者であった基準期間である課税期間中に当該事業者が国内において行った課税資産の譲渡等に伴って収受し、又は収受すべき金銭等の全額が当該事業者のその基準期間における課税売上高となることに留意する（平9課消2－5により改正）。

第5節　納税義務の免除の特例（略）

第6節　国外事業者（略）

第7節　適格請求書発行事業者（略）

第8節　適格請求書発行事業者の義務（抄）

（軽減対象課税資産の譲渡等がある場合の適格請求書の記載事項）

1－8－4　法第57条の4第1項第3号《適格請求書の交付義務》に規定する「軽減対象課税資産の譲渡等である旨」の記載については、軽減対象課税資産の譲渡等であることが客観的に明らかであるといえる程度の表示がされていればよく、個々の取引ごとに適用税率が記載されている場合のほか、例えば、次のような場合もこれに該当する。

(1)　軽減対象課税資産の譲渡等に係る適格請求書と軽減対象課税資産の譲渡等以外のものに係る適格請求書とが区分して作成され、当該区分された軽減対象課税資産の譲渡等に係る適格請求書に、記載された取引内容が軽減対象課税資産の譲渡等であることを表示している場合

(2)　同一の適格請求書において、軽減対象課税資産の譲渡等に該当する取引内容を区分し、当該区分して記載された軽減対象課税資産の譲渡等に該当する取引内容につき軽減対象課税資産の譲渡等であることを表示している場合

(3)　同一の適格請求書において、軽減対象課税資産の譲渡等に該当する取引内容ごとに軽減対象課税資産の譲渡等であることを示す記号、番号等を表示し、かつ、当該適格請求書において当該記号、番号等の意義が軽減対象課税資産の譲渡等であることとして表示している場合

(注)　法第57条の4第2項第3号、同条第3項第3号《適格簡易請求書の交付等》及び令49条第6項第3号《媒介者等交付書類の記載事項》に規定する「軽減対象課税資産の譲渡等である旨」並びに令49条第4項第4号《仕入明細書等の記載事項》に規定する「軽減対象課税資産の譲渡等に係るものである旨」の記載についても同様である。

（軽減対象課税資産の譲渡等とそれ以外の資産の譲渡等を一括して対象とする値引販売）

1－8－5　事業者が、課税資産の譲渡等（軽減対象課税資産の譲渡等を除く。）、軽減対象課税資産の譲渡等及びこれら以外の資産の譲渡等のうち2以上の区分の資産の譲渡等を同時に行った場合において、例えば、顧客が割引券等を利用したことにより、当該2以上の区分の資産の譲渡等を対象として一括して対価の額の値引きが行われており、当該資産の譲渡等に係る適用税率ごとの値引額又は値引額控除後の法第57条の4第1項第4号《適格請求書の交付義務》に掲げる「課税資産の譲渡等に係る税抜価額又は税込価額を税率の異なるごとに区分して合計した金額」（以下1－8－5において「区分合計金額」という。）が明らかでないときは、割引券等による値引額を当該資産の譲渡等に係る価額の比率により按分し、適用税率ごとの値引額及び区分合計金額を算出することとなることに留意する。

なお、当該資産の譲渡等に際して顧客へ交付する適格請求書により適用税率ごとの値引額又は値引額控除後の区分合計金額が確認できるときは、当該資産の譲渡等に係る値引額又は値引額控除後の区分合計金額が、適用税率ごとに合理的に区分されているものに該当する。

第2章　納税地

第1節　個人事業者の納税地（略）

第2節　法人の納税地（略）

第3章　課税期間

第1節　個人事業者の課税期間（略）

第2節　法人の課税期間（略）

第3節　課税期間の特例（抄）

（課税期間特例選択等届出書の効力）

3－3－1　法第19条第1項第3号から第4号の2まで《課税期間の特例》に規定する届出書（以下3－3－4までにおいて「課税期間特例選択等届出書」という。）を提出して課税期間の特例制度を適用している事業者は、その課税期間の基準期間における課税売上高が1,000万円以下となったことにより、免税事業者となった場合においても、同条第3項《課税期間の特例の選択不適用》に規定する届出書を提出した場合を除き、課税期間特例選択等届出書の効力は失われないのであるから留意する（平13課消1－5、平15課消1－37により改正）。

第4章　実質主義、信託財産に係る譲渡等の帰属

第1節　実質主義（抄）

（委託販売等の場合の納税義務者の判定）

4－1－3　資産の譲渡等が委託販売の方法その他業務代行契約に基づいて行われるのであるかどうかの判定は、当該委託者等と受託者等との間の契約の内容、価格の決定経緯、当該資産の譲渡に係る代金の最終的な帰属者がだれであるか等を総合判断して行う。

第2節　信託財産に係る譲渡等の帰属

（信託契約に基づき財産を受託者に移転する行為等）

4－2－1　受益者等課税信託（法第14条第1項《信託財産に係る資産の譲渡等の帰属》に規定する受益者（同条第2項の規定により同条第1項に規定する受益者とみなされる者を含む。）がその信託財産に属する資産を有するものとみなされる信託をいう。以下第3節及び9－1－29において同じ。）においては、次に掲げる移転は資産の譲渡等には該当しないことに留意する（平12課消2－10、平13課消1－

5、平19課消1－18により改正）。

⑴　信託行為に基づき、その信託の委託者から受託者へ信託する資産の移転

⑵　信託の終了に伴う、その信託の受託者から受益者又は委託者への残余財産の給付としての移転

（注）　事業者が事業として行う令第2条第1項第3号《資産の譲渡等の範囲》に定める行為は、資産の譲渡等に該当する。

（集団投資信託等の信託財産に係る取扱い）

4－2－2　法第14条第1項ただし書《信託財産に係る資産の譲渡等》に規定する集団投資信託、法人課税信託、退職年金等信託又は特定公益信託等（以下9－1－30において「集団投資信託等」という。）の信託財産に属する資産及び当該信託財産に係る資産等取引については、受託者が当該信託財産に属する資産を有し、かつ、資産等取引を行ったものとなるのであるから留意する（平19課消1－18により改正）。

第3節　受益者等課税信託に関する取扱い（略）

第4節　法人課税信託に関する取扱い（略）

第5章　課税範囲

第1節　通則（抄）

（事業としての意義）

5－1－1　法第2条第1項第8号《資産の譲渡等の意義》に規定する「事業として」とは、対価を得て行われる資産の譲渡及び貸付け並びに役務の提供が反復、継続、独立して行われることをいう（平23課消1－35により改正）。

（注）1　個人事業者が生活の用に供している資産を譲渡する場合の当該譲渡は、「事業として」には該当しない。

　　2　法人が行う資産の譲渡及び貸付け並びに役務の提供は、その全てが、「事業として」に該当

する。

（対価を得て行われるの意義）

5−1−2　法第2条第1項第8号《資産の譲渡等の意義》に規定する「対価を得て行われる資産の譲渡及び貸付け並びに役務の提供」とは、資産の譲渡及び貸付け並びに役務の提供に対して反対給付を受けることをいうから、無償による資産の譲渡及び貸付け並びに役務の提供は、資産の譲渡等に該当しないことに留意する（平27課消1−17により改正）。

（注）　個人事業者が棚卸資産若しくは棚卸資産以外の資産で事業の用に供していたものを家事のために消費し、若しくは使用した場合における当該消費若しくは使用又は法人が資産をその役員に対して贈与した場合における当該贈与は、法第4条第5項《資産のみなし譲渡》の規定により、事業として対価を得て行われた資産の譲渡とみなされることに留意する。

（資産の意義）

5−1−3　法第2条第1項第8号及び第12号《資産の譲渡等の意義等》に規定する「資産」とは、取引の対象となる一切の資産をいうから、棚卸資産又は固定資産のような有形資産のほか、権利その他の無形資産が含まれることに留意する（平27課消1−17により改正）。

（代物弁済の意義）

5−1−4　法第2条第1項第8号《資産の譲渡等の意義》に規定する「代物弁済による資産の譲渡」とは、債務者が債権者の承諾を得て、約定されていた弁済の手段に代えて他の給付をもって弁済する場合の資産の譲渡をいうのであるから、例えば、いわゆる現物給与とされる現物による給付であっても、その現物の給付が給与の支払に代えて行われるものではなく、単に現物を給付することとする場合のその現物の給付は、代物弁済に該当しないことに留意する。

（負担付き贈与の意義）

5−1−5　令第2条第1項第1号《負担付き贈与による資産の譲渡》に規定する「負担付き贈与」とは、その贈与に係る受贈者に一定の給付をする義務を負担させる資産の贈与をいうのであるから留意する。

なお、事業者が他の事業者に対して行った広告宣伝用の資産の贈与は、同号に規定する負担付き贈与には該当しない。

（注）　事業者が資産を贈与（法人のその役員に対する贈与を除く。）した場合において、当該資産の贈与が負担付き贈与に該当しない限り、当該資産の贈与は、資産の譲渡等に該当しない。

（金銭以外の資産の出資の範囲）

5−1−6　令第2条第1項第2号《金銭以外の資産の出資》に規定する「金銭以外の資産の出資」には、法第12条第7項第3号《分割等の意義》に該当する金銭出資により設立した法人に同号の契約に基づく金銭以外の資産を譲渡する形態により行われるものは含まれないのであるから留意する。

したがって、この場合における当該金銭以外の資産の譲渡に係る対価の額は、当該譲渡について現実に対価として収受し、又は収受すべき金額となる（平13課消1−5により改正）。

（付随行為）

5−1−7　令第2条第3項《付随行為》に規定する「その性質上事業に付随して対価を得て行われる資産の譲渡及び貸付け並びに役務の提供」には、例えば、事業活動の一環として、又はこれに関連して行われる次に掲げるようなものが該当することに留意する。

⑴　職業運動家、作家、映画・演劇等の出演者等で事業者に該当するものが対価を得て行う他の事業者の広告宣伝のための役務の提供

⑵　職業運動家、作家等で事業者に該当するものが対価を得て行う催物への参加又はラジオ放送若しくはテレビ放送等に係る出演その他これらに類するもののための役務の提供

(3) 事業の用に供している建物、機械等の売却

(4) 利子を対価とする事業資金の預入れ

(5) 事業の遂行のための取引先又は使用人に対する利子を対価とする金銭等の貸付け

(6) 新聞販売店における折込広告

(7) 浴場業、飲食業等における広告の掲示

（リース取引の実質判定）

5-1-9　事業者が行うリース取引が、当該リース取引の目的となる資産の譲渡若しくは貸付け又は金銭の貸付けのいずれに該当するかは、所得税又は法人税の課税所得の計算における取扱いの例により判定するものとし、この場合には、次のことに留意する（平20課消1-8により改正）。

(1) 所法第67条の2第1項《売買とされるリース取引》又は法法第64条の2第1項《売買とされるリース取引》の規定により売買があったものとされるリース取引については、当該リース取引の目的となる資産の引渡しの時に資産の譲渡があったこととなる。

　　(注) この場合の資産の譲渡の対価の額は、当該リース取引に係る契約において定められたリース資産の賃貸借期間（以下9-3-6の3及び9-3-6の4において「リース期間」という。）中に収受すべきリース料の額の合計額となる。

(2) 所法第67条の2第2項《金銭の貸借とされるリース取引》又は法法第64条の2第2項《金銭の貸借とされるリース取引》の規定により金銭の貸借があったものとされるリース取引については、当該リース取引の目的となる資産に係る譲渡代金の支払の時に金銭の貸付けがあったこととなる。

第2節　資産の譲渡の範囲（抄）

（保証債務等を履行するために行う資産の譲渡）

5-2-2　法第2条第1項第8号《資産の譲渡等の意義》に規定する事業として対価を得て行われる資産の譲渡は、その原因を問わないのであるから、例えば、他の者の債務の保証を履行するために行う資産の譲渡又は強制換価手続により換価された場合の資産の譲渡は、同号に規定する事業として対価を得て行われる資産の譲渡に該当することに留意する。

（会報、機関紙（誌）の発行）

5-2-3　同業者団体、組合等が対価を得て行う会報又は機関紙（誌）（以下5-2-3において「会報等」という。）の発行（会報等の発行の対価が会費又は組合費等の名目で徴収されていると認められる場合の当該会報等の発行を含む。）は、資産の譲渡等に該当するのであるが、会報等が同業者団体、組合等の通常の業務運営の一環として発行され、その構成員に配布される場合には、当該会報等の発行費用がその構成員からの会費、組合費等によって賄われているときであっても、その構成員に対する当該会報等の配布は、資産の譲渡等に該当しない。

　　(注) 同業者団体、組合等が、その構成員から会費、組合費等を受け、その構成員に会報等を配布した場合に、当該会報等が書店等において販売されているときであっても、当該会報等が当該同業者団体、組合等の業務運営の一環として発行されるものであるときは、その構成員に対する配布は、資産の譲渡等に該当しないものとして取り扱う。

（保険金、共済金等）

5-2-4　保険金又は共済金（これらに準ずるものを含む。）は、保険事故の発生に伴い受けるものであるから、資産の譲渡等の対価に該当しないことに留意する。

（損害賠償金）

5-2-5　損害賠償金のうち、心身又は資産につき加えられた損害の発生に伴い受けるものは、資産の譲渡等の対価に該当しないが、例えば、次に掲げる損害賠償金のように、その実質が資産の譲渡等の対価に該当すると認められるものは資産の譲渡等の対価に該当することに留意する。

(1) 損害を受けた棚卸資産等が加害者（加害者に代わって損害賠償金を支払う者を含む。以下5-2

－5において同じ。）に引き渡される場合で、当該棚卸資産等がそのまま又は軽微な修理を加えることにより使用できるときに当該加害者から当該棚卸資産等を所有する者が収受する損害賠償金

(2) 無体財産権の侵害を受けた場合に加害者から当該無体財産権の権利者が収受する損害賠償金

(3) 不動産等の明渡しの遅滞により加害者から賃貸人が収受する損害賠償金

（容器保証金等の取扱い）

5－2－6　びん・缶又は収納ケース等（以下5－2－6において「容器等」という。）込みで資産を譲渡する場合に、容器等込みで資産を引き渡す際に収受し、当該資産を消費等した後に空の容器等を返却したときは返還することとされている保証金等は、資産の譲渡等の対価に該当しない。

なお、当該容器等が返却されないことにより返還しないこととなった保証金等の取扱いについては、次による。

(1) 当事者間において当該容器等の譲渡の対価として処理することとしている場合　資産の譲渡等の対価に該当する。

(2) 当事者間において損害賠償金として処理することとしている場合　当該損害賠償金は資産の譲渡等の対価に該当しない。

(注)　(1)又は(2)のいずれによるかは、当事者間で授受する請求書、領収書その他の書類で明らかにするものとする。

（建物賃貸借契約の解除等に伴う立退料の取扱い）

5－2－7　建物等の賃借人が賃貸借の目的とされている建物等の契約の解除に伴い賃貸人から収受する立退料（不動産業者等の仲介を行う者を経由して収受する場合を含む。）は、賃貸借の権利が消滅することに対する補償、営業上の損失又は移転等に要する実費補償などに伴い授受されるものであり、資産の譲渡等の対価に該当しない。

(注)　建物等の賃借人たる地位を賃貸人以外の第三者に譲渡し、その対価として立退料等として収受し

たとしても、これらは建物等の賃借権の譲渡に係る対価として受領されるものであり、資産の譲渡等の対価に該当することになるのであるから留意する。

（剰余金の配当等）

5－2－8　剰余金の配当若しくは利益の配当又は剰余金の分配（出資に係るものに限る。以下5－2－8において同じ。）は、株主又は出資者たる地位に基づき、出資に対する配当又は分配として受けるものであるから、資産の譲渡等の対価に該当しないことに留意する（平18課消1－16により改正）。

(注)　事業者が、法法第60条の2第1項第1号《協同組合等の事業分量配当等の損金算入》に掲げる事業分量配当（当該事業者が協同組合等から行った課税仕入れに係るものに限る。）を受けた場合には、法第32条《仕入れに係る対価の返還等を受けた場合の仕入れに係る消費税額の控除の特例》の規定が適用されることになる。

（自己株式の取扱い）

5－2－9　法人が自己株式を取得する場合（証券市場での買入れによる取得を除く。）における株主から当該法人への株式の引渡し及び法人が自己株式を処分する場合における他の者への株式の引渡しは、いずれも資産の譲渡等に該当しない（平18課消1－16により改正）。

（対価補償金等）

5－2－10　令第2条第2項《資産の譲渡等の範囲》に規定する「補償金」とは、同項の規定により譲渡があったものとみなされる収用の目的となった所有権その他の権利の対価たる補償金（以下5－2－10において「対価補償金」という。）をいうのであり、当該補償金の収受により権利者の権利が消滅し、かつ、当該権利を取得する者から支払われるものに限られるから、次に掲げる補償金は、対価補償金に該当しないことに留意する（平23課消1－35により改正）。

(1) 事業について減少することとなる収益又は生ず
　　ることとなる損失の補填に充てるものとして交付
　　を受ける補償金
(2) 休廃業等により生ずる事業上の費用の補填又は
　　収用等による譲渡の目的となった資産以外の資産
　　について実現した損失の補填に充てるものとして
　　交付を受ける補償金
(3) 資産の移転に要する費用の補填に充てるものと
　　して交付を受ける補償金
(4) その他対価補償金たる実質を有しない補償金
　　(注) 公有水面埋立法の規定に基づく公有水面の埋
　　　　立てによる漁業権又は入漁権の消滅若しくはこ
　　　　れらの価値の減少に伴う補償金は、補償金を支
　　　　払う者はこれらの権利を取得せず、資産の移転
　　　　がないことから、資産の譲渡等の対価に該当し
　　　　ない。

(譲渡担保等)

5－2－11　事業者が債務の弁済の担保としてその有
　　する資産を譲渡した場合において、その譲渡につき
　　所基通33－2《譲渡担保に係る資産の移転》又は法
　　基通2－1－18《固定資産を譲渡担保に供した場
　　合》の取扱いの適用を受けているときは、その取扱
　　いの例によるものとする。

(自社使用等)

5－2－12　事業者が自己の広告宣伝又は試験研究等
　　のために商品、原材料等の資産を消費し、又は使用
　　した場合の当該消費又は使用は、資産の譲渡に該当
　　しないことに留意する。

(資産の廃棄、盗難、滅失)

5－2－13　棚卸資産又は棚卸資産以外の資産で事業
　　の用に供していた若しくは供すべき資産について廃
　　棄をし、又は盗難若しくは滅失があった場合のこれ
　　らの廃棄、盗難又は滅失は、資産の譲渡等に該当し
　　ないことに留意する。

(寄附金、祝金、見舞金等)

5－2－14　寄附金、祝金、見舞金等は原則として資
　　産の譲渡等に係る対価に該当しないのであるが、例
　　えば、資産の譲渡等を行った事業者がその譲渡等に
　　係る対価を受領するとともに別途寄附金等の名目で
　　金銭を受領している場合において、当該寄附金等と
　　して受領した金銭が実質的に当該資産の譲渡等の対
　　価を構成すべきものと認められるときは、その受領
　　した金銭はその資産の譲渡等の対価に該当する。

(補助金、奨励金、助成金等)

5－2－15　事業者が国又は地方公共団体等から受け
　　る奨励金若しくは助成金等又は補助金等に係る予算
　　の執行の適正化に関する法律第2条第1項《定義》
　　に掲げる補助金等のように、特定の政策目的の実現
　　を図るための給付金は、資産の譲渡等の対価に該当
　　しないことに留意する（平23課消1－35により改
　　正）。
　　(注) 雇用保険法の規定による雇用調整助成金、雇用
　　　　対策法の規定による職業転換給付金又は障害者の
　　　　雇用の促進等に関する法律の規定による身体障害
　　　　者等能力開発助成金のように、その給付原因とな
　　　　る休業手当、賃金、職業訓練費等の経費の支出に
　　　　当たり、あらかじめこれらの雇用調整助成金等に
　　　　よる補填を前提として所定の手続をとり、その手
　　　　続のもとにこれらの経費の支出がされることにな
　　　　るものであっても、これらの雇用調整助成金等は、
　　　　資産の譲渡等の対価に該当しない。

(下請先に対する原材料等の支給)

5－2－16　事業者が外注先等に対して外注加工に係
　　る原材料等を支給する場合において、その支給に係
　　る対価を収受することとしているとき（以下5－2
　　－16において「有償支給」という。）は、その原材
　　料等の支給は、対価を得て行う資産の譲渡に該当す
　　るのであるが、有償支給の場合であっても事業者が
　　その支給に係る原材料等を自己の資産として管理し
　　ているときは、その原材料等の支給は、資産の譲渡
　　に該当しないことに留意する。

（注）　有償支給に係る原材料等についてその支給をした事業者が自己の資産として管理しているときには支給を受ける外注先等では当該原材料等の有償支給は課税仕入れに該当せず、また、当該支給をした事業者から収受すべき金銭等のうち原材料等の有償支給に係る金額を除いた金額が資産の譲渡等の対価に該当する。

第3節　みなし譲渡（抄）

第1款　個人事業者の家事消費等（略）

第2款　役員に対するみなし譲渡（抄）

（役員に対する無償譲渡等）

5－3－5　法第4条第5項第2号《役員に対するみなし譲渡》又は第28条第1項ただし書《課税標準》の規定により、法人がその役員に対し、資産を無償で譲渡した場合又は資産の譲渡の時における当該資産の価額に比し著しく低い対価の額で譲渡した場合には、当該譲渡の時における価額に相当する金額がその対価の額とされるのであるが、法人がその役員に対し無償で行った資産の貸付け又は役務の提供については、これらの規定が適用されないことに留意する（平27課消1－17により改正）。

（注）　所基通36－21《課税しない経済的利益……永年勤続者の記念品等》又は36－22《課税しない経済的利益……創業記念品等》において給与として課税しなくて差し支えないものとされている記念品等については、役員に対して無償支給する場合であっても、法第4条第5項第2号に該当しないものとして取り扱って差し支えない。

第4節　資産の貸付け（抄）

（資産を使用させる一切の行為の意義）

5－4－2　法第2条第2項《資産の貸付けの意義》に規定する「資産を使用させる一切の行為（当該行為のうち、電気通信利用役務の提供に該当するもの

を除く。）」とは、例えば、次のものをいう（平27課消1－17により改正）。

⑴　工業所有権等（特許権等の工業所有権並びにこれらの権利に係る出願権及び実施権をいう。）の使用、提供又は伝授

⑵　著作物の複製、上演、放送、展示、上映、翻訳、編曲、脚色、映画化その他著作物を利用させる行為

⑶　工業所有権等の目的になっていないが、生産その他業務に関し繰り返し使用し得るまでに形成された創作（特別の原料、処方、機械、器具、工程によるなど独自の考案又は方法についての方式、これに準ずる秘けつ、秘伝その他特別に技術的価値を有する知識及び意匠等をいう。）の使用、提供又は伝授

（借家保証金、権利金等）

5－4－3　建物又は土地等の賃貸借契約等の締結又は更改に当たって受ける保証金、権利金、敷金又は更改料（更新料を含む。）のうち賃貸借期間の経過その他当該賃貸借契約等の終了前における一定の事由の発生により返還しないこととなるものは、権利の設定の対価であるから資産の譲渡等の対価に該当するが、当該賃貸借契約の終了等に伴って返還することとされているものは、資産の譲渡等の対価に該当しないことに留意する。

（福利厚生施設の利用）

5－4－4　事業者が、その有する宿舎、宿泊所、集会所、体育館、食堂その他の施設を、対価を得て役員又は使用人等に利用させる行為は、資産の譲渡等に該当することに留意する。

（資産の無償貸付け）

5－4－5　個人事業者又は法人が、資産の貸付けを行った場合において、その資産の貸付けに係る対価を収受しないこととしているときは、当該資産の貸付けを受けた者が当該個人事業者の家族又は当該法人の役員であっても、資産の譲渡等に該当しないこ

とに留意する。

第5節　役務の提供（抄）

（解約手数料、払戻手数料等）

5－5－2　予約の取消し、変更等に伴って予約を受けていた事業者が収受するキャンセル料、解約損害金等は、逸失利益等に対する損害賠償金であり、資産の譲渡等の対価に該当しないが、解約手数料、取消手数料又は払戻手数料等を対価とする役務の提供のように、資産の譲渡等に係る契約等の解約又は取消し等の請求に応じ、対価を得て行われる役務の提供は、資産の譲渡等に該当することに留意する。

例えば、約款、契約等において解約等の時期にかかわらず、一定額を手数料等として授受することとしている場合の当該手数料等は、解約等の請求に応じて行う役務の提供の対価に該当する。

なお、解約等に際し授受することとされている金銭のうちに役務の提供の対価である解約手数料等に相当する部分と逸失利益等に対する損害賠償金に相当する部分とが含まれている場合には、その解約手数料等に相当する部分が役務の提供の対価に該当するのであるが、これらの対価の額を区分することなく、一括して授受することとしているときは、その全体を資産の譲渡等の対価に該当しないものとして取り扱う。

（会費、組合費等）

5－5－3　同業者団体、組合等がその構成員から受ける会費、組合費等については、当該同業者団体、組合等がその構成員に対して行う役務の提供等との間に明白な対価関係があるかどうかによって資産の譲渡等の対価であるかどうかを判定するのであるが、その判定が困難なものについて、継続して、同業者団体、組合等が資産の譲渡等の対価に該当しないものとし、かつ、その会費等を支払う事業者側がその支払を課税仕入れに該当しないこととしている場合には、これを認める。

（注）1　同業者団体、組合等がその団体としての通常の業務運営のために経常的に要する費用をその構成員に分担させ、その団体の存立を図るというようないわゆる通常会費については、資産の譲渡等の対価に該当しないものとして取り扱って差し支えない。

2　名目が会費等とされている場合であっても、それが実質的に出版物の購読料、映画・演劇等の入場料、職員研修の受講料又は施設の利用料等と認められるときは、その会費等は、資産の譲渡等の対価に該当する。

3　資産の譲渡等の対価に該当するかどうかの判定が困難な会費、組合費等について、この通達を適用して資産の譲渡等の対価に該当しないものとする場合には、同業者団体、組合等は、その旨をその構成員に通知するものとする。

（入会金）

5－5－4　同業者団体、組合等がその構成員から収受する入会金（返還しないものに限る。）については、当該同業者団体、組合等がその構成員に対して行う役務の提供等との間に明白な対価関係があるかどうかによって資産の譲渡等の対価であるかどうかを判定するのであるが、その判定が困難なものにつき、当該同業者団体、組合等が資産の譲渡等の対価に該当しないものとし、かつ、その入会金を支払う事業者側がその支払を課税仕入れに該当しないこととしている場合には、これを認める（令3課消2－1により改正）。

（注）資産の譲渡等の対価に該当するかどうかの判定が困難な入会金について、この通達を適用して資産の譲渡等の対価に該当しないものとする場合には、同業者団体、組合等は、その旨をその構成員に通知するものとする。

（ゴルフクラブ等の入会金）

5－5－5　ゴルフクラブ、宿泊施設その他レジャー施設の利用又は一定の割引率で商品等を販売するなど会員に対する役務の提供を目的とする事業者が会員等の資格を付与することと引換えに収受する入会

金（返還しないものに限る。）は、資産の譲渡等の対価に該当することに留意する。

（公共施設の負担金等）

5－5－6　特定の事業を実施する者が当該事業への参加者又は当該事業に係る受益者から受ける負担金、賦課金等については、当該事業の実施に伴う役務の提供との間に明白な対価関係があるかどうかによって資産の譲渡等の対価であるかどうかを判定するのであるが、例えば、その判定が困難な国若しくは地方公共団体の有する公共的施設又は同業者団体等の有する共同的施設の設置又は改良のための負担金について、国、地方公共団体又は同業者団体等が資産の譲渡等の対価に該当しないものとし、かつ、その負担金を支払う事業者がその支払を課税仕入れに該当しないこととしている場合には、これを認める。

　(注)1　公共的施設の負担金等であっても、例えば、専用側線利用権、電気ガス供給施設利用権、水道施設利用権、電気通信施設利用権等の権利の設定に係る対価と認められる場合等の、その負担金等は、資産の譲渡等の対価に該当する。

　　　2　資産の譲渡等の対価に該当するかどうかの判定が困難な公共的施設の負担金等について、この通達を適用して資産の譲渡等の対価に該当しないものとする場合には、国、地方公共団体又は同業者団体等は、その旨をその構成員に通知するものとする。

（共同行事に係る負担金等）

5－5－7　同業者団体等の構成員が共同して行う宣伝、販売促進、会議等（以下5－5－7において「共同行事」という。）に要した費用を賄うために当該共同行事の主宰者がその参加者から収受する負担金、賦課金等については、当該主宰者において資産の譲渡等の対価に該当する。ただし、当該共同行事のために要した費用の全額について、その共同行事への参加者ごとの負担割合が予め定められている場合において、当該共同行事の主宰者が収受した負担金、賦課金等について資産の譲渡等の対価とせず、

その負担割合に応じて各参加者ごとにその共同行事を実施したものとして、当該負担金、賦課金等につき仮勘定として経理したときは、これを認める。

　(注)　この取扱いによる場合において、当該負担金、賦課金等により賄われた費用のうちに課税仕入れ等に該当するものがあるときは、各参加者がその負担割合に応じて当該課税仕入れ等について法第30条《仕入れに係る消費税額の控除》の規定を適用することになる。

（賞金等）

5－5－8　他の者から賞金又は賞品（以下5－5－8において「賞金等」という。）の給付を受けた場合において、その賞金等が資産の譲渡等の対価に該当するかどうかは、当該賞金等の給付と当該賞金等の対象となる役務の提供との間の関連性の程度により個々に判定するのであるが、例えば、次のいずれの要件をも満たす場合の賞金等は、資産の譲渡等の対価に該当する（平27課消1－17により改正）。

　(1)　受賞者が、その受賞に係る役務の提供を業とする者であること。

　(2)　賞金等の給付が予定されている催物等に参加し、その結果として賞金等の給付を受けるものであること。

　　　(注)　当該資産の譲渡等が特定役務の提供である場合には、当該役務の提供を受けた事業者の特定課税仕入れとなることに留意する。

（出向先事業者が支出する給与負担金）

5－5－10　事業者の使用人が他の事業者に出向した場合において、その出向した使用人（以下5－5－10において「出向者」という。）に対する給与を出向元事業者（出向者を出向させている事業者をいう。以下5－5－10において同じ。）が支給することとしているため、出向先事業者（出向元事業者から出向者の出向を受けている事業者をいう。以下5－5－10において同じ。）が自己の負担すべき給与に相当する金額（以下5－5－10において「給与負担金」という。）を出向元事業者に支出したときは、

当該給与負担金の額は、当該出向先事業者における
その出向者に対する給与として取り扱う。

（注） この取扱いは、出向先事業者が実質的に給与負
担金の性質を有する金額を経営指導料等の名義で
支出する場合にも適用する。

（労働者派遣に係る派遣料）

5－5－11 労働者の派遣（自己の雇用する労働者を、
当該雇用関係の下に、かつ、他の者の指揮命令を受
けて、当該他の者のために労働に従事させるもので、
当該他の者と当該労働者との間に雇用関係のない場
合をいう。）を行った事業者が当該他の者から収受
する派遣料等の金銭は、資産の譲渡等の対価に該当
する。

（電気通信役務に係る回線使用料等）

5－5－12 電気通信事業法第2条第5号《定義》に
規定する電気通信事業者が同条第3号に規定する電
気通信役務の提供に伴って収受する対価は「回線使
用料」等と称している場合であっても、役務の提供
の対価に該当する。

したがって、電気通信設備を使用させることが電
気通信役務に該当する場合において、当該電気通
信設備が国内と国内以外にわたって敷設等されてい
るものであるときは、法第7条第1項第3号《国際
輸送等に対する輸出免税》に規定する国内及び国内
以外の地域にわたって行われる通信に該当すること
となる（平14課消1－12、平16課消1－25により改
正）。

第6節　保税地域からの引取り

（保税地域から引き取られる外国貨物の範囲）

5－6－1 法第4条第2項《課税の対象》に規定す
る「保税地域から引き取られる外国貨物」には、輸
徴法第5条《保税地域からの引取り等とみなす場
合》の規定により保税地域からの引取りとみなされ
る貨物も含まれることに留意する。

（無償による貨物の輸入等）

5－6－2 保税地域から引き取られる外国貨物につ
いては、国内において事業者が行った資産の譲渡等
の場合のように、「事業として対価を得て行われる」
ものには限られないのであるから、保税地域から引
き取られる外国貨物に係る対価が無償の場合又は保
税地域からの外国貨物の引取りが事業として行われ
るものではない場合のいずれについても法第4条第
2項《外国貨物に対する消費税の課税》の規定が適
用されるのであるから留意する。

（無体財産権の伴う外国貨物に係る課税標準）

5－6－3 特許権等の無体財産権の使用の対価を支
払う外国貨物を保税地域から引き取る場合には、そ
の外国貨物のみが課税の対象となり、この場合の課
税標準は、当該外国貨物に対する関税の課税価格に
消費税以外の消費税等（通則法第2条第3号《定
義》に規定する消費税等をいう。）の額（通則法第
2条第4号《定義》に規定する附帯税に相当する額
を除く。）及び関税額（関税法第2条第1項第4号
の2《定義》に規定する附帯税の額に相当する額を
除く。）を加算した金額となる。この場合において、
当該特許権等の無体財産権（複製権を除く。）の使
用に伴う対価の支払が当該外国貨物の輸入取引の条
件となっているときは、当該対価の額は、関税の課
税価格に含めることに留意する（平11課消2－5に
より改正）。

（注） 保税地域から引き取られる外国貨物が消費税の
課税の対象となり、外国から特許権等の無体財産
権の譲受け又は貸付けを併せて受ける場合であっ
ても、輸入取引の条件となっていないときは、そ
の無体財産権は、保税地域から引き取る外国貨物
には該当しないことから、消費税の課税の対象と
はならない。

（保税地域において外国貨物が亡失又は滅失した場
合）

5－6－4 保税地域にある外国貨物が災害等により
亡失し、又は滅失した場合には、法第4条第6項

《保税地域における外国貨物の消費等》の規定は適用されないのであるから留意する（平27課消1－17により改正）。

（保税作業により製造された貨物）

5－6－5　保税地域における保税作業（外国貨物についての加工若しくはこれを原料とする製造（混合を含む。）又は外国貨物に係る改装、仕分その他の手入れをいう。）により、内国貨物が課税貨物に該当する貨物の材料又は原料として使用され、又は消費された場合には、法第4条第6項本文《保税地域における外国貨物の消費等》の規定は適用されないのであるが、これにより製造された貨物は、関税法第59条第1項《内国貨物の使用等》の規定により外国貨物とみなされることとなり、当該製造された貨物を保税地域から引き取る時には、法第4条第2項《課税の対象》の規定の適用を受けることに留意する。

なお、関税法第59条第2項の規定により税関長の承認を受けて、外国貨物と内国貨物を混じて使用したときは、前段の規定にかかわらず、これによりできた製品のうち、当該外国貨物の数量に対応するものを外国貨物とみなすこととなるのであるから留意する（平27課消1－17により改正）。

（輸入外航機等の課税関係）

5－6－6　船舶運航事業を営む者（海上運送法第2条第2項《船舶運航事業の意義》に規定する船舶運航事業を営む者をいう。）若しくは船舶貸渡業を営む者（同条第7項《船舶貸渡業の意義》に規定する船舶貸渡事業を営む者をいう。）又は航空運送事業を営む者（航空法第2条第18項《航空運送事業の意義》に規定する航空運送事業を営む者をいう。）が、専ら国内と国内以外の地域又は国内以外の地域間において行われる旅客若しくは貨物の輸送の用に供される船舶又は航空機を保税地域から引き取る場合には、輸徴法第13条第2項《免税等》の規定により、その引取りに係る消費税は免除されることに留意する（平18課消1－1、平21課消1－10により改正）。

第7節　国内取引の判定（抄）

（国外と国外との間における取引の取扱い）

5－7－1　事業者が国外において購入した資産を国内に搬入することなく他へ譲渡した場合には、その経理処理のいかんを問わず、その譲渡は、法第4条第1項《課税の対象》に規定する「国内において事業者が行った資産の譲渡等」に該当しないのであるから留意する。

（特許権等の範囲）

5－7－5　令第6条第1項第5号《特許権等の所在地》に規定する「特許権」、「実用新案権」、「意匠権」、「商標権」、「回路配置利用権」又は「育成者権」とは、次のものをいう（外国に登録されているこれらの権利を含む。）。

(1)　特許権　特許法第66条《特許権の設定の登録》に規定する特許権をいう。

(2)　実用新案権　実用新案法第14条《実用新案権の設定の登録》に規定する実用新案権をいう。

(3)　意匠権　意匠法第20条《意匠権の設定の登録》に規定する意匠権をいう。

(4)　商標権　商標法第18条《商標権の設定の登録》に規定する商標権をいう。

(5)　回路配置利用権　半導体集積回路の回路配置に関する法律第10条《回路配置利用権の発生及び存続期間》に規定する回路配置利用権をいう。

(6)　育成者権　種苗法第19条《育成者権の発生及び存続期間》に規定する育成者権をいう。

（著作権等の範囲）

5－7－6　令第6条第1項第7号《著作権等の所在地》に規定する「著作権」、「出版権」又は「著作隣接権」とは、次のものをいう（外国におけるこれらの権利を含む。）（平23課消1－35により改正）。

(1)　著作権　著作権法の規定に基づき著作者が著作物に対して有する権利をいう。

(2)　出版権　著作権法第3章《出版権》に規定する

出版権をいう。

(3) 著作隣接権 著作権法第89条《著作隣接権》に規定する著作隣接権をいう。

（特別の技術による生産方式の範囲）

5－7－7 令第6条第1項第7号《著作権の所在地》に規定する「特別の技術による生産方式」とは、特許に至らない技術、技術に関する附帯情報等をいい、いわゆるノウハウと称されるものがこれに該当する（平23課消1－35により改正）。

（営業権の範囲）

5－7－8 令第6条第1項第8号《営業権等の所在地》に規定する営業権には、例えば、繊維工業における織機の登録権利、許可漁業の出漁権、タクシー業のいわゆるナンバー権のように、法令の規定、行政官庁の指導等による規制に基づく登録、認可、許可、割当て等に基づく権利（外国におけるこれらの権利を含む。）が該当する（平12課消2－10、平23課消1－35により改正）。

（資産の所在場所が国外である場合の取扱い）

5－7－10 国内の事業者が、国内の他の事業者に対し、対価を得て法第4条第3項第1号又は令第6条第1項《資産の譲渡等が国内において行われたかどうかの判定》の規定により国外に所在するものとされる資産の譲渡又は貸付けをした場合には、当該譲渡又は貸付けは国外において行われたこととなり、消費税の課税の対象とはならないのであるから留意する。

（船荷証券の譲渡に係る内外判定）

5－7－11 船荷証券の譲渡は、当該船荷証券に表彰されている貨物の譲渡であるから、原則として当該船荷証券の譲渡が行われる時において当該貨物が現実に所在している場所により国内取引に該当するかどうかを判定するのであるが、その船荷証券に表示されている「荷揚地」（PORT OF DISCHARGE）が国内である場合の当該船荷証券の譲渡については、

その写しの保存を要件として国内取引に該当するものとして取り扱って差し支えない。

なお、本邦からの輸出貨物に係る船荷証券の譲渡は、当該貨物の荷揚地が国外であることから、国外取引に該当する。

（貸付けに係る資産の所在場所が変わった場合の内外判定）

5－7－12 資産の貸付けが国内取引に該当するかどうかについては、当該貸付けの時において当該資産が所在していた場所で判定するのであるが、賃貸借に関する契約において貸付けに係る資産（特許権等の無形資産を除く。以下5－7－12において同じ。）の使用場所が特定されている場合で、当該契約に係る当事者間の合意に基づき、当該資産の使用場所を変更した場合には、変更後の当該資産の使用場所が国内にあるかどうかにより当該資産の貸付けが国内において行われたかどうかを改めて判定することとなるのであるから留意する。

（役務の提供に係る内外判定）

5－7－15 法第4条第3項第2号《課税の対象》に規定する役務の提供が行われた場所とは、現実に役務の提供があった場所として具体的な場所を特定できる場合にはその場所をいうのであり、具体的な場所を特定できない場合であっても役務の提供に係る契約において明らかにされている役務の提供場所があるときは、その場所をいうものとする。

したがって、法第4条第3項第2号、令第6条第2項第1号から第5号まで《資産の譲渡等が国内において行われたかどうかの判定》の規定に該当する場合又は役務の提供に係る契約において明らかにされている役務の提供場所がある場合には、これらに定められた場所により国内取引に該当するかどうかを判定することとなり、役務の提供の場所が明らかにされていないもののほか、役務の提供が国内と国外の間において連続して行われるもの及び同一の者に対して行われる役務の提供で役務の提供場所が国内と国外の双方で行われるもののうち、その対価の

額が合理的に区分されていないものについて、令第6条第2項第6号《役務の提供が国内、国外にわたるものの内外判定》の規定により判定することに留意する（平27課消1－17により改正）。

（電気通信利用役務の提供に係る内外判定）

5－7－15の2　電気通信利用役務の提供が国内において行われたかどうかの判定は、電気通信利用役務の提供を受ける者の住所若しくは居所（現在まで引き続いて1年以上居住する場所をいう。）又は本店若しくは主たる事務所の所在地（以下5－7－15の2において「住所等」という。）が国内にあるかどうかにより判定するのであるから、事業者が行う次のような電気通信利用役務の提供であっても、国内取引に該当する。

なお、電気通信利用役務の提供を受ける者の住所等が国内にあるかどうかについては、電気通信利用役務の提供を行う事業者が、客観的かつ合理的な基準に基づいて判定している場合にはこれを認める（平27課消1－17により追加）。

⑴　国内に住所を有する者に対して、その者が国外に滞在している間に行うもの

⑵　内国法人の国外に有する事務所に対して行うもの

第8節　特定資産の譲渡等（抄）

（特定資産の譲渡等に係る納税義務）

5－8－1　特定資産の譲渡等については、当該特定資産の譲渡等を行う国外事業者が課税事業者であるかどうかにかかわらず、当該特定資産の譲渡等を受けた事業者が、当該特定資産の譲渡等に係る特定課税仕入れについて納税義務者となることに留意する（平27課消1－17により追加）。

㊟　所得税法等の一部を改正する法律（平成27年法律第9号）附則第42条《特定課税仕入れに関する経過措置》及び第44条第2項《中小事業者の仕入れに係る消費税額の控除の特例に関する経過措置》により、当分の間、課税売上割合が100分の

95以上の課税期間（簡易課税制度が適用されない課税期間に限る。）及び簡易課税制度が適用される課税期間については、その課税期間に行った特定課税仕入れはなかったものとして消費税法の規定が適用されるのであるから留意する。

（事業者向け電気通信利用役務の提供）

5－8－4　事業者向け電気通信利用役務の提供とは、国外事業者が行う電気通信利用役務の提供で、その役務の性質又は当該役務の提供に係る取引条件等から当該役務の提供を受ける者が通常事業者に限られるものをいうのであるから、例えば、次に掲げるようなものが該当する（平27課消1－17により追加）。

⑴　インターネットのウエブサイト上への広告の掲載のようにその役務の性質から通常事業者向けであることが客観的に明らかなもの

⑵　役務の提供を受ける事業者に応じて、各事業者との間で個別に取引内容を取り決めて締結した契約に基づき行われる電気通信利用役務の提供で、契約において役務の提供を受ける事業者が事業として利用することが明らかなもの

㊟　消費者に対しても広く提供されるような、インターネットを介して行う電子書籍・音楽の配信又は各種ソフトウエアやゲームを利用させるなどの役務の提供は、インターネットのウエブサイト上に掲載した規約等で事業者のみを対象とするものであることを明示していたとしても、消費者からの申込みが行われ、その申込みを事実上制限できないものについては、その取引条件等からは事業者向け電気通信利用役務の提供に該当しないのであるから留意する。

（職業運動家の範囲）

5－8－5　令第2条の2《特定役務の提供の範囲》に規定する「職業運動家」には、運動家のうち、いわゆるアマチュア、ノンプロ等と称される者であっても、競技等の役務の提供を行うことにより報酬・賞金を受ける場合には、これに含まれることに留意する（平27課消1－17により追加）。

（注）　運動家には、陸上競技などの選手に限られず、騎手、レーサーのほか、大会などで競技する囲碁、チェス等の競技者等が含まれることに留意する。

第9節　軽減対象課税資産の譲渡等（抄）

（食品の範囲）

5－9－1　法別表第一第1号《飲食料品の譲渡》に規定する「食品（食品表示法（平成25年法律第70号）第2条第1項《定義》に規定する食品（酒税法（昭和28年法律第6号）第2条第1項《酒類の定義及び種類》に規定する酒類を除く。）をいう。）」とは、人の飲用又は食用に供されるものをいうから、例えば、人の飲用又は食用以外の用途に供するものとして取引される次に掲げるようなものは、飲食が可能なものであっても「食品」に該当しないことに留意する（令5課消2－9により追加）。

⑴　工業用原材料として取引される塩

⑵　観賞用・栽培用として取引される植物及びその種子

（注）　人の飲用又は食用に供されるものとして譲渡した食品が、購入者により他の用途に供されたとしても、当該食品の譲渡は、法別表第一第1号に掲げる「飲食料品の譲渡」に該当する。

（飲食料品の販売に係る包装材料等の取扱い）

5－9－2　飲食料品の販売に際し使用される包装材料及び容器（以下5－9－2において「包装材料等」という。）が、その販売に付帯して通常必要なものとして使用されるものであるときは、当該包装材料等も含め飲食料品の譲渡に該当することに留意する。

（注）1　贈答用の包装など、包装材料等につき別途対価を定めている場合の当該包装材料等の譲渡は、飲食料品の譲渡には該当しない。

　　　2　例えば、陶磁器やガラス食器等の容器のように飲食の用に供された後において食器や装飾品等として利用できるものを包装材料等として使用している場合には、食品と当該容器をあらかじめ組み合わせて一の商品として価格を提示し販売しているものであるため、当該商品は令第2条の3第1号《飲食料品に含まれる資産の範囲》に規定する一体資産に該当する。

（一の資産の価格のみが提示されているもの）

5－9－3　令第2条の3第1号《飲食料品に含まれる資産の範囲》に規定する一体資産は、食品と食品以外の資産があらかじめ一の資産を形成し、又は構成しているものであって、当該一の資産に係る価格のみが提示されているものに限られるから、例えば、次のような場合は、食品と食品以外の資産が一の資産を形成し、又は構成しているものであっても、一体資産に該当しないことに留意する。

⑴　食品と食品以外の資産を組み合わせた一の詰め合わせ商品について、当該詰め合わせ商品の価格とともに、これを構成する個々の商品の価格を内訳として提示している場合

⑵　それぞれの商品の価格を提示して販売しているか否かにかかわらず、食品と食品以外の資産を、例えば「よりどり3品△△円」との価格を提示し、顧客が自由に組み合わせることができるようにして販売している場合

（注）1　⑴、⑵の場合、個々の商品ごとに適用税率を判定することとなる。

　　　2　⑵の場合に個々の商品に係る対価の額が明らかでないときは、令第45条第3項《一括譲渡した場合の課税標準の計算の方法》の規定により、対価の額を合理的に区分することとなる。

（一体資産に含まれる食品に係る部分の割合として合理的な方法により計算した割合）

5－9－4　令第2条の3第1号《飲食料品に含まれる資産の範囲》に規定する「一体資産の価額のうちに当該一体資産に含まれる食品に係る部分の価額の占める割合として合理的な方法により計算した割合」とは、事業者の販売する商品や販売実態等に応じ、例えば、次の割合など、事業者が合理的に計算

した割合であればこれによって差し支えない。

(1) 当該一体資産の譲渡に係る売価のうち、合理的に計算した食品の売価の占める割合

(2) 当該一体資産の譲渡に係る原価のうち、合理的に計算した食品の原価の占める割合

(注)1　原価に占める割合により計算を行う場合において、当該原価が日々変動するなど、当該割合の計算が困難なときは、前課税期間における原価の実績等により合理的に計算されている場合はこれを認める。

2　売価又は原価と何ら関係のない、例えば、重量・表面積・容積等といった基準のみにより計算した割合は、当該一体資産に含まれる食品に係る部分の価額に占める割合として合理的な方法により計算した割合とは認められない。

（自動販売機による譲渡）

5-9-5　自動販売機により行われるジュース、パン、お菓子等の販売は、飲食料品を飲食させる役務の提供を行っているものではなく、単にこれらの飲食料品を販売するものであるから、軽減税率の適用対象となる飲食料品の譲渡に該当することに留意する（令5課消2-9により追加）。

（飲食店業等の事業を営む者が行う食事の提供の意義）

5-9-6　法別表第一第1号イ《飲食料品の譲渡》に規定する食事の提供（以下5-9-6、5-9-9及び5-9-10において「食事の提供」という。）には、食品衛生法施行令第34条の2第2号《小規模な営業者等》に規定する飲食店営業を行う者のみならず、飲食料品をその場で飲食させる事業を営む者が行う食事の提供の全てが該当することに留意する。

（飲食に用いられる設備）

5-9-7　法別表第一第1号イ《飲食料品の譲渡》に規定する「テーブル、椅子、カウンターその他の飲食に用いられる設備」（以下5-9-8までにおいて「飲食設備」という。）は、飲食料品の飲食に用いられる設備であれば、その規模や目的を問わないから、例えば、テーブルのみ、椅子のみ、カウンターのみ若しくはこれら以外の設備であっても、又は飲食目的以外の施設等に設置されたテーブル等であっても、これらの設備が飲食料品の飲食に用いられるのであれば、飲食設備に該当することに留意する。

（飲食設備等の設置者が異なる場合）

5-9-8　飲食料品を提供する事業者とテーブルや椅子等の設備を設置し、又は管理している者とが異なる場合において、これらの者の間の合意等に基づき、当該設備を当該事業者の顧客に利用させることとしているときは、当該設備は、飲食設備に該当することに留意する。

(注)　飲食料品を提供する事業者と何ら関連のない公園のベンチ等の設備は、当該事業者から飲食料品を購入した顧客が飲食に利用した場合であっても、飲食設備には該当しない。

（食事の提供の範囲）

5-9-9　食事の提供は、事業者がテーブル、椅子、カウンターその他の飲食に用いられる設備のある場所において、飲食料品を飲食させる役務の提供をいうのであるから、レストラン、喫茶店、食堂、フードコート等（以下5-9-9において「レストラン等」という。）のテーブルや椅子等の飲食に用いられる設備のある場所で、顧客に飲食させる飲食料品の提供のほか、飲食目的以外の施設等で行うものであっても、テーブル、椅子、カウンターその他の飲食に用いられる設備のある場所を顧客に飲食させる場所として特定して行う、例えば、次のようなものは、食事の提供に該当し、軽減税率の適用対象とならないことに留意する。

(1) ホテル等の宿泊施設内のレストラン等又は宴会場若しくは客室で顧客に飲食させるために行われる飲食料品の提供

(2) カラオケボックス等の客室又は施設内に設置さ

れたテーブルや椅子等のある場所で顧客に飲食させるために行われる飲食料品の提供

(3) 小売店内に設置されたテーブルや椅子等のある場所で顧客に飲食させるために行われる飲食料品の提供

(4) 映画館、野球場等の施設内のレストラン等又は同施設内の売店等の設備として設置されたテーブルや椅子等のある場所で顧客に飲食させるために行われる飲食料品の提供

(5) 旅客列車などの食堂施設等において顧客に飲食させるために行われる飲食料品の提供

(注)1 (1)から(5)の場合においても、持ち帰りのための飲食料品の譲渡(飲食料品を持ち帰りのための容器に入れ、又は包装を施して行った飲食料品の譲渡)は、軽減税率の適用対象となる。

なお、持ち帰りのための飲食料品の譲渡か否かの判定は、5－9－10による。

2 (4)、(5)の施設内に設置された売店や移動ワゴン等による弁当や飲み物等の販売は、例えば、当該施設内の座席等で飲食させるために提供していると認められる次のような飲食料品の提供を除き、法別表第一第1号《飲食料品の譲渡》に掲げる「飲食料品の譲渡」に該当し、軽減税率の適用対象となる。

イ 座席等で飲食させるための飲食メニューを座席等に設置して、顧客の注文に応じて当該座席等で行う飲食料品の提供

ロ 座席等で飲食させるため事前に予約を受けて行う飲食料品の提供

(持ち帰りのための飲食料品の譲渡か否かの判定)

5－9－10 事業者が行う飲食料品の提供等に係る課税資産の譲渡等が、食事の提供に該当し標準税率の適用対象となるのか、又は持ち帰りのための容器に入れ、若しくは包装を施して行う飲食料品の譲渡に該当し軽減税率の適用対象となるのかは、当該飲食料品の提供等を行う時において、例えば、当該飲食料品について店内設備等を利用して飲食するのか又

は持ち帰るのかを適宜の方法で相手方に意思確認するなどにより判定することとなる。

なお、課税資産の譲渡等の相手方が、店内設備等を利用して食事の提供を受ける旨の意思表示を行っているにもかかわらず、事業者が「持ち帰り」の際に利用している容器に入れて提供したとしても、当該課税資産の譲渡等は飲食料品の譲渡に該当しないのであるから、軽減税率の適用対象とならないことに留意する(令5課消2－9により追加)。

(給仕等の役務を伴う飲食料品の提供)

5－9－11 法別表第一第1号ロ《飲食料品の譲渡》に規定する「課税資産の譲渡等の相手方が指定した場所において行う加熱、調理又は給仕等の役務を伴う飲食料品の提供」は、飲食料品の譲渡に含まないものとされるため、軽減税率の適用対象とならないのであるが、同号ロに規定する「加熱、調理又は給仕等の役務を伴う」とは、課税資産の譲渡等を行う事業者が、相手方が指定した場所に食材等を持参して調理を行って提供する場合や、調理済みの食材を相手方が指定した場所で加熱して温かい状態等で提供する場合のほか、例えば、次の場合も該当するのであるから留意する。

なお、相手方が指定した場所で加熱、調理又は給仕等の役務を一切伴わないいわゆる出前は、同号に掲げる「飲食料品の譲渡」に該当し、軽減税率の適用対象となる(令5課消2－9により追加)。

(1) 飲食料品の盛り付けを行う場合

(2) 飲食料品が入っている器を配膳する場合

(3) 飲食料品の提供とともに取り分け用の食器等を飲食に適する状態に配置等を行う場合

(有料老人ホーム等の飲食料品の提供に係る委託)

5－9－12 老人福祉法に規定する有料老人ホーム等を設置し、又は運営する者(以下5－9－12において「設置者等」という。)が、外部業者へ当該施設の入居者に対する飲食料品の提供に係る調理等を委託している場合において、受託者たる当該外部業者の行う調理等に係る役務の提供は、委託者たる当該

設置者等に対する役務の提供であることから、軽減税率の適用対象とならないことに留意する。

（1週に2回以上発行する新聞の意義）

5−9−13　法別表第一第2号《定期購読契約に基づく新聞の譲渡》に規定する「1週に2回以上発行する新聞」とは、通常の発行予定日が週2回以上とされている新聞をいうのであるから、国民の祝日及び通常の頻度で設けられている新聞休刊日によって1週に1回以下となる週があっても「1週に2回以上発行する新聞」に該当する。

第6章　非課税範囲

第1節　土地等の譲渡及び貸付け関係

（土地の範囲）

6−1−1　「土地」には、立木その他独立して取引の対象となる土地の定着物は含まれないのであるが、その土地が宅地である場合には、庭木、石垣、庭園（庭園に附属する亭、庭内神し（祠）その他これらに類する附属設備を含む。）その他これらに類するもののうち宅地と一体として譲渡するもの（建物及びその附属施設を除く。）は含まれる。

（土地の上に存する権利の意義）

6−1−2　「土地の上に存する権利」とは、地上権、土地の賃借権、地役権、永小作権等の土地の使用収益に関する権利をいうのであり、例えば、鉱業権、土石採取権、温泉利用権及び土地を目的物とした抵当権は、これに含まれない。

　なお、土地の賃貸借の形態により行われる土石、砂利等の採取が、採石法第33条《採取計画の認可》、砂利採取法第16条《採取計画の認可》等の規定により認可を受けて行われるべきものである場合には、その対価は、土石、砂利等の採取の対価であり、非課税とされる土地の貸付けの対価には該当しないことに留意する。

（借地権に係る更新料、名義書換料）

6−1−3　借地権に係る更新料（更改料を含む。）又は名義書換料は、土地の上に存する権利の設定若しくは譲渡又は土地の貸付けの対価に該当する。

（土地の貸付期間の判定）

6−1−4　令第8条《土地の貸付けから除外される場合》に規定する「土地の貸付けに係る期間が1月に満たない場合」に該当するかどうかは、当該土地の貸付けに係る契約において定められた貸付期間によって判定するものとする。

（土地付建物等の貸付け）

6−1−5　令第8条《土地の貸付けから除外される場合》の規定により、施設の利用に伴って土地が使用される場合のその土地を使用させる行為は土地の貸付けから除かれるから、例えば、建物、野球場、プール又はテニスコート等の施設の利用が土地の使用を伴うことになるとしても、その土地の使用は、土地の貸付けに含まれないことに留意する。

（注）1　事業者が駐車場又は駐輪場として土地を利用させた場合において、その土地につき駐車場又は駐輪場としての用途に応じる地面の整備又はフェンス、区画、建物の設置等をしていないとき（駐車又は駐輪に係る車両又は自転車の管理をしている場合を除く。）は、その土地の使用は、土地の貸付けに含まれる。

　　　2　建物その他の施設の貸付け又は役務の提供（以下6−1−5において「建物の貸付け等」という。）に伴って土地を使用させた場合において、建物の貸付け等に係る対価と土地の貸付けに係る対価とに区分しているときであっても、その対価の額の合計額が当該建物の貸付け等に係る対価の額となることに留意する。

（土地等の譲渡又は貸付けに係る仲介手数料）

6−1−6　土地又は土地の上に存する権利の譲渡又は貸付け（令第8条《土地の貸付けから除外される場合》の規定に該当する貸付けを除く。）に係る対

価は非課税であるが、土地等の譲渡又は貸付けに係る仲介料を対価とする役務の提供は、課税資産の譲渡等に該当することに留意する。

（公有水面使用料、道路占用料、河川占用料）

6－1－7　国又は地方公共団体等がその有する海浜地、道路又は河川敷地（地上及び地下を含む。）の使用許可に基づき収受する公有水面使用料、道路占用料又は河川占用料は、いずれも土地の貸付けに係る対価に該当するものとして取り扱う。

第2節　有価証券等及び支払手段の譲渡等関係

（非課税の対象となる有価証券等の範囲）

6－2－1　法別表第二第2号《有価証券等の譲渡》の規定によりその譲渡が非課税となる有価証券等には、おおむね次のものが該当するのであるから留意する（平11課消2－8、平13課消1－5、平14課消1－12、平15課消1－13、平18課消1－16、平19課消1－18、平20課消1－8、平21課消1－10、平27課消1－9、平29課消2－5、令2課消2－9、令5課消2－3、令5課消2－9により改正）。

(1)　金融商品取引法第2条第1項《定義》に規定する有価証券

　イ　国債証券

　ロ　地方債証券

　ハ　農林中央金庫の発行する農林債券その他の特別の法律により法人の発行する債券（ニ及びルに掲げるものを除く。）

　ニ　資産の流動化に関する法律（以下6－2－1において「資産流動化法」という。）に規定する特定社債券

　ホ　社債券（相互会社の社債券を含む。）

　ヘ　日本銀行その他の特別の法律により設立された法人の発行する出資証券（ト、チ及びルに掲げるものを除く。）

　ト　協同組織金融機関の優先出資に関する法律（以下6－2－1において「優先出資法」という。）に規定する優先出資証券

　チ　資産流動化法に規定する優先出資証券又は新優先出資引受権を表示する証券

　リ　株券又は新株予約権証券

　ヌ　投資信託及び投資法人に関する法律（以下6－2－1において「投資信託法」という。）に規定する投資信託又は外国投資信託の受益証券

　ル　投資信託法に規定する投資証券、新投資口予約権証券若しくは投資法人債券又は外国投資証券

　ヲ　貸付信託の受益証券

　ワ　資産流動化法に規定する特定目的信託の受益証券

　カ　信託法に規定する受益証券発行信託の受益証券

　ヨ　コマーシャル・ペーパー（金融商品取引法第2条に規定する定義に関する内閣府令第2条《コマーシャル・ペーパー》に規定するコマーシャル・ペーパー（以下「ＣＰ」という。））

　タ　抵当証券法に規定する抵当証券

　レ　外国債、海外ＣＰなど外国又は外国の者の発行する証券又は証書でイからリまで又はヲからタまでの性質を有するもの

　ソ　外国の者の発行する証券又は証書で銀行業を営む者その他の金銭の貸付けを業として行う者の貸付債権を信託する信託の受益権又はこれに類する権利を表示するもの

　ツ　オプションを表示する証券又は証書

　ネ　預託証券

　ナ　譲渡性預金（払戻しについて期限の定めがある預金であって、民法第三編第一章第七節第一款に規定する指図証券、同節第二款に規定する記名式所持人払証券、同節第三款に規定するその他の記名証券又は同節第四款に規定する無記名証券に係る債権であるもの）の預金証書のうち外国法人が発行するもの

　ラ　学校法人等（私立学校法第3条に規定する学校法人又は同法第64条第4項に規定する法人をいう。以下同じ。）が行う割当てにより発生する当該学校法人等を債務者とする金銭債権（ナ

に規定する債権であるものに限る。）を表示する証券又は証書であって、当該学校法人等の名称その他の内閣府令で定める事項を表示するもの

(2) (1)に類するもの

イ　(1)イからヨまで及びレ（タに掲げる有価証券の性質を有するものを除く。）に掲げる有価証券に表示されるべき権利で有価証券が発行されていないもの（資金決済に関する法律（以下6－4－4において「資金決済法」という。）第2条第5項《定義》に規定する電子決済手段（以下6－2－1及び6－4－4において「電子決済手段」という。）を除く。）

ロ　合名会社、合資会社又は合同会社の社員の持分、協同組合等の組合員又は会員の持分その他法人（人格のない社団等、匿名組合及び民法上の組合を含む。）の出資者の持分

ハ　株主又は投資主（投資信託法第2条第16項に規定する投資主をいう。）となる権利、優先出資者（優先出資法第13条第1項の優先出資者をいう。）となる権利、特定社員（資産流動化法第2条第5項に規定する特定社員をいう。）又は優先出資社員（同法第26条に規定する優先出資社員をいう。）となる権利その他法人の出資者となる権利

ニ　貸付金、預金、売掛金その他の金銭債権（電子決済手段に該当するものを除く。）

(注)1　居住者が発行する譲渡性預金証書は預金に該当する。

2　(2)イには、例えば、令第1条第2項第3号《登録国債》に規定する登録国債、社債、株式等の振替に関する法律（以下6－3－1において「社債等振替法」という。）の規定による振替口座簿の記載又は記録により定まるものとされるもの、株券の発行がない株式、新株予約権、優先出資法又は資産流動化法に規定する優先出資証券の発行がない優先出資及び投資信託法に規定する投資証券の発行がない投資口が該当する。

(船荷証券等)

6－2－2　法別表第二第2号《有価証券等の譲渡》に規定する有価証券等には、船荷証券、倉荷証券、複合運送証券又は株式、出資若しくは預託の形態によるゴルフ会員権等は含まれないことに留意する（平31課消2－9、令5課消2－9により改正）。

(支払手段の範囲)

6－2－3　法別表第二第2号《有価証券等の譲渡》に規定する「外国為替及び外国貿易法第6条第1項第7号《定義》に規定する支払手段」とは、次のものをいうのであるから留意する（平10課消2－9、平22課消1－9、令3課消2－1、令5課消2－9により改正）。

(1)　銀行券、政府紙幣及び硬貨

(2)　小切手（旅行小切手を含む。）、為替手形、郵便為替及び信用状

(3)　約束手形

(4)　(1)～(3)に掲げるもののいずれかに類するもので、支払のために使用することができるもの

(5)　証票、電子機器その他の物に電磁的方法（電子的方法、磁気的方法その他の人の知覚によって認識することができない方法をいう。）により入力されている財産的価値であって、不特定又は多数の者相互間でその支払のために使用することができるもの（その使用の状況が通貨のそれと近似しているものに限る。）

(注)1　これらの支払手段であっても、収集品及び販売用のものは、課税の対象となる。

2　(5)の具体的範囲については、外国為替令において定めることとされている。

第3節　利子を対価とする貸付金等関係

(金融取引及び保険料を対価とする役務の提供等)

6－3－1　法別表第二第3号《利子を対価とする貸付金等》の規定においては、おおむね次のものを対価とする資産の貸付け又は役務の提供が非課税となるのであるから留意する（平11課消2－8、平13課

消1－5、平14課消1－12、平15課消1－13、平19課消1－18、平20課消1－8、平22課消1－9、令5課消2－9により改正）。

(1) 国債、地方債、社債、新株予約権付社債、投資法人債券、貸付金、預金、貯金又は令第9条第4項《支払手段に類するもの》に規定する特別引出権の利子

(2) 信用の保証料

(3) 所法第2条第1項第11号《定義》に規定する合同運用信託、同項第15号に規定する公社債投資信託又は同項第15号の2に規定する公社債等運用投資信託の信託報酬

(4) 保険料（厚生年金基金契約等に係る事務費用部分を除く。）

(5) 法法第2条第29号《定義》に規定する集団投資信託、同条第29号の2に規定する法人課税信託又は同法第12条第4項第1号《信託財産に属する資産及び負債並びに信託財産に帰せられる収益及び費用の帰属》に規定する退職年金信託若しくは同項第2号に規定する特定公益信託等の収益の分配金

(6) 相互掛金又は定期積金の給付補填金及び無尽契約の掛金差益

(7) 抵当証券（これに類する外国の証券を含む。）の利息

(8) 割引債（利付債を含む。）の償還差益

(9) 手形の割引料

(10) 金銭債権の買取又は立替払に係る差益

(11) 割賦販売法第2条第1項《割賦販売の定義》に規定する割賦販売、同法第2条第2項《ローン提携販売の定義》に規定するローン提携販売、同条第3項《包括信用購入あっせんの定義》に規定する包括信用購入あっせん又は同条第4項《個別信用購入あっせん》に規定する個別信用購入あっせんの手数料（契約においてその額が明示されているものに限る。）

(12) 割賦販売等に準ずる方法により資産の譲渡等を行う場合の利子又は保証料相当額（その額が契約において明示されている部分に限る。）

(13) 有価証券（その権利の帰属が社債等振替法の規定による振替口座簿の記載又は記録により定まるものとされるもの及び令第1条第2項第3号《登録国債》に規定する登録国債を含み、ゴルフ場利用株式等を除く。）の賃貸料

(14) 物上保証料

(15) 共済掛金

(16) 動産又は不動産の貸付けを行う信託で、貸付期間の終了時に未償却残額で譲渡する旨の特約が付けられたものの利子又は保険料相当額（契約において明示されている部分に限る。）

(17) 所法第67条の2第3項《リース取引の範囲》又は法法第64条の2第3項《リース取引の範囲》に規定するリース取引でその契約に係るリース料のうち、利子又は保険料相当額（契約において利子又は保険料の額として明示されている部分に限る。）

（保険代理店報酬等）

6－3－2　保険料（令第10条第2項《事務費相当額を課税の対象とする保険契約等》に規定する契約に係る保険料のうち法別表第二第3号《利子を対価とする貸付金等》に規定する事務に要する費用の額に相当する部分を除く。）を対価とする役務の提供は非課税となるのであるが、保険代理店が収受する役務の提供に係る代理店手数料又は保険会社等の委託を受けて行う損害調査又は鑑定等の役務の提供に係る手数料は、課税資産の譲渡等の対価に該当することに留意する（令5課消2－9により改正）。

（償還有価証券に係る償還差益）

6－3－2の2　令第10条第3項第6号《償還差益を対価とする資産の貸付け》に規定する償還差益を対価とする国債等の取得は非課税となるのであるが、当該国債等が法法令第139条の2第1項《償還有価証券の調整差益又は調整差損の益金又は損金算入》に規定する償還有価証券に該当する場合の償還差益には、当該償還有価証券を取得した日の属する事業年度から償還の日の属する事業年度の前事業年度ま

での各事業年度における法人の所得の金額の計算において、益金の額に算入した同項の調整差益の全てが含まれるのであるから留意する（平12課消2－10により追加、平23課消1－35により改正）。

（保険料に類する共済掛金の範囲）

6－3－3　令第10条第3項第13号《保険料に類するものを対価とする役務の提供》に規定する「保険料に類する共済掛金」には、法令等により組織されている団体が法令等の規定に基づき、当該団体の構成員のために行う共済制度（人の生死若しくは傷害又は資産の損失その他偶発的事由の発生を共済金の保険事故とする共済制度に限る。以下6－3－3において同じ。）に基づいて当該構成員が負担する共済掛金のほか、任意の互助組織による団体が当該団体の構成員のために行う任意の共済制度に基づいて当該構成員が負担する共済掛金が含まれる（平15課消1－13により改正）。

（注）所法令第167条の2《特定の損失等に充てるための負担金の必要経費算入》若しくは法法令第136条《特定の損失等に充てるための負担金の損金算入》に規定する負担金又は租特法第28条第1項各号《特定の基金に対する負担金等の必要経費算入の特例》若しくは第66条の11第1項各号《特定の基金に対する負担金等の損金算入の特例》に掲げる負担金又は掛金（これらの負担金又は掛金のうち令第10条第3項第13号以外の各号《利子を対価とする貸付金等》に該当するものを除く。）は、令第10条第3項第13号に規定する保険料に類する共済掛金その他の保険料に類するものに含まれる。

（売上割引又は仕入割引）

6－3－4　資産の譲渡等の相手先に対する売掛金その他の債権（以下6－3－4において「売掛金等」という。）の支払期日前に当該売掛金等の支払いを受けた場合に当該相手先に支払う売上割引又は資産の譲受け等の相手先に対する買掛金その他の債務（以下6－3－4において「買掛金等」という。）の

支払期日前に当該買掛金等を支払った場合に当該相手先から受ける仕入割引については、法第38条《売上げに係る対価の返還等をした場合の消費税額の控除》に規定する売上げに係る対価の返還等又は法第32条《仕入れに係る対価の返還等を受けた場合の仕入れに係る消費税額の控除の特例》に規定する仕入れに係る対価の返還等に該当するものとして取り扱う。

（前渡金等の利子）

6－3－5　前渡金等に係る利子のようにその経済的実質が貸付金であるものに係る利子は、法別表第二第3号《利子を対価とする貸付金等》に規定する利子を対価とする資産の貸付けに該当するものとして取り扱う（令5課消2－9により改正）。

（賦払金の支払回数）

6－3－6　令第10条第3項第10号《割賦販売等に準ずる方法により資産の譲渡等を行う場合の金利又は保証料相当額》の規定により非課税となる役務の提供は、賦払金を2月以上の期間にわたり、かつ、3回以上に分割して受領することを要件とするのであるが、契約時に申込金又は頭金等（以下6－3－6において「申込金等」という。）を受領し、残金を2回払とする場合も3回以上に分割して受領するものに該当するものとして取り扱う。

申込金等の受領者と残金の受領者が異なることとなるローン提携販売及び割賦購入あっせんについても申込金等の支払を除いた賦払回数が2回以上の場合は、この取扱いにより、3回以上の分割払に該当することとなり、同号の他の要件に該当するものは非課税の対象となる。

第4節　郵便切手類等及び物品切手等の譲渡関係

（郵便切手類の譲渡）

6－4－1　法別表第二第4号イ《郵便切手類等の譲渡》の規定により非課税とされる郵便切手類又は印紙の譲渡は、日本郵便株式会社が行う譲渡及び簡易

郵便局法第7条第1項《簡易郵便局の設置及び受託者の呼称》に規定する委託業務を行う施設又は郵便切手類販売所等一定の場所における譲渡に限られるから、これら以外の場所における郵便切手類又は印紙の譲渡については、同号の規定が適用されないのであるから留意する（平15課消1-31、平20課消1-8、平25課消1-34、令5課消2-9より改正）。

（郵便切手類の範囲）

6-4-2　法別表第二第4号イ《郵便切手類等の譲渡》の規定により非課税となる「郵便切手類」とは次のものをいい、郵便切手類販売所等に関する法律第1条《定義》に規定する郵便切手を保存用の冊子に収めたものその他郵便に関する料金を示す証票に関し周知し、又は啓発を図るための物は、これに含まれないのであるから留意する（平15課消1-13、平20課消1-8、令5課消2-9により改正）。

⑴　郵便切手

⑵　郵便葉書

⑶　郵便書簡

（請求権を表彰する証書の意義）

6-4-3　法別表第二第4号ハ《物品切手等の譲渡》及び令第11条《物品切手に類するものの範囲》に規定する「請求権を表彰する証書」とは、証書の所持人に対してその作成者又は給付義務者がこれと引換えに一定の物品の給付若しくは貸付け又は特定の役務の提供をすることを約する証書をいい、記名式であるかどうか、又は当該証書の作成者と給付義務者とが同一であるかどうかを問わない（令5課消2-9により改正）。

(注)　資産の寄託者が倉庫業者あてに作成する出荷依頼書等又はこれらに類する文書は、物品切手等に該当しない。

（物品切手等に該当するかどうかの判定）

6-4-4　法別表第二第4号ハ《物品切手等の譲渡》に規定する「物品切手等」とは、次のいずれにも該当する証書及び資金決済法第3条第1項《定義》に規定する前払式支払手段に該当する同項各号に規定する番号、記号その他の符号（電子決済手段に該当するものを除く。）（以下6-4-4において「証書等」という。）をいうものとして取り扱う（平15課消1-13、平20課消1-8、平22課消1-9、令5課消2-3、令5課消2-9により改正）。

⑴　当該証書等と引換えに一定の物品の給付若しくは貸付け又は特定の役務の提供（以下6-4-4において「給付等」という。）を約するものであること。

⑵　給付等を受けようとする者が当該証書等と引換えに給付等を受けたことによって、その対価の全部又は一部の支払債務を負担しないものであること。

(注)　いわゆるプリペイドカードは、物品切手等に該当する。

（物品切手等の発行）

6-4-5　事業者が、法別表第二第4号ハ《物品切手等の譲渡》に規定する物品切手等を発行し、交付した場合において、その交付に係る相手先から収受する金品は、資産の譲渡等の対価に該当しない（令5課消2-9により改正）。

（物品切手等の取扱手数料）

6-4-6　事業者が法別表第二第4号ハ《物品切手等の譲渡》に規定する物品切手等を譲渡した場合において、当該譲渡が他の者からの委託によるものであるときは、当該事業者における物品切手等の譲渡は法第2条第1項第8号《資産の譲渡等の意義》に規定する資産の譲渡に該当しないが、当該譲渡に関して受ける取扱手数料は、課税資産の譲渡等の対価に該当することに留意する（令5課消2-9により改正）。

第5節　国等の手数料及び外国為替業務等関係

（非課税となる行政手数料等の範囲等）

6-5-1　国、地方公共団体、法別表第三に掲げる

法人その他法令に基づき国若しくは地方公共団体の委託又は指定を受けた者が徴収する手数料等で法別表第二第5号イ及びロ《国、地方公共団体等が行う役務の提供》の規定により非課税となるのは、次のものであるから留意する（平14課消1－12、平17課消1－22、平28課消1－57、平30課消2－5、令4課消2－4、令5課消2－9により改正）。

⑴　法令（法律、政令、省令又は大臣告示のほか条例及び規則を含み、業務方法書又は定款等は含まない。以下6－5－2までにおいて同じ。）に基づいて行われる次に掲げる事務の手数料、特許料、申立料その他の料金（以下6－5－1において「手数料等」という。）で、その徴収について法令に根拠となる規定があるもの

　イ　登記、登録、特許、免許、許可、認可、承認、認定、確認及び指定

　ロ　検査、検定、試験、審査及び講習（令第12条第1項第1号イからニまで《非課税となる国、地方公共団体等の役務の提供》に掲げる事務のいずれにも該当しないものを除く。）

　ハ　証明（令第12条第1項第2号《非課税となる国、地方公共団体等の役務の提供》に掲げるものを除く。）

　ニ　公文書の交付（再交付及び書換交付を含む。）、更新、訂正、閲覧及び謄写（令第12条第1項第2号に掲げるものを除く。）

　ホ　裁判その他の紛争の処理

　ヘ　旅券の発給（旅券法第20条第1項《手数料》に掲げる渡航先の追加、記載事項の訂正、再発給、旅券の合冊又は査証欄の増補及び渡航書の発給を含む。）

　ト　裁定、裁決、判定及び決定

　チ　公文書に類するもの（記章、標識その他これらに類するものを含む。以下同じ。）の交付（再交付及び書換交付を含む。）、更新、訂正、閲覧及び謄写（令第12条第1項第1号に掲げる事務に係るものを除く。）

　リ　審査請求その他これに類するものの処理

⑵　法令に基づいて行われる登録、認定、確認、指定、検査、検定、試験、審査及び講習（以下6－5－1において「登録等」という。）で法令に手数料等の徴収の根拠となる規定がないもののうち、次に掲げる登録等の手数料等

　イ　法令において、弁護士その他の法令に基づく資格を取得し、若しくは維持し、又は当該資格に係る業務若しくは行為を行うための要件とされている登録等

　　㈲1　「資格」とは、法令において、その資格を有しない者はその資格に係る業務若しくは行為を行うこと若しくはその資格に係る名称を使用することができないこととされていること又は一定の場合にはその資格を有する者を使用すること若しくはその資格を有する者にその資格に係る行為を依頼することが義務付けられている場合のその資格をいう。

　　2　「要件とされている」とは、登録等に係る役務の提供を受けない場合には、その資格が取得できない若しくは維持できない又はその資格に係る業務若しくは行為を行うことができない場合をいう。

　ロ　法令において、輸出その他の行為を行う場合にはその対象となる資産又は使用する資産について登録等を受けることが要件とされている登録等

　ハ　法令において、登録等により一定の規格に該当するものとされた資産でなければ一定の規格についての表示を付し、又は一定の名称を使用することができないこととされている登録等

　ニ　法令において、登録等を受けることが義務付けられている登録等

　ホ　証明、公文書及び公文書に類するものの交付（再交付及び書換交付を含む。）、更新、訂正、閲覧及び謄写（イからニまでに該当しない登録等に係るものを除く。）

⑶　国又は地方公共団体が、法令に基づき行う他の者の徴収すべき料金、賦課金その他これらに類するものの滞納処分について、法令に基づき他の者

から徴収する手数料等

(4) 独立行政法人等の保有する情報の公開に関する法律（以下6－5－1において「独法等情報公開法」という。）第2条第1項《定義》に規定する独立行政法人等又は個人情報の保護に関する法律（以下6－5－1において「個人情報保護法」という。）第2条第9項《定義》に規定する独立行政法人等のうち法別表第三に掲げる法人以外の法人が独法等情報公開法第17条第1項《手数料》又は個人情報保護法第89条第3項《手数料》若しくは第117条第3項《手数料》に基づき徴収する手数料又は利用料

(注) 法別表第三に掲げる法人が独法等情報公開法第17条第1項《手数料》又は個人情報保護法第89条第3項《手数料》若しくは第117条第3項《手数料》に基づき徴収する手数料又は利用料は(1)ニ又はチに該当する。

（非課税とならない行政手数料等）

6－5－2　国、地方公共団体、法別表第三に掲げる法人その他法令に基づき国若しくは地方公共団体の委託又は指定を受けた者が行う事務で、次に掲げる手数料等（手数料、その他の料金をいう。以下6－5－2において同じ。）を対価とするものは、法別表第二第5号イ又はロ《国、地方公共団体等が行う役務の提供》に掲げる役務の提供に該当しないのであるから留意する（平14課消1－12、令5課消2－9により改正）。

(1) 法令にその事務が定められていない手数料等

(2) 法令にその事務が定められている手数料等で、法令にその徴収の根拠となる規定がないもののうち、令第12条第2項第2号《国、地方公共団体等の役務の提供》に規定する役務の提供の対価のいずれにも該当しないもの

(注) 「その徴収の根拠となる規定」とは、「手数料を徴収することができる」又は「手数料を支払わなければならない」等の規定をいい、「別途手数料に関する事項を定める」又は「手数料の額は○○○円とする」との規定は含まれない。

(3) 法令に定められている検査、検定、試験、審査及び講習の手数料等で、法令にその徴収の根拠となる規定があるもののうち、令第12条第1項第1号イからニまで《非課税となる国、地方公共団体等の役務の提供》に掲げる事務のいずれにも該当しないものの手数料等及びその該当しない事務に係る証明並びに公文書の交付（再交付及び書換交付を含む。）、更新、訂正、閲覧及び謄写の手数料等

(4) 法別表第二第5号イの(1)から(4)まで及び令第12条第2項第1号、第3号又は第4号に掲げる事務以外の事務に係る役務の提供の手数料等

（非課税とされる外国為替業務に係る役務の提供の範囲）

6－5－3　法別表第二第5号ニ《外国為替業務等》の規定により非課税とされる外国為替業務に係る役務の提供は、次に掲げる業務に係るもの（当該業務の周辺業務として行われる役務の提供を除く。）が該当するのであるから留意する（平10課消2－9、平20課消1－8、令5課消2－9により改正）。

(1) 外国為替取引

(2) 対外支払手段の発行

(3) 対外支払手段の売買又は債権の売買（本邦通貨をもって支払われる債権の居住者間の売買を除く。）

なお、居住者による非居住者からの証券（外国為替及び外国貿易法第6条第1項第11号に規定する「証券」をいう。以下6－5－3において同じ。）の取得又は居住者による非居住者に対する証券の譲渡に係る媒介、取次ぎ又は代理については、非課税とされる外国為替業務に係る役務の提供から除かれていることに留意する。

第6節　医療の給付等関係

（医療関係の非課税範囲）

6－6－1　法別表第二第6号《医療等の給付》の規定による医療関係の非課税範囲は、次のようになる

のであるから留意する（平12課消2－10、平18課消1－11、平18課消1－43、平19課消1－18、平20課消1－8、平22課消1－9、平25課消1－34、令5課消2－9により改正）。

(1) 健康保険法、国民健康保険法等の規定に基づく療養の給付及び入院時食事療養費、入院時生活療養費、保険外併用療養費、療養費、家族療養費又は特別療養費の支給に係る療養並びに訪問看護療養費又は家族訪問看護療養費の支給に係る指定訪問看護

(2) 高齢者の医療の確保に関する法律の規定に基づく療養の給付及び入院時食事療養費、入院時生活療養費、保険外併用療養費、療養費又は特別療養費の支給に係る療養並びに訪問看護療養費の支給に係る指定訪問看護

(3) 精神保健及び精神障害者福祉に関する法律の規定に基づく医療、生活保護法の規定に基づく医療扶助のための医療の給付及び医療扶助のための金銭給付に係る医療、原子爆弾被爆者に対する援護に関する法律の規定に基づく医療の給付及び医療費又は一般疾病医療費の支給に係る医療並びに障害者の日常生活及び社会生活を総合的に支援するための法律の規定に基づく自立支援医療費、療養介護医療費又は基準該当療養介護医療費の支給に係る医療

(4) 公害健康被害の補償等に関する法律の規定に基づく療養の給付及び療養費の支給に係る療養

(5) 労働者災害補償保険法の規定に基づく療養の給付及び療養の費用の支給に係る療養並びに同法の規定による社会復帰促進等事業として行われる医療の措置及び医療に要する費用の支給に係る医療

(6) 自動車損害賠償保障法の規定による損害賠償額の支払（同法第72条第1項《業務》の規定による損害を填補するための支払を含む。）を受けるべき被害者に対する当該支払に係る療養

(7) その他これらに類するものとして、例えば、学校保健安全法の規定に基づく医療に要する費用の援助に係る医療、母子保健法の規定に基づく養育医療の給付又は養育医療に要する費用の支給に係る医療等、国又は地方公共団体の施策に基づきその要する費用の全部又は一部を国又は地方公共団体により負担される医療及び療養（いわゆる公費負担医療）

（医療品、医療用具の販売）

6－6－2　医薬品又は医療用具の給付で、健康保険法、国民健康保険法等の規定に基づく療養、医療若しくは施設療養又はこれらに類するものとしての資産の譲渡等は非課税となるが、これらの療養等に該当しない医薬品の販売又は医療用具の販売等（法別表第二第10号《身体障害者用物品の譲渡等》に規定する身体障害者用物品に係る資産の譲渡等に該当するものを除く。）は課税資産の譲渡等に該当する（令5課消2－9により改正）。

（保険外併用療養費、療養費等の支給に係る療養）

6－6－3　健康保険法等の規定に基づく保険外併用療養費、医療費等の支給に係る療養は非課税となるが、これには、被保険者又は被保険者の家族の療養に際し、被保険者が負担する一部負担金に係る療養も含まれるのであるから留意する（平12課総8－3、平18課消1－43、令5課消2－9により改正）。

(注)　平成元年大蔵省告示第7号「消費税法別表第二第6号に規定する財務大臣の定める資産の譲渡等及び金額を定める件」の規定により定められた金額を超える部分の金額については、非課税とされる療養の対価に該当しないことに留意する。

第7節　社会福祉事業等関係（抄）

（介護保険関係の非課税の範囲）

6－7－1　法別表第二第7号イ《非課税となる介護保険に係る資産の譲渡等》の規定による介護保険関係の非課税範囲は次のようになるのであるから留意する（平12課消2－10により追加、平12官総8－3、平14課消1－12、平17課消1－60、平18課消1－11、平18課消1－43、平21課消1－10、平24課消1－7、平27課消1－9、平28課消1－57、平29課消2－5、

平30課消2－5、令5課消2－9により改正）。

(1) 介護保険法の規定に基づく居宅介護サービス費の支給に係る居宅サービス

　イ　居宅要介護者の居宅において介護福祉士等が行う訪問介護（居宅要介護者の選定による交通費を対価とする資産の譲渡等を除く。）

　ロ　居宅要介護者の居宅を訪問し、浴槽を提供して行われる訪問入浴介護（居宅要介護者の選定による交通費を対価とする資産の譲渡等及び特別な浴槽水等の提供を除く。）

　ハ　居宅要介護者（主治の医師がその治療の必要の程度につき厚生労働省令で定める基準に適合していると認めたものに限る。）の居宅において看護師等が行う訪問看護（居宅要介護者の選定による交通費を対価とする資産の譲渡等を除く。）

　ニ　居宅要介護者（主治の医師がその治療の必要の程度につき厚生労働省令で定める基準に適合していると認めたものに限る。）の居宅において行う訪問リハビリテーション（居宅要介護者の選定による交通費を対価とする資産の譲渡等を除く。）

　ホ　居宅要介護者について病院、診療所又は薬局の医師、歯科医師、薬剤師、歯科衛生士、管理栄養士等が行う居宅療養管理指導

　ヘ　居宅要介護者について特別養護老人ホーム、養護老人ホーム、老人福祉センター、老人デイサービスセンター等の施設に通わせて行う通所介護（居宅要介護者の選定による送迎を除く。）

　ト　居宅要介護者（主治の医師がその治療の必要の程度につき厚生労働省令で定める基準に適合していると認めたものに限る。）について介護老人保健施設、病院、診療所等に通わせて行う通所リハビリテーション（居宅要介護者の選定による送迎を除く。）

　チ　居宅要介護者について特別養護老人ホーム、養護老人ホーム、老人短期入所施設等に短期間入所させて行う短期入所生活介護（居宅要介護者の選定による、特別な居室の提供、特別な食事の提供及び送迎を除く。）

　リ　居宅要介護者（その治療の必要の程度につき厚生労働省令で定めるものに限る。）について介護老人保健施設及び療養病床を有する病院等に短期間入所させて行う短期入所療養介護（居宅要介護者の選定による特別な療養室等の提供、特別な食事の提供及び送迎を除く。）

　ヌ　有料老人ホーム、養護老人ホーム及び軽費老人ホーム（(4)トに該当するものを除く。）に入居している要介護者について行う特定施設入居者生活介護（要介護者の選定により提供される介護その他の日常生活上の便宜に要する費用を対価とする資産の譲渡等を除く。）

(2) 介護保険法の規定に基づく施設介護サービス費の支給に係る施設サービス

　イ　特別養護老人ホーム（(4)チに該当するものを除く。）に入所する要介護者について行われる介護福祉施設サービス（要介護者の選定による特別な居室の提供及び特別な食事の提供を除く。）

　ロ　介護保険法の規定により都道府県知事の許可を受けた介護老人保健施設に入所する要介護者について行われる介護保健施設サービス（要介護者の選定による特別な療養室の提供及び特別な食事の提供を除く。）

　ハ　介護保険法の規定により都道府県知事の許可を受けた介護医療院に入所する要介護者について行われる介護医療院サービス（要介護者の選定による特別な療養室の提供及び特別な食事の提供を除く。）

(3) 介護保険法の規定に基づく特例居宅介護サービス費の支給に係る訪問介護等（令第14条の2第1項《居宅サービスの範囲等》に規定する訪問介護等をいう。）又はこれに相当するサービス（要介護者の選定による交通費を対価とする資産の譲渡等、特別な浴槽水等の提供、送迎、特別な居室の提供、特別な療養室等の提供、特別な食事の提供又は介護その他の日常生活上の便宜に要する費用を対価とする資産の譲渡等を除く。）

⑷　介護保険法の規定に基づく地域密着型介護サービス費の支給に係る地域密着型サービス

　　イ　居宅要介護者の居宅において介護福祉士、看護師等が行う定期巡回・随時対応型訪問介護看護（居宅要介護者の選定による交通費を対価とする資産の譲渡等を除く。）

　　ロ　居宅要介護者の居宅において介護福祉士等が行う夜間対応型訪問介護（⑷イに該当するもの及び居宅要介護者の選定による交通費を対価とする資産の譲渡等を除く。）

　　ハ　居宅要介護者について特別養護老人ホーム、養護老人ホーム、老人福祉センター、老人デイサービスセンター等の施設に通わせて行う地域密着型通所介護（⑷ニに該当するもの及び居宅要介護者の選定による送迎を除く。）

　　ニ　居宅要介護者であって、脳血管疾患、アルツハイマー病その他の要因に基づく脳の器質的な変化により日常生活に支障が生じる程度にまで記憶機能及びその他の認知機能が低下した状態（以下6－7－1において「認知症」という。）であるものについて、特別養護老人ホーム、養護老人ホーム、老人福祉センター、老人デイサービスセンター等の施設に通わせて行う認知症対応型通所介護（居宅要介護者の選定による送迎を除く。）

　　ホ　居宅要介護者の居宅において、又は機能訓練等を行うサービスの拠点に通わせ若しくは短期間宿泊させて行う小規模多機能型居宅介護（居宅要介護者の選定による送迎及び交通費を対価とする資産の譲渡等を除く。）

　　ヘ　要介護者であって認知症であるもの（その者の認知症の原因となる疾患が急性の状態にある者を除く。）について、その共同生活を営む住居において行う認知症対応型共同生活介護

　　ト　有料老人ホーム、養護老人ホーム及び軽費老人ホーム（その入居定員が29人以下のものに限る。）に入居している要介護者について行う地域密着型特定施設入居者生活介護（要介護者の選定により提供される介護その他の日常生活上の便宜に要する費用を対価とする資産の譲渡等を除く。）

　　チ　特別養護老人ホーム（その入所定員が29人以下のものに限る。）に入所する要介護者について行う地域密着型介護老人福祉施設入所者生活介護（要介護者の選定による特別な居室の提供及び特別な食事の提供を除く。）

　　リ　居宅要介護者について⑴イからリまでに該当するもの及び⑷イからホまでに該当するものを2種類以上組み合わせて行う複合型サービス（居宅要介護者の選定による送迎及び交通費を対価とする資産の譲渡等を除く。）

⑸　介護保険法の規定に基づく特例地域密着型介護サービス費の支給に係る定期巡回・随時対応型訪問介護看護等（令第14条の2第3項第2号《居宅サービスの範囲等》に規定する定期巡回・随時対応型訪問介護看護等をいう。）又はこれに相当するサービス（要介護者の選定による交通費を対価とする資産の譲渡等、送迎、特別な居室の提供、特別な食事の提供又は介護その他の日常生活上の便宜に要する費用を対価とする資産の譲渡等を除く。）

⑹　介護保険法の規定に基づく特例施設介護サービス費の支給に係る施設サービス及び健康保険法等の一部を改正する法律（平成18年法律第83号）附則第130条の2第1項《健康保険法等の一部改正に伴う経過措置》の規定によりなおその効力を有するものとされる同法第26条の規定による改正前の介護保険法の規定に基づく施設介護サービス費又は特例施設介護サービス費の支給に係る介護療養施設サービス（要介護者の選定による特別な居室の提供、特別な療養室の提供、特別な病室の提供又は特別な食事の提供を除く。）

⑺　介護保険法の規定に基づく介護予防サービス費の支給に係る介護予防訪問入浴介護、介護予防訪問看護、介護予防訪問リハビリテーション、介護予防居宅療養管理指導、介護予防通所リハビリテーション、介護予防短期入所生活介護、介護予防短期入所療養介護及び介護予防特定施設入居者生

活介護（以下6－7－1において「介護予防訪問入浴介護等」といい、要支援者の選定による交通費を対価とする資産の譲渡等、特別な浴槽水等の提供、送迎、特別な居室の提供、特別な療養室等の提供、特別な食事の提供又は介護その他の日常生活上の便宜に要する費用を対価とする資産の譲渡等を除く。）

(8)　介護保険法の規定に基づく特例介護予防サービス費の支給に係る介護予防訪問入浴介護等又はこれに相当するサービス

(9)　介護保険法の規定に基づく地域密着型介護予防サービス費の支給に係る介護予防認知症対応型通所介護、介護予防小規模多機能型居宅介護及び介護予防認知症対応型共同生活介護（以下6－7－1において「介護予防認知症対応型通所介護等」といい、居宅要支援者の選定による送迎及び交通費を対価とする資産の譲渡等を除く。）

(10)　介護保険法の規定に基づく特例地域密着型介護予防サービス費の支給に係る介護予防認知症対応型通所介護等又はこれに相当するサービス（居宅要支援者の選定による送迎及び交通費を対価とする資産の譲渡等を除く。）

(11)　介護保険法の規定に基づく居宅介護サービス計画費の支給に係る居宅介護支援及び同法の規定に基づく介護予防サービス計画費の支給に係る介護予防支援

(12)　介護保険法の規定に基づく特例居宅介護サービス計画費の支給に係る居宅介護支援又はこれに相当するサービス及び同法の規定に基づく特例介護予防サービス計画費の支給に係る介護予防支援又はこれに相当するサービス

(13)　介護保険法の規定に基づく市町村特別給付として要介護者又は居宅要支援者に対して行う食事の提供

　　(注)　食事の提供とは、平成12年厚生省告示第126号「消費税法施行令第14条の2第3項第11号の規定に基づき厚生労働大臣が指定する資産の譲渡等」に規定するものをいう。

(14)　介護保険法の規定に基づく地域支援事業として居宅要支援被保険者等に対して行う介護予防・日常生活支援総合事業に係る資産の譲渡等

　　(注)　介護予防・日常生活支援総合事業に係る資産の譲渡等とは、平成24年厚生労働省告示第307号「消費税法施行令第14条の2第3項第12号の規定に基づき厚生労働大臣が指定する資産の譲渡等」に規定する資産の譲渡等に限られる。

(15)　生活保護法又は中国残留邦人等の円滑な帰国の促進並びに永住帰国した中国残留邦人等及び特定配偶者の自立の支援に関する法律若しくは中国残留邦人等の円滑な帰国の促進及び永住帰国後の自立の支援に関する法律の一部を改正する法律（平成25年法律第106号）附則第2条第1項若しくは第2項《支援給付の実施に関する経過措置》の規定によりなお従前の例によることとされる同法による改正前の中国残留邦人等の円滑な帰国の促進及び永住帰国後の自立の支援に関する法律の規定に基づく介護扶助又は介護支援給付のための次に掲げる介護

イ　居宅介護（生活保護法第15条の2第2項《介護扶助》に規定する訪問介護、訪問入浴介護、訪問看護、訪問リハビリテーション、居宅療養管理指導、通所介護、通所リハビリテーション、短期入所生活介護、短期入所療養介護、特定施設入居者生活介護、定期巡回・随時対応型訪問介護看護、夜間対応型訪問介護、認知症対応型通所介護、小規模多機能型居宅介護、認知症対応型共同生活介護、地域密着型特定施設入居者生活介護及び複合型サービス並びにこれらに相当するサービスに限る。）

ロ　施設介護（生活保護法第15条の2第4項に規定する地域密着型介護老人福祉施設入所者生活介護、介護福祉施設サービス及び介護保健施設サービス並びに健康保険法等の一部を改正する法律附則第130条の2第1項の規定によりなおその効力を有するものとされる同法附則第91条《生活保護法の一部改正》の規定による改正前の生活保護法の規定に基づく介護扶助のための介護（同条の規定による改正前の生活保護法第

15条の2第1項第4号《介護扶助》に掲げる施設介護のうち同条第4項に規定する介護療養施設サービスに限る。）をいう。）

ハ 介護予防（生活保護法第15条の2第5項に規定する介護予防訪問入浴介護、介護予防訪問看護、介護予防訪問リハビリテーション、介護予防居宅療養管理指導、介護予防通所リハビリテーション、介護予防短期入所生活介護、介護予防短期入所療養介護、介護予防特定施設入居者生活介護、介護予防認知症対応型通所介護、介護予防小規模多機能型居宅介護及び介護予防認知症対応型共同生活介護並びにこれらに相当するサービスに限る。）

ニ 介護予防・日常生活支援（生活保護法第15条の2第7項《介護扶助》に規定する第一号訪問事業、第一号通所事業及び第一号生活支援事業による支援に相当する支援に限る。）

(注) イ及びハのこれらに相当するサービス並びにニの相当する支援とは、平成12年厚生省告示第190号「消費税法施行令第14条の2第3項第13号の規定に基づき厚生労働大臣が指定するサービス」に規定するものに限られる。

（社会福祉関係の非課税範囲）

6－7－5 法別表第二第7号ロ《社会福祉事業等に係る資産の譲渡等》に規定する非課税範囲は、次のようになるのであるから留意する（平10課消2－9、平11課消2－8、平12課消2－10、平13課消1－5、平14課消1－12、平15課消1－13、平17課消1－60、平18課消1－11、平18課消1－43、平22課消2－9、平24課消1－7、平25課消1－34、平27課消1－9、平28課消1－57、平31課消2－9、令5課消2－9により改正）。

(注) 同号イ《非課税となる介護保険に係る資産の譲渡等》の規定に該当する資産の譲渡等は除かれることに留意する。

(1) 第一種社会福祉事業

イ 生活保護法に規定する救護施設、更生施設その他生計困難者を無料又は低額な料金で入所さ

せて生活の扶助を行うことを目的とする施設を経営する事業及び生計困難者に対して助葬を行う事業

ロ 児童福祉法に規定する乳児院、母子生活支援施設、児童養護施設、障害児入所施設、児童心理治療施設又は児童自立支援施設を経営する事業

ハ 老人福祉法に規定する養護老人ホーム、特別養護老人ホーム又は軽費老人ホームを経営する事業

ニ 障害者の日常生活及び社会生活を総合的に支援するための法律に規定する障害者支援施設を経営する事業（障害者支援施設を経営する事業において生産活動としての作業に基づき行われる資産の譲渡等を除く。）

ホ 売春防止法に規定する婦人保護施設を経営する事業

ヘ 授産施設を経営する事業及び生計困難者に対して無利子又は低利で資金を融通する事業（授産施設を経営する事業において生産活動としての作業に基づき行われる資産の譲渡等を除く。）

(2) 第二種社会福祉事業

イ 生計困難者に対して、その住居で衣食その他日常の生活必需品若しくはこれに要する金銭を与え、又は生活に関する相談に応ずる事業

ロ 生活困窮者自立支援法に規定する認定生活困窮者就労訓練事業（認定生活困窮者就労訓練事業において生産活動としての作業に基づき行われる資産の譲渡等を除く。）

ハ 児童福祉法に規定する障害児通所支援事業、障害児相談支援事業、児童自立生活援助事業、放課後児童健全育成事業、子育て短期支援事業、乳児家庭全戸訪問事業、養育支援訪問事業、地域子育て支援拠点事業、一時預かり事業、小規模住居型児童養育事業、小規模保育事業、病児保育事業又は子育て援助活動支援事業、同法に規定する助産施設、保育所、児童厚生施設又は児童家庭支援センターを経営する事業及び児童の福祉の増進について相談に応ずる事業

ニ　就学前の子どもに関する教育、保育等の総合的な提供の推進に関する法律（平成18年法律第77号）に規定する幼保連携型認定こども園を経営する事業

ホ　民間あっせん機関による養子縁組のあっせんに係る児童の保護等に関する法律に規定する養子縁組あっせん事業

ヘ　母子及び父子並びに寡婦福祉法に規定する母子家庭日常生活支援事業、父子家庭日常生活支援事業又は寡婦日常生活支援事業及び同法に規定する母子・父子福祉施設を経営する事業

ト　老人福祉法に規定する老人居宅介護等事業、老人デイサービス事業、老人短期入所事業、小規模多機能型居宅介護事業、認知症対応型老人共同生活援助事業又は複合型サービス福祉事業及び同法に規定する老人デイサービスセンター、老人短期入所施設、老人福祉センター又は老人介護支援センターを経営する事業

チ　障害者の日常生活及び社会生活を総合的に支援するための法律に規定する障害福祉サービス事業、一般相談支援事業、特定相談支援事業又は移動支援事業及び同法に規定する地域活動支援センター又は福祉ホームを経営する事業（障害福祉サービス事業（同法第5条第7項、第13項又は第14項に規定する生活介護、就労移行支援又は就労継続支援を行う事業に限る。）又は地域活動支援センターを経営する事業において生産活動としての作業に基づき行われる資産の譲渡等を除く。）

リ　身体障害者福祉法に規定する身体障害者生活訓練等事業、手話通訳事業又は介助犬訓練事業若しくは聴導犬訓練事業、同法に規定する身体障害者福祉センター、補装具製作施設、盲導犬訓練施設又は視聴覚障害者情報提供施設を経営する事業及び身体障害者の更生相談に応ずる事業

ヌ　知的障害者福祉法に規定する知的障害者の更生相談に応ずる事業

ル　生計困難者のために、無料又は低額な料金で、簡易住宅を貸し付け、又は宿泊所その他の施設を利用させる事業

ヲ　生計困難者のために、無料又は低額な料金で診療を行う事業

ワ　生計困難者に対して、無料又は低額な費用で介護保険法に規定する介護老人保健施設又は介護医療院を利用させる事業

カ　隣保事業（隣保館等の施設を設け、無料又は低額な料金でこれを利用させることその他その近隣地域における住民の生活の改善及び向上を図るための各種の事業を行うものをいう。）

ヨ　福祉サービス利用援助事業（精神上の理由により日常生活を営むのに支障がある者に対して、無料又は低額な料金で、福祉サービス（第一種社会福祉事業及びイ〜カの事業において提供されるものに限る。）の利用に関し相談に応じ、及び助言を行い、並びに福祉サービスの提供を受けるために必要な手続又は福祉サービスの利用に要する費用の支払に関する便宜を供与することその他の福祉サービスの適切な利用のための一連の援助を一体的に行う事業をいう。）

タ　(1)及び(2)の事業に関する連絡又は助成を行う事業

(3)　更生保護事業法第2条第1項《定義》に規定する更生保護事業

第8節　助産に係る資産の譲渡等関係

（助産に係る資産の譲渡等の範囲）

6−8−1　法別表第二第8号《助産に係る資産の譲渡等》に規定する「助産に係る資産の譲渡等」には、次のものが該当する（令5課消2−9により改正）。

(1)　妊娠しているか否かの検査

(2)　妊娠していることが判明した時以降の検診、入院

(3)　分娩の介助

(4)　出産の日以後2月以内に行われる母体の回復検診

(5)　新生児に係る検診及び入院

（妊娠中及び出産後の入院の取扱い）

6－8－2 妊娠中及び出産後の入院については、次のとおりとなるのであるから留意する。

⑴ 妊娠中の入院については、産婦人科医が必要と認めた入院（妊娠中毒症、切迫流産等）及び他の疾病（骨折等）による入院のうち産婦人科医が共同して管理する間の入院は、助産に係る資産の譲渡等に該当する。

⑵ 出産後の入院のうち、産婦人科医が必要と認めた入院及び他の疾病による入院のうち産婦人科医が共同して管理する間については、出産の日から1月を限度として助産に係る資産の譲渡等に該当する。

⑶ 新生児については、⑵の取扱いに準ずる。

（妊娠中及び出産後の入院に係る差額ベッド料等の取扱い）

6－8－3 助産に係る資産の譲渡等については、平成元年1月26日付大蔵省告示第7号「消費税法別表第二第6号に規定する財務大臣の定める資産の譲渡等及び金額を定める件」の規定により定められた金額を超える場合であっても非課税となるのであるから留意する。

したがって、妊娠中の入院及び出産後の入院（6－8－2に掲げる入院に限るものとし、異常分娩に伴う入院を含む。）における差額ベッド料及び特別給食費並びに大学病院等の初診料についても全額が非課税となる（平12官総8－3、令5課消2－9により改正）。

第9節　埋葬料又は火葬料を対価とする役務の提供関係

（埋葬、火葬の意義）

6－9－1 埋葬とは、墓地、埋葬等に関する法律第2条第1項《定義》に規定する埋葬をいい、火葬とは、同条第2項に規定する火葬をいう。

（改葬の取扱い）

6－9－2 埋葬又は火葬には、墓地、埋葬等に関する法律第2条第3項《定義》に規定する改葬の際に行われる埋葬又は火葬を含むのであるから留意する。

第10節　身体障害者用物品の譲渡等関係（抄）

（身体障害者用物品の範囲）

6－10－1 法別表第二第10号《身体障害者用物品の譲渡等》に規定する身体障害者用物品（以下この節において「身体障害者用物品」という。）に該当するのは、身体障害者の使用に供するための特殊な性状、構造又は機能を有する物品として、令第14条の4第1項《身体障害者用物品の範囲等》の規定により内閣総理大臣及び厚生労働大臣が財務大臣と協議して指定するものに限られる。したがって、これ以外の物品については、身体障害者が購入する場合であっても非課税とならないのであるから留意する（平12課消2－10、平12官総8－3、令5課消2－3、令5課消2－9により改正）。

（部分品の取扱い）

6－10－2 身体障害者用物品の一部を構成する部分品については、身体障害者用物品には該当しないのであるから留意する。

（改造の取扱い）

6－10－3 他の者から委託を受けて身体障害者用物品以外の物品を身体障害者用物品に改造する行為は、令第14条の4第2項《身体障害者用物品の範囲等》に規定する製作の請負に該当するのであるから留意する（平12課消2－10により改正）。

第11節　学校教育関係

（学校教育関係の非課税範囲）

6－11－1 教育関係の非課税範囲は、次に掲げる役務の提供のうち授業料、入学金及び入園料、施設設備費、入学又は入園のための試験に係る検定料及び

在学証明、成績証明その他学生、生徒、児童又は幼児の記録に係る証明に係る手数料及びこれに類する手数料を対価とするものであることに留意する（平11課消2－8、平12官総8－3、平13課消1－5、平18課消1－11、平21課消1－10、平23課消1－35、平27課消1－9、平28課消1－57により改正）。

(1) 学校教育法第1条《学校の範囲》に規定する学校を設置する者が当該学校における教育として行う役務の提供

(2) 学校教育法第124条《専修学校》に規定する専修学校を設置する者が当該専修学校の高等課程、専門課程又は一般課程における教育として行う役務の提供

(3) 学校教育法第134条第1項《各種学校》に規定する各種学校を設置する者が当該各種学校における教育として行う役務の提供で、次の要件に該当するもの

　イ　修業年限が1年以上であること。

　ロ　その1年間の授業時間数（普通科、専攻科その他これらに準ずる区別がある場合には、それぞれの授業時間数）が680時間以上であること。

　ハ　その施設（教員数を含む。）が同時に授業を受ける生徒数に比し十分であること。

　ニ　その授業が年2回を超えない一定の時期に開始され、かつ、その終期が明確に定められていること。

　ホ　その生徒について学年又は学期ごとにその成績の評価が行われ、その結果が成績考査に関する表簿その他の書類に登載されていること。

　ヘ　その生徒について所定の技術等を習得したかどうかの成績の評価が行われ、その評価に基づいて卒業証書又は修了証書が授与されていること。

　　(注)　各種学校には、外国学校法人も含まれている。

(4) 次に掲げる施設を設置する者が当該施設における教育（職業訓練を含む。）として行う役務の提供で、(3)のイからへまでの要件に該当するもの

　イ　国立研究開発法人水産研究・教育機構法に規定する国立研究開発法人水産研究・教育機構の施設、独立行政法人海技教育機構法に規定する独立行政法人海技教育機構の施設、独立行政法人航空大学校法に規定する独立行政法人航空大学校及び高度専門医療に関する研究等を行う国立研究開発法人に関する法律に規定する国立研究開発法人国立国際医療研究センターの施設

　ロ　職業能力開発促進法に規定する職業能力開発総合大学校、職業能力開発大学校、職業能力開発短期大学校及び職業能力開発校（職業能力開発大学校、職業能力開発短期大学校及び職業能力開発校にあっては、国若しくは地方公共団体又は職業訓練法人が設置するものに限る。）

　　(注)　イに掲げる施設にあっては、(3)のニの「年2回」は「年4回」とされている。

（施設設備費の意義）

6－11－2　令第14条の5第3号《教育に係る役務の提供の範囲》に規定する施設設備費とは、学校等の施設設備の整備・維持を目的として学生等から徴収するものをいい、例えば、次の名称で徴収するものが該当する。

　施設設備費（料）、施設設備資金、施設費、設備費、施設拡充費、設備更新費、拡充設備費、図書館整備費、施設充実費、設備充実費、維持整備資金、施設維持費、維持費、図書費、図書拡充費、図書室整備費、暖房費（平12課消2－10により改正）

（在学証明等に係る手数料の範囲）

6－11－3　令第14条の5第5号《教育に係る役務の提供の範囲》に規定する「在学証明、成績証明その他学生、生徒、児童又は幼児の記録に係る証明に係る手数料及びこれに類する手数料」とは、指導要録、健康診断票等に記録されている学生、生徒、児童又は幼児の記録に係る証明書の発行手数料及びこれに類する手数料をいい、例えば、次の発行手数料等が該当する。

　在学証明書、卒業証明書、卒業見込証明書、成績証明書、健康診断書、転学部・転学科に係る検定手

数料、推薦手数料（平12課消２−10により改正）

（学校等が行う役務の提供で課税されるもの）

6−11−4　学校等が行う役務の提供で非課税とされるのは、法別表第二第11号《教育に係る役務の提供の範囲》に規定する教育に関する役務の提供に限られるから、例えば、学校給食又は他の者からの委託による調査・研究等の役務の提供は、非課税とはならないのであるから留意する（令５課消２−９により改正）。

（幼稚園の範囲）

6−11−5　幼稚園には、学校教育法第２条《学校の設置者、国立・公立・私立学校》に規定する者が設置するもののほか、同法附則第６条《学校法人の経過措置》に規定する者が設置するものも含まれる（平21課消１−10により改正）。

（公開模擬学力試験に係る検定料）

6−11−6　入学者（入園者）を選抜するための学力試験に備えるため広く一般に参加者を募集し、その学力試験にその内容及び方法を擬して行われる、いわゆる公開模擬学力試験に係る検定料を対価とする役務の提供は、課税資産の譲渡等に該当する。

第12節　教科用図書の譲渡関係

（教科用図書の範囲）

6−12−1　法別表第二第12号《教科用図書の譲渡》に規定する教科用図書は、学校教育法第34条《小学校の教科用図書》（同法第49条《中学校》、第49条の8《義務教育学校》、第62条《高等学校》、第70条第１項《中等教育学校》及び第82条《特別支援学校》において準用する場合を含む。以下６−12−1において同じ。）に規定する文部科学大臣の検定を経た教科用図書（いわゆる検定済教科書）及び同法第34条に規定する文部科学省が著作の名義を有する教科用図書に限られるのであるから留意する。

したがって、同法附則第９条《教科用図書の経過措置》の規定により当分の間使用することができることとされている教科用図書は、法別表第二第12号に規定する教科用図書には該当しないのであるから留意する（平11課消２−８、平12官総８−３、平19課消１−18、平21課消１−10、平28課消１−57、令５課消２−９により改正）。

（教科用図書の供給手数料の取扱い）

6−12−2　教科用図書の供給業者等が教科用図書の配送等の対価として収受する手数料については、非課税とはならないのであるから留意する。

（補助教材の取扱い）

6−12−3　参考書又は問題集等で学校における教育を補助するためのいわゆる補助教材の譲渡については、当該補助教材を学校が指定した場合であっても非課税とはならないのであるから留意する。

第13節　住宅の貸付け関係（抄）

（住宅の貸付けの範囲）

6−13−1　法別表第二第13号《住宅の貸付け》に規定する「住宅の貸付け」には、庭、塀その他これらに類するもので、通常、住宅に付随して貸し付けられると認められるもの及び家具、じゅうたん、照明設備、冷暖房設備その他これらに類するもので住宅の附属設備として、住宅と一体となって貸し付けられると認められるものは含まれる。

なお、住宅の附属設備又は通常住宅に付随する施設等と認められるものであっても、当事者間において住宅とは別の賃貸借の目的物として、住宅の貸付けの対価とは別に使用料等を収受している場合には、当該設備又は施設の使用料等は非課税とはならない（令５課消２−９により改正）。

（プール、アスレチック施設等付き住宅の貸付け）

6−13−2　プール、アスレチック施設等を備えた住宅の貸付けにおいて、例えば当該施設等を居住者以外の者も利用でき、かつ、当該居住者以外の者が利

用する場合に利用料（月決め又は年決めの会費等を含む。）を徴収している場合等には、居住者について家賃の一部としてその利用料に相当する額が収受されていても、当該施設等の貸付けは住宅の貸付けには含まれないのであるから留意する。

（駐車場付き住宅の貸付け）

6－13－3　駐車場付き住宅としてその全体が住宅の貸付けとされる駐車場には、一戸建住宅に係る駐車場のほか、集合住宅に係る駐車場で入居者について1戸当たり1台分以上の駐車スペースが確保されており、かつ、自動車の保有の有無にかかわらず割り当てられる等の場合で、住宅の貸付けの対価とは別に駐車場使用料等を収受していないものが該当する。

（旅館業に該当するものの範囲）

6－13－4　令第16条の2《住宅の貸付けから除外される場合》に規定する旅館業法第2条第1項《定義》に規定する旅館業には、旅館・ホテル営業、簡易宿所営業及び下宿営業が該当するのであるから留意する。

したがって、ホテル、旅館のほか同法の適用を受けるリゾートマンション、貸別荘等は、たとえこれらの施設の利用期間が1月以上となる場合であっても非課税とはならない。なお、貸家業及び貸間業（学生等に部屋等を提供して生活させるいわゆる「下宿」と称するものを含む。）については、同法第2条第1項に規定する旅館業には該当しないのであるから留意する（平30課消2－5により改正）。

（注）　住宅宿泊事業法（平成29年法律第65号）第2条第3項《定義》に規定する住宅宿泊事業は、旅館業法第2条第1項に規定する旅館業に該当することから、非課税とはならないことに留意する。

（店舗等併設住宅の取扱い）

6－13－5　住宅と店舗又は事務所等の事業用施設が併設されている建物を一括して貸し付ける場合には、住宅として貸し付けた部分のみが非課税となるのであるから留意する。

（注）　この場合は、建物の貸付けに係る対価の額を住宅の貸付けに係る対価の額と事業用の施設の貸付けに係る対価の額とに合理的に区分することとなる。

（住宅の貸付けと役務の提供が混合した契約の取扱い）

6－13－6　一の契約で非課税となる住宅の貸付けと課税となる役務の提供を約している場合には、この契約に係る対価の額を住宅の貸付けに係る対価の額と役務の提供に係る対価の額に合理的に区分するものとする。

（注）　この契約に該当するものとして、例えば、有料老人ホーム、ケア付住宅、食事付の貸間、食事付の寄宿舎等がある。

（転貸する場合の取扱い）

6－13－7　住宅用の建物を賃貸する場合において、賃借人が自ら使用しない場合であっても、当該賃貸借に係る契約において、賃借人が住宅として転貸することが契約書その他において明らかな場合には、当該住宅用の建物の貸付けは、住宅の貸付けに含まれるのであるから留意する。

（注）　この場合において、賃借人が行う住宅の転貸も住宅の貸付けに該当する。

（家賃の範囲）

6－13－9　家賃には、月決め等の家賃のほか、敷金、保証金、一時金等のうち返還しない部分及び共同住宅における共用部分に係る費用を入居者が応分に負担するいわゆる共益費（6－13－1、6－13－2又は6－13－3の規定により住宅の貸付けに含まれないこととされる施設等に係る費用部分を除く。）も含まれることに留意する。

（貸付けに係る用途が明らかにされていない場合の意義）

6－13－10　法別表第二第13号《住宅の貸付け》に規定する「当該契約において当該貸付けに係る用途が

明らかにされていない場合」には、例えば、住宅の貸付けに係る契約において、住宅を居住用又は事業用どちらでも使用することができることとされている場合が含まれるのであるから留意する（令2課消2－9により追加、令5課消2－9により改正）。

（貸付け等の状況からみて人の居住の用に供されていることが明らかな場合の意義）

6－13－11　法別表第二第13号《住宅の貸付け》に規定する「当該契約において当該貸付けに係る用途が明らかにされていない場合に当該貸付け等の状況からみて人の居住の用に供されていることが明らかな場合」とは、住宅の貸付けに係る契約において当該貸付けに係る用途が明らかにされていない場合に当該貸付けに係る賃借人や住宅の状況その他の状況からみて人の居住の用に供されていることが明らかな場合をいうのであるから、例えば、住宅を賃貸する場合において、次に掲げるような場合が該当する（令2課消2－9により追加、令5課消2－9により改正）。

⑴　住宅の賃借人が個人であって、当該住宅が人の居住の用に供されていないことを賃貸人が把握していない場合

⑵　住宅の賃借人が当該住宅を第三者に転貸している場合であって、当該賃借人と入居者である転借人との間の契約において人の居住の用に供することが明らかにされている場合

⑶　住宅の賃借人が当該住宅を第三者に転貸している場合であって、当該賃借人と入居者である転借人との間の契約において貸付けに係る用途が明らかにされていないが、当該転借人が個人であって、当該住宅が人の居住の用に供されていないことを賃貸人が把握していない場合

第7章　輸出免税等

第1節　通　則

（輸出免税の適用範囲）

7－1－1　資産の譲渡等のうち法第7条第1項《輸出免税等の範囲》の規定により消費税が免除されるのは、次の要件を満たしているものに限られるのであるから留意する。

⑴　その資産の譲渡等は、課税事業者によって行われるものであること。

⑵　その資産の譲渡等は、国内において行われるものであること。

⑶　その資産の譲渡等は、法第31条第1項及び第2項《非課税資産の輸出等を行った場合の仕入れに係る消費税額の控除の特例》の適用がある場合を除き、課税資産の譲渡等に該当するものであること。

⑷　その資産の譲渡等は、法第7条第1項各号に掲げるものに該当するものであること。

⑸　その資産の譲渡等は、法第7条第1項各号に掲げるものであることにつき、証明がなされたものであること。

第2節　輸出免税等の範囲（抄）

（輸出免税等の具体的範囲）

7－2－1　法第7条第1項及び令第17条各項《輸出免税等の範囲》の規定により輸出免税とされるものの範囲は、おおむね次のようになるのであるから留意する（平15課消1－13、平18課消1－1、平22課消1－9、平23課消1－35、平25課消1－34により改正）。

⑴　本邦からの輸出（原則として関税法第2条第1項第2号《定義》に規定する輸出をいう。）として行われる資産の譲渡又は貸付け

⑵　外国貨物の譲渡又は貸付け

⑶　国内及び国外にわたって行われる旅客又は貨物

の輸送（国際輸送の一環として行われる国内輸送区間における輸送を含む。）

(4) 外航船舶等（専ら国内及び国外にわたって又は国外と国外との間で行われる旅客又は貨物の輸送の用に供される船舶又は航空機をいう。以下同じ。）の譲渡又は貸付けで船舶運航事業者等（令第17条第2項第2号《輸出免税等の範囲》に規定する船舶運航事業者等をいう。以下同じ。）に対するもの

（注）外航船舶等には、日本国籍の船舶又は航空機も含まれる。

(5) 外航船舶等の修理で船舶運航事業者等の求めに応じて行われるもの

(6) 専ら国内と国外又は国外と国外との間の貨物の輸送の用に供されるコンテナーの譲渡、貸付けで船舶運航事業者等に対するもの又は当該コンテナーの修理で船舶運航事業者等の求めに応じて行われるもの

(7) 外航船舶等の水先、誘導、その他入出港若しくは離着陸の補助又は入出港、離着陸、停泊若しくは駐機のための施設の提供に係る役務の提供等で船舶運航事業者等に対するもの

(8) 外国貨物の荷役、運送、保管、検数又は鑑定等の役務の提供

（注）特例輸出貨物（関税法第30条第1項第5号《外国貨物を置く場所の制限》に規定する特例輸出貨物をいう。以下7－2－13の2において同じ。）に係るこれらの役務の提供にあっては、次のものに限られる。

(1) 指定保税地域等（関税法第29条《保税地域の種類》に規定する指定保税地域、保税蔵置場、保税展示場及び総合保税地域をいう。以下7－2－1及び7－2－13において同じ。）及び当該特例輸出貨物の輸出のための船舶又は航空機への積込みの場所におけるもの

(2) 指定保税地域等相互間の運送

(9) 国内と国外との間の通信又は郵便若しくは信書便

(10) 非居住者に対する令第6条第1項第4号から第8号まで《無形固定資産等の所在場所》に掲げる無形固定資産等の譲渡又は貸付け

(11) 非居住者に対する役務の提供で次に掲げるもの以外のもの

イ 国内に所在する資産に係る運送又は保管

ロ 国内における飲食又は宿泊

ハ イ又はロに準ずるもので国内において直接便益を享受するもの

（輸出物品の下請加工等）

7－2－2 法第7条第1項《輸出免税等》の規定による輸出免税の適用が受けられるのは、同項各号に掲げる取引及び令第17条各項《輸出取引等の範囲》に掲げる取引に限られるのであるから、例えば、次の取引については法第7条第1項の規定の適用はないことに留意する。

(1) 輸出する物品の製造のための下請加工

(2) 輸出取引を行う事業者に対して行う国内での資産の譲渡等

（国外で購入した貨物を国内の保税地域を経由して国外へ譲渡した場合の取扱い）

7－2－3 国外で購入した貨物を国内の保税地域に陸揚げし、輸入手続を経ないで再び国外へ譲渡する場合には、関税法第75条《外国貨物の積みもどし》の規定により内国貨物を輸出する場合の手続規定が準用されることから、当該貨物の譲渡は、法第7条第1項第1号《輸出免税》の規定により輸出免税の対象となる。

（旅客輸送に係る国際輸送の範囲）

7－2－4 法第7条第1項第3号《国際輸送等に対する輸出免税》に規定する国内及び国内以外の地域にわたって行われる旅客又は貨物の輸送は、国内から国外への旅客若しくは貨物の輸送又は国外から国内への旅客若しくは貨物の輸送（以下「国際輸送」という。）をいうのであるが、国際輸送として行う旅客輸送の一部に国内における輸送（以下「国内輸送」という。）が含まれている場合であっても、次

の全ての要件を満たす場合の国内輸送は、国際輸送に該当するものとして取り扱う（平23課消1－35により改正）。

(1) 当該国際輸送に係る契約において国際輸送の一環としてのものであることが明らかにされていること。

(2) 国内間の移動のための輸送と国内と国外との間の移動のための国内乗継地又は寄港地における致着から出発までの時間が定期路線時刻表上で24時間以内である場合の国内輸送であること。

（貨物輸送に係る国際輸送の範囲）

7－2－5　国際輸送として行う貨物の輸送の一部に国内輸送が含まれている場合であっても、当該国内輸送が国際輸送の一環としてのものであることが国際輸送に係る契約において明らかにされているときは、当該国内輸送は国際輸送に該当するものとして取り扱う。

（旅行業者が主催する海外パック旅行の取扱い）

7－2－6　旅行業者が主催する海外パック旅行に係る役務の提供は、当該旅行業者と旅行者との間の包括的な役務の提供契約に基づくものであり、国内における役務の提供及び国外において行う役務の提供に区分されるから、次の区分に応じ、それぞれ次のように取り扱うものとする。

(1) 国内における役務の提供　国内輸送又はパスポート交付申請等の事務代行に係る役務の提供については、国内において行う課税資産の譲渡等に該当するが、法第7条第1項《輸出免税等》の規定の適用を受けることができない。

(2) 国外における役務の提供　国内から国外、国外から国外及び国外から国内への移動に伴う輸送、国外におけるホテルでの宿泊並びに国外での旅行案内等の役務の提供については、国内において行う資産の譲渡等に該当しない。

（国外の港等を経由して目的港等に到着する場合の輸出免税の取扱い）

7－2－7　日本を出発地又は到着地とする国際輸送のうち、国外の港又は空港（以下7－2－7において「港等」という。）を経由する場合の取扱いは、次による。

(1) 国内の港等を出発地とし、国外の港等を経由して国外の港等を最終到着地（以下7－2－7において「到着地」という。）とする場合

イ　国内の港等を出発し、経由する国外の港等で入国手続をすることなく国外の到着地まで乗船又は搭乗（以下7－2－7において「乗船等」という。）する旅客の輸送　国内取引に該当し、輸出免税の対象となる。

ロ　国内の港等から経由する国外の港等まで乗船等する旅客の輸送　国内取引に該当し、輸出免税の対象となる。

ハ　経由する国外の港等から国外の到着地まで乗船等する旅客の輸送　国外取引に該当し、輸出免税の対象とはならない。

(2) 国外の港等を出発地とし、国外の港等を経由して国内の港等を到着地とする場合

イ　国外の港等を出発し、経由する国外の港等で入国手続をすることなく国内の到着地まで乗船等する旅客の輸送　国内取引に該当し、輸出免税の対象となる。

ロ　国外の港等から経由する国外の港等まで乗船等する旅客の輸送　国外取引に該当し、輸出免税の対象とはならない。

ハ　経由する国外の港等から国内の到着地まで乗船等する旅客の輸送　国内取引に該当し、輸出免税の対象となる。

（船舶運航事業を営む者等の意義）

7－2－8　令第17条第1項及び第2項《輸出取引等の範囲》に規定する「船舶運航事業を営む者」、「船舶貸渡業を営む者」又は「航空運送事業を営む者」は、海上運送法又は航空法において規定する「船舶運航事業」若しくは「船舶貸渡事業」又は「航空運

送事業」を営む者をいい、我が国において支店等を設けてこれらの事業を営む外国の事業者を含むほか、我が国に支店等を有していない外国の事業者で我が国との間で国際間輸送を行う者も含まれることに留意する。

(船舶の貸付けの意義)

7－2－9　令第17条第1項第1号《国際輸送用船舶等の貸付け》に規定する「船舶の貸付け」には、裸傭船契約に基づく傭船のほか定期傭船契約に基づく傭船が含まれる（平31課消2－9により改正）。

(船舶運航事業者等の求めに応じて行われる修理の意義)

7－2－10　令第17条第1項第3号又は第2項第1号ハ《外航船舶等の修理》の規定の適用に当たって、「船舶運航事業者等」の求めに応じて行われる修理は、船舶運航事業者等からの直接の求めに応じて行う修理に限られるのであるから、船舶運航事業者等から修理の委託を受けた事業者の求めに応じて行う修理は、これに含まれないことに留意する。

(注)　船舶運航事業者等から修理の委託を受けた事業者の求めに応じて修理として行う役務の提供は、課税資産の譲渡等に該当し、当該修理の委託をした事業者にとっては課税仕入れとなる。

(水先等の役務の提供に類するもの)

7－2－11　令第17条第2項第3号《輸出取引等の範囲》に規定する「その他これらに類する役務の提供」には、例えば、外航船舶等の清掃、廃油の回収、汚水処理等が含まれる。

(外国貨物の荷役等に類する役務の提供)

7－2－12　令第17条第2項第4号《輸出取引等の範囲》に規定する「その他これらに類する外国貨物に係る役務の提供」には、例えば、外国貨物に係る検量若しくは港湾運送関連事業に係る業務又は輸入貨物に係る通関手続若しくは青果物に係るくんじょう等の役務の提供が含まれる。

(指定保税地域等における役務の提供の範囲等)

7－2－13　令第17条第2項第4号《輸出取引等の範囲》に規定する「指定保税地域…における輸出しようとする貨物及び輸入の許可を受けた貨物に係るこれらの役務の提供」には、指定保税地域等にある輸出しようとする貨物又は輸入の許可を受けた貨物に係る荷役、運送、保管、検数、鑑定、検量又は通関手続等の役務の提供が含まれる（平18課消1－1により改正）。

(注)　指定保税地域等には、関税法第30条第1項第2号《外国貨物を置く場所の制限》の規定により税関長が指定した場所を含むものとして取り扱う。

(特例輸出貨物に対する役務の提供)

7－2－13の2　令第17条第2項第4号《輸出取引等の範囲》に規定する「特例輸出貨物の輸出のための船舶又は航空機への積込みの場所におけるもの」とは、特例輸出貨物を輸出するための船舶又は航空機へ積み込む場所及び当該特例輸出貨物を積み込んだ船舶又は航空機における当該特例輸出貨物の荷役、検数、鑑定又は検量等の役務の提供をいう（平23課消1－35により改正）。

(その他これらに類する役務の提供)

7－2－14　関税法第40条《貨物の取扱い》の規定により指定保税地域において行うことができる行為として関税法基本通達40－1(1)〜(4)に定めるものについては、令第17条第2項第4号《輸出取引等の範囲》に規定するその他これらに類する役務の提供に含まれる（平22課消1－9により改正）。

(非居住者に対する役務の提供で免税とならないものの範囲)

7－2－16　令第17条第2項第7号《非居住者に対する役務の提供のうち免税となるものの範囲》において輸出免税の対象となるものから除かれる非居住者に対する役務の提供には、例えば、次のものが該当する（平15課消1－13により改正）。

(1)　国内に所在する資産に係る運送や保管

(2) 国内に所在する不動産の管理や修理

(3) 建物の建築請負

(4) 電車、バス、タクシー等による旅客の輸送

(5) 国内における飲食又は宿泊

(6) 理容又は美容

(7) 医療又は療養

(8) 劇場、映画館等の興行場における観劇等の役務の提供

(9) 国内間の電話、郵便又は信書便

(10) 日本語学校等における語学教育等に係る役務の提供

(国内に支店等を有する非居住者に対する役務の提供)

7－2－17　事業者が非居住者に対して役務の提供を行った場合に、当該非居住者が支店又は出張所等を国内に有するときは、当該役務の提供は当該支店又は出張所等を経由して役務の提供を行ったものとして、令第17条第2項第7号《非居住者に対する役務の提供》の規定の適用はないものとして取り扱う。

　　ただし、国内に支店又は出張所等を有する非居住者に対する役務の提供であっても、次の要件の全てを満たす場合には、令第17条第2項第7号に規定する役務の提供に該当するものとして取り扱って差し支えない（平23課消1－35により改正）。

(1) 役務の提供が非居住者の国外の本店等との直接取引であり、当該非居住者の国内の支店又は出張所等はこの役務の提供に直接的にも間接的にもかかわっていないこと。

(2) 役務の提供を受ける非居住者の国内の支店又は出張所等の業務は、当該役務の提供に係る業務と同種、あるいは関連する業務でないこと。

(外航船等への積込物品に係る輸出免税)

7－2－18　本邦と外国との間を往来する船舶又は航空機に内国貨物を積み込む場合において、当該積込みが外国籍の船舶又は航空機（外国籍の船舶又は航空機で、日本人が船主との契約によって船体だけを賃借（いわゆる裸備船）し、日本人の船長又は乗組員を使用している場合等実質的に日本国籍を有する船舶又は航空機と同様に使用されていると認められる場合における船舶又は航空機を除く。以下7－3－2において同じ。）へのものであるときは、法第7条第1項《輸出免税等》の規定が適用され、輸出免税の対象となる内国貨物に限定がないのに対し、本邦の船舶又は航空機への積込みであるときは、租特法85条第1項《外航船等に積み込む物品の免税》の規定が適用され、同項に規定する指定物品のみが免税の対象となるのであるから留意する（平31課消2－9により改正）。

(海外旅行者が出国に際して携帯する物品の輸出免税)

7－2－20　出入国管理及び難民認定法第25条《出国の手続》又は同法第60条《日本人の出国》の規定により海外旅行等のため出国する者（非居住者を除く。）が渡航先において贈答用に供するものとして出国に際して携帯する物品（その物品の1個当たりの対価の額が1万円を超えるものに限る。）で、帰国若しくは再入国に際して携帯しないことの明らかなもの又は渡航先において使用若しくは消費をするものについては、当該物品を当該出国する者に譲渡した事業者（法第8条第6項《輸出物品販売場の定義》の規定による輸出物品販売場の許可を受けている者に限る。）が輸出するものとして法第7条第1項《輸出免税等》の規定を適用する。ただし、当該海外旅行等のため出国する者が、渡航先において贈答用に供し帰国若しくは再入国に際して携帯しないものであること、又は渡航先において2年以上使用し、若しくは消費するものであることを誓約した書類を当該事業者に提出した場合及び当該出国する者が出国時に税関長（沖縄地区税関長を含む。以下同じ。）に申請して輸出証明書の交付を受け、これを事業者が保存する場合に限り適用するものとする。

(注) 消費税が免除された物品を携帯して出国した者が、当該免除された物品を携帯して帰国又は再入国した場合（当該物品を携帯して出国した時から2年を経過したものであるときを除く。）には、

当該物品について、他の法律により特に消費税を免除することとされているときを除き、消費税が課税される。

（輸出証明書等）

7－2－23　法第7条第2項《輸出証明》に規定する「その課税資産の譲渡等が……、財務省令で定めるところにより証明されたもの」又は租特法規則第36条第1項《外航船等に積み込む物品の譲渡等に係る免税》に規定する「承認を受けた事実を証明する書類」は、次に掲げる場合の区分に応じ、それぞれ次の帳簿又は書類となるのであるから留意する（平12官総8－3、平15課消1－13、平23課消1－35、令3課消2－1、令4課消2－4により改正）。

⑴　法第7条第1項第1号《輸出免税》に掲げる輸出として行われる資産の譲渡又は貸付けである場合

　イ　関税法第67条《輸出又は輸入の許可》の規定により輸出の許可を受ける貨物である場合（船舶又は航空機の貸付けである場合を除く。）　輸出許可書

　ロ　郵便物として当該資産を輸出（以下7－2－23において「郵便による輸出」という。）した場合において、当該輸出の時における当該資産の価額が20万円を超えるとき　規則第5条第1項第1号《輸出取引の輸出証明》に規定する税関長が証明した書類

　　(注)　輸出の時における当該資産の価額が20万円を超えるかどうかの判定は、原則として郵便物一個当たりの価額によるが、郵便物を同一受取人に2個以上に分けて差し出す場合には、それらの郵便物の価額の合計額による。

　ハ　郵便による輸出のうち当該輸出の時における輸出される資産の価額が20万円以下の場合　規則第5条第1項第2号《郵便物を輸出した場合の輸出証明》に規定する帳簿又は書類

　ニ　出国者が出国に際し携帯輸出する物品を、関税法第42条《保税蔵置場の許可》の規定により保税蔵置場の許可を受けた者が当該出国者に譲渡する場合　規則第5条第1項第1号に規定する税関長が証明した書類

　ホ　7－2－20の規定の適用がある場合　規則第5条第1項第1号に規定する税関長が証明した書類

　ヘ　外国籍の船舶又は航空機に内国貨物を積み込むために資産を譲渡する場合　船（機）用品積込承認書

　ト　船舶又は航空機の貸付けである場合　規則第5条第1項第4号《輸出免税等の輸出証明》に規定する書類

⑵　法第7条第1項第3号《輸出免税等》に掲げる輸送若しくは通信又は令第17条第2項第5号《輸出取引等の範囲》に掲げる郵便若しくは信書便である場合　規則第5条第1項第3号《国際輸送等の輸出証明》に規定する帳簿又は書類

⑶　法第7条第1項各号《輸出免税等》に掲げる資産の譲渡等のうち、⑴及び⑵に掲げる資産の譲渡等以外の資産の譲渡等である場合　規則第5条第1項第4号に規定する書類

⑷　租特法第85条第1項《外航船等に積み込む物品の譲渡等に係る免税》に掲げる外航船等に船用品又は機用品として積み込むために指定物品を譲渡する場合　船（機）用品積込承認書

第3節　租税特別措置法関係（略）

第8章　輸出物品販売場における輸出物品の譲渡に係る免税

第1節　適用範囲等（抄）

（輸出物品販売場における輸出免税の特例の適用範囲）

8－1－1　法第8条第1項《輸出物品販売場における輸出免税の特例》の規定は、輸出物品販売場（同項に規定する輸出物品販売場をいう。以下この章において同じ。）を経営する事業者が、同項に規定する免税購入対象者に対し、免税対象物品（令第18条

第2項《輸出物品販売場で免税販売できる物品の範囲》に規定する免税対象物品をいう。以下8－3－2までにおいて同じ。）で、輸出するため同条第3項《購入手続》に規定する方法により購入されるものの譲渡を行った場合に適用されるのであるから、一般物品（同項第1号に規定する一般物品をいう。以下8－1－10までにおいて同じ。）の譲渡については、免税購入対象者が、国内において生活の用に供した後に、輸出するため購入する場合であっても法第8条第1項の規定により消費税が免除されることに留意する（平26課消1－8、平28課消1－57、平30課消2－5、令2課消2－9、令5課消2－3により改正）。

㊟　免税購入対象者が、国内において生活の用に供するために購入する消耗品等（令第18条第2項第2号に規定する消耗品（以下8－1－1及び8－1－3において「消耗品」という。）並びに同条第4項《消耗品として免税販売手続を行う資産》の規定により消耗品として同条第2項、第3項、第13項及び第14項並びに第18条の3第1項《免税手続カウンターにおける手続等の特例》の規定が適用される資産をいう。以下8－1－12までにおいて同じ。）の譲渡については、法第8条第1項の規定の適用はない。

第2節　輸出物品販売場の許可等（略）

第3節　購入記録情報の提供等（略）

第9章　資産の譲渡等の時期

第1節　通　則（抄）

第1款　棚卸資産の譲渡の時期（略）

第2款　請負による譲渡等の時期（略）

第3款　固定資産の譲渡の時期（略）

第4款　有価証券の譲渡の時期（抄）

（株式の信用取引等をした場合の譲渡の時期）

9－1－18　事業者が金融商品取引法第161条の2第1項《信用取引等における金銭の預託》の規定による信用取引又は発行日取引の方法により株式の売付けを行った場合におけるその売付けに係る株式の譲渡の時期は、当該売付けに係る取引の決済を行った日とする（平11課消2－5、平19課消1－18により改正）。

第5款　利子、使用料等を対価とする資産の譲渡等の時期（略）

第6款　その他の資産の譲渡等の時期（抄）

（保証金等のうち返還しないものの額を対価とする資産の譲渡等の時期）

9－1－23　資産の賃貸借契約等に基づいて保証金、敷金等として受け入れた金額であっても、当該金額のうち期間の経過その他当該賃貸借契約等の終了前における一定の事由の発生により返還しないこととなる部分の金額は、その返還しないこととなった日の属する課税期間において行った資産の譲渡等に係る対価となるのであるから留意する。

（先物取引に係る資産の譲渡等の時期）

9－1－24　商品先物取引法の規定により商品の先物取引を行った場合で、一定の期日までに反対売買することにより差金の授受によって決済したときは、当該先物取引は資産の引渡しを伴わない取引であるから資産の譲渡等には該当しないのであるが、現物の引渡しを行う場合には、当該引渡しを行う日に資産の譲渡等が行われたことになるのであるから留意する（平23課消1－35により改正）。

（共同事業の計算期間が構成員の課税期間と異なる場合の資産の譲渡等の時期）

9－1－28　共同事業において、1－3－1により各構成員が行ったこととされる資産の譲渡等については、原則として、当該共同事業として資産の譲渡等を行った時に各構成員が資産の譲渡等を行ったこととなる。

　　ただし、各構成員が、当該資産の譲渡等の時期を、当該共同事業の計算期間（1年以内のものに限る。以下9－1－28において同じ。）の終了する日の属する自己の課税期間において行ったものとして取り扱っている場合には、これを認める（令5課消2－9により改正）。

㊟　ただし書の取扱いを適用している構成員が適格請求書発行事業者の登録を取りやめる場合、共同事業として行った資産の譲渡等について、当該資産の譲渡等に係る共同事業の計算期間の終了する日が法第57条の2第10項第1号《適格請求書発行事業者の登録の取消しを求める場合の届出》に定める日以後となるときは、当該共同事業の計算期間の終了する日の属する課税期間における資産の譲渡等とすることはできない。

第2節　削　除

第3節　リース譲渡に係る資産の譲渡等の時期の特例（抄）

（資産を下取りした場合の対価の額）

9－3－6　事業者がリース譲渡を行うに当たり、頭金等として相手方の有する資産を下取りした場合において、当該資産の価額をその下取りをした時における価額を超える価額としているときは、その超える部分の金額については、当該下取りをした資産の譲受けに係る支払対価の額に含めないものとし、そのリース譲渡をした資産につき、値引きをしたものとして取り扱う（平10課消2－9、平30課消2－5により改正）。

㊟　下取りに係る資産を有していた事業者における

その下取りに係る資産の譲渡に係る対価の額は、当該頭金等とされた金額となる。

第4節　工事の請負に係る資産の譲渡等の時期の特例（略）

第5節　小規模事業者等に係る資産の譲渡等の時期の特例（略）

第6節　その他（略）

第10章　課税標準及び税率

第1節　課税資産の譲渡等（抄）

（譲渡等の対価の額）

10－1－1　法第28条第1項本文《課税標準》に規定する「課税資産の譲渡等の対価の額」とは、課税資産の譲渡等に係る対価につき、対価として収受し、又は収受すべき一切の金銭又は金銭以外の物若しくは権利その他の経済的利益の額をいい、消費税額等を含まないのであるが、この場合の「収受すべき」とは、別に定めるものを除き、その課税資産の譲渡等を行った場合の当該課税資産等の価額をいうのではなく、その譲渡等に係る当事者間で授受することとした対価の額をいうのであるから留意する（平9課消2－5、平27課消1－17により改正）。

㊟　同条第1項ただし書又は第3項《資産のみなし譲渡》の規定により、法人が役員に対して著しく低い価額で資産の譲渡若しくは贈与を行った場合又は個人事業者が棚卸資産又は棚卸資産以外の資産で事業の用に供していたものを家事のために消費若しくは使用した場合には、当該譲渡等の時におけるその資産の価額により譲渡があったものとされる。

（著しく低い価額）

10－1－2　法第28条第1項ただし書《課税標準》に規定する「資産の価額に比し著しく低いとき」とは、

法人のその役員に対する資産の譲渡金額が、当該譲渡の時における資産の価額に相当する金額のおおむね50％に相当する金額に満たない場合をいうものとする。

なお、当該譲渡に係る資産が棚卸資産である場合において、その資産の譲渡金額が、次の要件のいずれをも満たすときは、「資産の価額に比し著しく低いとき」に該当しないものとして取り扱う。

⑴　当該資産の課税仕入れの金額以上であること。

⑵　通常他に販売する価額のおおむね50％に相当する金額以上であること。

　ただし、法人が資産を役員に対し著しく低い価額により譲渡した場合においても、当該資産の譲渡が、役員及び使用人の全部につき一律に又は勤続年数等に応ずる合理的な基準により普遍的に定められた値引率に基づいて行われた場合は、この限りでない。

（印紙税等に充てられるため受け取る金銭等）

10－1－4　事業者が課税資産の譲渡等に関連して受け取る金銭等のうち、当該事業者が国又は地方公共団体に対して本来納付すべきものとされている印紙税、手数料等に相当する金額が含まれている場合であっても、当該印紙税、手数料等に相当する金額は、当該課税資産の譲渡等の金額から控除することはできないのであるから留意する（平11課消2－8により改正）。

（注）　課税資産の譲渡等を受ける者が本来納付すべきものとされている登録免許税、自動車重量税、自動車取得税及び手数料等（以下10－1－4において「登録免許税等」という。）について登録免許税等として受け取ったことが明らかな場合は、課税資産の譲渡等の金額に含まれないのであるから留意する。

（建物と土地等とを同一の者に対し同時に譲渡した場合の取扱い）

10－1－5　事業者が令第45条第3項各号《一括譲渡した場合の課税標準の計算の方法》に掲げる資産の区分のうち異なる2以上の区分の資産を同一の者に対し同時に譲渡した場合には、それぞれの資産の譲渡の対価について合理的に区分しなければならないのであるが、例えば、建物、土地等を同一の者に対し同時に譲渡した場合において、それぞれの対価につき、所得税又は法人税の土地の譲渡等に係る課税の特例の計算における取扱いにより区分しているときは、その区分したところによる（令5課消2－9により改正）。

（注）　合理的に区分されていない場合には、同項の規定により、それぞれの譲渡に係る通常の取引価額を基礎として区分することに留意する。

（未経過固定資産税等の取扱い）

10－1－6　固定資産税、自動車税等（以下10－1－6において「固定資産税等」という。）の課税の対象となる資産の譲渡に伴い、当該資産に対して課された固定資産税等について譲渡の時において未経過分がある場合で、その未経過分に相当する金額を当該資産の譲渡について収受する金額とは別に収受している場合であっても、当該未経過分に相当する金額は当該資産の譲渡の金額に含まれるのであるから留意する。

（注）　資産の譲渡を受けた者に対して課されるべき固定資産税等が、当該資産の名義変更をしなかったこと等により当該資産の譲渡をした事業者に対して課された場合において、当該事業者が当該譲渡を受けた者から当該固定資産税等に相当する金額を収受するときには、当該金額は資産の譲渡等の対価に該当しないのであるから留意する。

（外貨建取引に係る対価）

10－1－7　外貨建ての取引に係る資産の譲渡等の対価の額は、所得税又は法人税の課税所得金額の計算において外貨建ての取引に係る売上金額その他の収入金額につき円換算して計上すべきこととされている金額によるものとする（平9課消2－5、平13課消1－5、平18課消1－16、平18課消1－43により改正）。

(注)1　外貨建取引の円換算に係る法人税の取扱いについては、法基通13の2－1－1から13の2－2－18まで《外貨建取引の換算等》において定められている。

2　外貨建取引の円換算に係る所得税の取扱いについては、所基通57の3－1から57の3－7まで《外貨建取引の換算等》において定められている。

3　法法第61条の9第1項第1号《外貨建資産等の期末換算差益又は期末換算差損の益金又は損金算入等》に規定する外貨建債権、債務に係る為替換算差損益又は為替差損益は、資産の譲渡等の対価の額又は課税仕入れに係る支払対価の額に含まれないことに留意する。

（交換資産の時価）

10－1－8　交換の当事者が交換に係る資産の価額を定め、相互に等価であるとして交換した場合において、その定めた価額が通常の取引価額と異なるときであっても、その交換がその交換をするに至った事情に照らし正常な取引条件に従って行われたものであると認められるときは、令第45条第2項第4号《交換の場合の対価の額》の規定の適用上、これらの資産の価額は当該当事者間において合意されたところによるものとする。

（物品切手等の評価）

10－1－9　次に掲げる資産を課税資産の譲渡等の対価として取得した場合には、それぞれ次に掲げる金額が当該課税資産の譲渡等の金額となる（令4課消2－4、令5課消2－9により改正）。

(1)　物品切手等（法別表第二第4号に規定する物品切手等をいう。以下10－1－9において同じ。）
　　券面金額（券面金額がない場合には、当該物品切手等により引換給付される物品又は役務について取得し又は提供を受けるために通常要する金額）
イ　物品切手等と引換えに物品の給付等を行う者が当該物品切手等を発行している場合について

は、その発行により受領した金額
ロ　物品切手等と引換えに物品の給付等を行う者以外の者が当該物品切手等を発行している場合については、当該物品切手等につき発行者等から受領する金額

(2)　定期金に関する権利又は信託の受益権
　　相続税法又は財産評価基本通達に定めるところに準じて評価した価額

(3)　生命保険契約に関する権利
　　その取得した時においてその契約を解除したとした場合に支払われることとなる解約返戻金の額（解約返戻金のほかに支払われることとなる前納保険料の金額、剰余金の分配等がある場合には、これらの金額との合計額）

（個別消費税の取扱い）

10－1－11　法第28条第1項《課税標準》に規定する課税資産の譲渡等の対価の額には、酒税、たばこ税、揮発油税、石油石炭税、石油ガス税等が含まれるが、軽油引取税、ゴルフ場利用税及び入湯税は、利用者等が納税義務者となっているのであるから対価の額に含まれないことに留意する。ただし、その税額に相当する金額について明確に区分されていない場合は、対価の額に含むものとする（平12課消2－10、平15課消1－37により改正）。

（委託販売等に係る手数料）

10－1－12　委託販売その他業務代行等（以下10－1－12において「委託販売等」という。）に係る資産の譲渡等を行った場合の取扱いは、次による（平23課消1－35、令5課消2－9により改正）。

(1)　委託販売等に係る委託者については、受託者が委託商品を譲渡等したことに伴い収受した又は収受すべき金額が委託者における資産の譲渡等の金額となるのであるが、その課税期間中に行った委託販売等の全てについて、当該資産の譲渡等の金額から当該受託者に支払う委託販売手数料を控除した残額を委託者における資産の譲渡等の金額としているときは、これを認める。

⑵　委託販売等に係る受託者については、委託者から受ける委託販売手数料が役務の提供の対価となる。

　なお、委託者から課税資産の譲渡等のみを行うことを委託されている場合の委託販売等に係る受託者については、委託された商品の譲渡等に伴い収受した又は収受すべき金額を課税資産の譲渡等の金額とし、委託者に支払う金額を課税仕入れに係る金額としても差し支えないものとする。

（注）1　委託販売等において、受託者が行う委託販売手数料等を対価とする役務の提供は、当該委託販売等に係る課税資産の譲渡が軽減税率の適用対象となる場合であっても、標準税率の適用対象となることに留意する。

　　　2　委託販売等に係る課税資産の譲渡が軽減税率の適用対象となる場合には、適用税率ごとに区分して、委託者及び受託者の課税資産の譲渡等の対価の額及び課税仕入れに係る支払対価の額の計算を行うこととなるから、⑴及び⑵なお書による取扱いの適用はない。

（源泉所得税がある場合の課税標準）

10－1－13　事業者が課税資産の譲渡等に際して収受する金額が、源泉所得税に相当する金額を控除した残額である場合であっても、源泉徴収前の金額によって消費税の課税関係を判定するのであるから留意する。

（資産の貸付けに伴う共益費）

10－1－14　建物等の資産の貸付けに際し賃貸人がその賃借人から収受する電気、ガス、水道料等の実費に相当するいわゆる共益費は、建物等の資産の貸付けに係る対価に含まれる。

（返品、値引等の処理）

10－1－15　事業者が、その課税期間において行った課税資産の譲渡等につき、当該課税期間中に返品を受け、又は値引き若しくは割戻しをした場合に、当該課税資産の譲渡等の金額から返品額又は値引額若

しくは割戻額につき税率の異なるごとに合理的に区分した金額を、当該課税資産の譲渡等の税率の異なるごとの金額からそれぞれ控除する経理処理を継続しているときは、これを認める（令5課消2－9により改正）。

（注）　この場合の返品額又は値引額若しくは割戻額については、法第38条第1項《売上げに係る対価の返還等をした場合の消費税額の控除》の規定の適用はないのであるが、同条第2項に規定する帳簿を保存する必要があることに留意する。

（別途収受する配送料等）

10－1－16　事業者が、課税資産の譲渡等に係る相手先から、他の者に委託する配送等に係る料金を課税資産の譲渡の対価の額と明確に区分して収受し、当該料金を預り金又は仮受金等として処理している場合の、当該料金は、当該事業者における課税資産の譲渡等の対価の額に含めないものとして差し支えない。

（下取り）

10－1－17　課税資産の譲渡等に際して資産の下取りを行った場合であっても当該課税資産の譲渡等の金額について、その下取りに係る資産の価額を控除した後の金額とすることはできないのであるから留意する（令5課消2－9により改正）。

（注）　課税資産（令第45条第3項第1号又は第2号《一括譲渡した場合の課税標準の計算の方法》に掲げる資産をいう。以下同じ。）の下取りをした場合には、その下取りは課税仕入れに該当し、法第30条《仕入れに係る消費税額の控除》の規定を適用することとなる。

（自家消費等における対価）

10－1－18　個人事業者が法第4条第5項第1号《個人事業者の家事消費等》に規定する家事消費を行った場合又は法人が同項第2号《役員に対するみなし譲渡》に規定する贈与を行った場合（棚卸資産について家事消費又は贈与を行った場合に限る。）にお

いて、次の(1)及び(2)に掲げる金額以上の金額を法第28条第3項《みなし譲渡に係る対価の額》に規定する対価の額として法第45条《課税資産の譲渡等及び特定課税仕入れについての確定申告》に規定する確定申告書を提出したときは、これを認める（平27課消1－17により改正）。

(1) 当該棚卸資産の課税仕入れの金額

(2) 通常他に販売する価額のおおむね50%に相当する金額

（譲渡等に係る対価が確定していない場合の見積り）

10－1－20　事業者が資産の譲渡等を行った場合において、その資産の譲渡等をした日の属する課税期間の末日までにその対価の額が確定していないときは、同日の現況によりその金額を適正に見積もるものとする。この場合において、その後確定した対価の額が見積額と異なるときは、その差額は、その確定した日の属する課税期間における資産の譲渡等の対価の額に加算し、又は当該対価の額から減算するものとする。

（別払運賃がある場合における課税標準に算入すべき運賃の計算の特例）

10－1－21　法第28条第4項《保税地域から引き取られる課税貨物に係る消費税の課税標準》に掲げる課税標準に含まれるべき運賃の一部に、運送の終了後相当の期間が経過しなければ確定しない部分（以下10－1－21において「別払運賃」という。）の発生が通常見込まれている場合において、課税貨物を保税地域から引き取る者が、その引き取ろうとする課税貨物の数量に相当する数値に別払運賃の平均額を乗じた額を別払運賃以外の運賃の額に加算し、当該加算後の金額を当該課税標準に算入しているときは、その者が次のいずれにも該当する場合に限り、当該金額を当該課税標準に算入すべき運賃の額として取り扱って差し支えない（平27課消1－17により改正）。

(1) 別払運賃の平均額を用いる運賃の計算方法を継続的に採用して納税申告する旨及び届出の日の属

する月の翌月から3か月間、6か月間又は1年間の納税申告において用いる別払運賃の平均額を納税地を管轄する税関長（沖縄地区税関長を含む。以下10－1－21において同じ。）に届け出ること。

(2) 前号の届出の日から3か月、6か月又は1年を経過するごとにそれぞれその後3か月間、6か月間又は1年間の納税申告において用いる別払運賃の平均額を同号の税関長に届け出ること。

(3) (1)の届出の日から1年を経過するごとに、当該1年間における別払運賃の確定額を同号の税関長に報告すること。

(注)1　別払運賃の平均額とは、原則として、(1)又は(2)の届出の日の属する月の前月以前1年間における別払運賃の確定額を当該期間における課税貨物の運送数量に相当する数値で除して得た額をいうものとする。

2　現実に確定した運賃の額と別払運賃の平均額により計算した金額とが相当程度に相違することとなった場合には、修正申告書の提出又は更正により課税標準を是正することができるのであるから留意する。

第2節　特定課税仕入れ（略）

第11章　仕入れに係る消費税額の控除

第1節　通　則（抄）

（課税仕入れ）

11－1－1　課税仕入れとは、事業者が、事業として資産を譲り受け、若しくは借り受け、又は役務の提供を受けることをいうから、個人事業者が家事消費又は家事使用をするために資産を譲り受け、若しくは借り受け、又は役務の提供を受けることは、事業として行われるものではないから、課税仕入れに該当しないことに留意する（平27課消1－17により改正）。

(注)　課税仕入れには特定課税仕入れも含まれることに留意する。

(給与等を対価とする役務の提供)

11-1-2 法第2条第1項第12号《課税仕入れの意義》の規定により、課税仕入れの範囲から除かれる「給与等を対価とする役務の提供」とは、雇用契約又はこれに準ずる契約に基づき給与等を対価として労務を提供することをいうのであるが、この場合の給与等には、俸給、給料、賃金、歳費、賞与及びこれらの性質を有する給与のほか、過去の労務の提供を給付原因とする退職金、年金等も該当することに留意する。

(課税仕入れの相手方の範囲)

11-1-3 法第2条第1項第12号《課税仕入れの意義》に規定する「他の者」には、課税事業者及び免税事業者のほか消費者が含まれる（平27課消1-17、令5課消2-9により改正）。

(注)1 令第57条第6項《事業の種類》に規定する「他の者」についても同様である。

2 適格請求書発行事業者以外の者からの課税仕入れは、原則として、消費税法第30条第1項《仕入れに係る消費税額の控除》の規定は適用されないことに留意する。

第2節　課税仕入れの範囲（抄）

(現物給付する資産の取得)

11-2-1 事業者が役員又は使用人（以下11-2-2までにおいて「使用人等」という。）に金銭以外の資産を給付する場合の当該資産の取得が課税仕入れに該当するかどうかは、その取得が事業としての資産の譲受けであるかどうかを基礎として判定するのであり、その給付が使用人等の給与として所得税の課税の対象とされるかどうかにかかわらないのであるから留意する（令5課消2-9により改正）。

(使用人等の発明等に係る報償金等の支給)

11-2-2 事業者が、業務上有益な発明、考案等をした自己の使用人等に支給する報償金、表彰金、賞金等の金銭のうち次に掲げる金銭の支払については、

課税仕入れに該当する（令5課消2-9により改正）。

⑴ 業務上有益な発明、考案又は創作をした使用人等から当該発明、考案又は創作に係る特許を受ける権利、実用新案登録を受ける権利若しくは意匠登録を受ける権利又は特許権、実用新案権若しくは意匠権を承継したことにより支給するもの

⑵ 特許権、実用新案権又は意匠権を取得した使用人等にこれらの権利に係る実施権の対価として支給するもの

⑶ 事務若しくは作業の合理化、製品の品質改良又は経費の節約等に寄与する工夫、考案等（特許又は実用新案登録若しくは意匠登録を受けるに至らないものに限り、その工夫、考案等がその者の通常の職務の範囲内の行為である場合を除く。）をした使用人等に支給するもの

(外交員等の報酬)

11-2-3 外交員、集金人、電力量計等の検針人その他これらに類する者に対する報酬又は料金の支払のうち、所法第28条第1項《給与所得》に規定する給与所得に該当する部分については、課税仕入れには該当しないのであるから留意する（令5課消2-9により改正）。

(注) この場合において、給与所得に該当する部分とその他の部分との区分は、所基通204-22《外交員又は集金人の業務に関する報酬又は料金》の例による。

(会費、組合費等)

11-2-4 事業者がその同業者団体、組合等に対して支払った会費又は組合費等（以下11-2-4において「会費等」という。）について、当該同業者団体、組合等において、5-5-3《会費、組合費等》により、団体としての通常の業務運営のために経常的に要する費用を賄い、それによって団体の存立を図るものとして資産の譲渡等の対価に該当しないとしているときは、当該会費等の支払は課税仕入れに該当しないのであるから留意する。

5－5－4《入会金》に掲げる同業者団体、組合等に支払う入会金についても、同様とする（令5課消2－9により改正）。

（ゴルフクラブ等の入会金）

11－2－5　事業者が支払う入会金のうち、ゴルフクラブ、宿泊施設、体育施設、遊戯施設その他レジャー施設の利用又は一定の割引率で商品等を販売するなど会員に対する役務の提供を目的とする団体の会員資格を得るためのもので脱退等に際し返還されないものについて、その支払は課税仕入れに該当する（令5課消2－9により改正）。

（公共的施設の負担金等）

11－2－6　国若しくは地方公共団体の有する公共的施設又は同業者団体等の有する共同的施設の設置又は改良のため、国若しくは地方公共団体又は同業者団体等がこれらの施設の利用者又は受益者から受ける負担金、賦課金等で、当該国若しくは地方公共団体又は同業者団体等において、資産の譲渡等の対価に該当しないこととしているものについては、当該負担金、賦課金等を支払う事業者においても、その支払は課税仕入れに該当しないのであるから留意する（令5課消2－9により改正）。

(注)　負担金等が例えば専用側線利用権、電気ガス供給施設利用権、水道施設利用権、電気通信施設利用権等の権利の設定等に係る対価と認められる等の場合には、当該負担金等の支払は、それを支払う事業者において課税仕入れに係る支払対価に該当する。

（共同行事等に係る負担金）

11－2－7　同業者団体等の構成員が共同して行う宣伝、販売促進、会議等に要した費用を賄うために当該同業者団体等が構成員から受ける負担金等について、当該費用の全額について構成員ごとの負担割合が予め定められ、かつ、当該同業者団体等において当該宣伝等をその負担割合に応じて構成員が実施したものとして取り扱っている場合は、それを支払う

構成員において当該負担金等の費途ごとに、法第2条第1項第12号《課税仕入れの意義》の規定を適用することとなる（令5課消2－9により改正）。

（保険金等による資産の譲受け等）

11－2－8　法第2条第1項第12号《課税仕入れの意義》に規定する「他の者から資産を譲り受け、若しくは借り受け、又は役務の提供を受けること」（以下11－2－8において「資産の譲受け等」という。）が課税仕入れに該当するかどうかは、資産の譲受け等のために支出した金銭の源泉を問わないのであるから、保険金、補助金、損害賠償金等を資産の譲受け等に充てた場合であっても、その資産の譲受け等が課税仕入れに該当するときは、その課税仕入れにつき法第30条《仕入れに係る消費税額の控除》の規定が適用されるのであるから留意する（令5課消2－9により改正）。

（滅失等した資産に係る仕入税額控除）

11－2－9　課税仕入れ等に係る資産が事故等により滅失し、若しくは亡失した場合又は盗難にあった場合などのように、結果的に資産の譲渡等を行うことができなくなった場合であっても、当該課税仕入れ等について法第30条《仕入れに係る消費税額の控除》の規定が適用されるのであるから留意する（令5課消2－9により改正）。

（国外取引に係る仕入税額控除）

11－2－11　国外において行う資産の譲渡等のための課税仕入れ等がある場合は、当該課税仕入れ等について法第30条《仕入れに係る消費税額の控除》の規定が適用されるのであるから留意する。

この場合において、事業者が個別対応方式を適用するときは、当該課税仕入れ等は課税資産の譲渡等にのみ要するものに該当する（令5課消2－9により改正）。

（試供品、試作品等に係る仕入税額控除）

11－2－14　課税資産の譲渡等に係る販売促進等のた

めに得意先等に配布される試供品、試作品等に係る課税仕入れ等は、課税資産の譲渡等にのみ要するものに該当する。

(資産の譲渡等に該当しない取引のために要する課税仕入れの取扱い)

11－2－16　法第30条第2項第1号《個別対応方式による仕入税額控除》に規定する課税資産の譲渡等とその他の資産の譲渡等に共通して要するもの（以下「課税資産の譲渡等とその他の資産の譲渡等に共通して要するもの」という。）とは、原則として課税資産の譲渡等と非課税資産の譲渡等に共通して要する課税仕入れ等をいうのであるが、例えば、株券の発行に当たって印刷業者へ支払う印刷費、証券会社へ支払う引受手数料等のように資産の譲渡等に該当しない取引に要する課税仕入れ等は、課税資産の譲渡等とその他の資産の譲渡等に共通して要するものに該当するものとして取り扱う（令5課消2－9により改正）。

(金銭以外の資産の贈与)

11－2－17　事業者がした金銭による寄附は課税仕入れに該当しないが、金銭以外の資産を贈与した場合の当該資産の取得が課税仕入れ等に該当するときにおける個別対応方式の適用に当たっては、当該課税仕入れ等は、原則として課税資産の譲渡等とその他の資産の譲渡等に共通して要するものに該当するものとして取り扱う。

(費途不明の交際費等)

11－2－23　事業者が当該課税期間の課税仕入れ等の税額の控除に係る帳簿及び請求書等を保存しない場合（法第30条第7項ただし書《災害等により保存できなかった場合》に該当する場合を除く。）には、その保存がない課税仕入れ等の税額について法第30条第1項《仕入れに係る消費税額の控除》の規定を適用することができないのであるから、例えば、課税仕入れに関する記録がない場合のほか、事業者が交際費、機密費等の名義をもって支出した金額でその費途が明らかでないものについても同項の規定の適用を受けることができないのであるから留意する（平9課消2－5により改正）。

第3節　課税仕入れ等の時期（抄）

(課税仕入れを行った日の意義)

11－3－1　法第30条第1項第1号《仕入れに係る消費税額の控除》に規定する「課税仕入れを行った日」及び同項第2号に規定する「特定課税仕入れを行った日」とは、課税仕入れに該当することとされる資産の譲受け若しくは借受けをした日又は役務の提供を受けた日をいうのであるが、これらの日がいつであるかについては、別に定めるものを除き、第9章《資産の譲渡等の時期》の取扱いに準ずる（平13課消1－5、平27課消1－17により改正）。

(割賦購入の方法等による課税仕入れを行った日)

11－3－2　割賦購入の方法又はリース取引による課税資産の譲り受けが課税仕入れに該当する場合には、その課税仕入れを行った日は、当該資産の引渡し等を受けた日となるのであるから、当該課税仕入れについては、当該資産の引渡し等を受けた日の属する課税期間において法第30条第1項《仕入れに係る消費税額の控除》の規定を適用するのであるから留意する（平20課消1－8により改正）。

(注)　リース取引において、賃借人が支払うべきリース料の額をその支払うべき日の属する課税期間の賃借料等として経理している場合であっても同様である。

(減価償却資産に係る仕入税額控除)

11－3－3　課税仕入れ等に係る資産が減価償却資産に該当する場合であっても、当該課税仕入れ等については、当該資産の課税仕入れ等を行った日の属する課税期間において法第30条《仕入れに係る消費税額の控除》の規定が適用されるのであるから留意する。

(繰延資産に係る課税仕入れ等の仕入税額控除)

11－3－4　創立費、開業費又は開発費等の繰延資産に係る課税仕入れ等については、その課税仕入れ等を行った日の属する課税期間において法第30条《仕入れに係る消費税額の控除》の規定が適用されるのであるから留意する（平19課消1－18により改正）。

(未成工事支出金)

11－3－5　事業者が、建設工事等に係る目的物の完成前に行った当該建設工事等のための課税仕入れ等の金額について未成工事支出金として経理した場合においても、当該課税仕入れ等については、その課税仕入れ等をした日の属する課税期間において法第30条《仕入れに係る消費税額の控除》の規定が適用されるのであるが、当該未成工事支出金として経理した課税仕入れ等につき、当該目的物の引渡しをした日の属する課税期間における課税仕入れ等としているときは、継続適用を条件として、これを認める。

(建設仮勘定)

11－3－6　事業者が、建設工事等に係る目的物の完成前に行った当該建設工事等のための課税仕入れ等の金額について建設仮勘定として経理した場合においても、当該課税仕入れ等については、その課税仕入れ等をした日の属する課税期間において法第30条《仕入れに係る消費税額の控除》の規定が適用されるのであるが、当該建設仮勘定として経理した課税仕入れ等につき、当該目的物の完成した日の属する課税期間における課税仕入れ等としているときは、これを認める。

(郵便切手類又は物品切手等の引換給付に係る課税仕入れの時期)

11－3－7　法別表第二第4号イ又はハ《郵便切手類等の非課税》に規定する郵便切手類又は物品切手等は、購入時においては課税仕入れには該当せず、役務又は物品の引換給付を受けた時に当該引換給付を受けた事業者の課税仕入れとなるのであるから留意する。ただし、次の場合において、郵便切手類又は物品切手等（自ら引換給付を受けるものに限る。）を購入した事業者が、継続して当該郵便切手類又は物品切手等の対価を支払った日の属する課税期間の課税仕入れとしているときは、これを認める（令5課消2－9により改正）。

⑴　当該郵便切手類の引換給付に係る課税仕入れが、規則第26条の6第2号《適格請求書等の交付が著しく困難な課税資産の譲渡等》に規定する郵便の役務及び貨物の運送に係る課税仕入れに該当する場合

⑵　当該物品切手等の引換給付に係る課税仕入れが、令第49条第1項第1号ロ《課税仕入れ等の税額の控除に係る帳簿等の記載事項等》に規定する課税仕入れに該当する場合

(短期前払費用)

11－3－8　前払費用（一定の契約に基づき継続的に役務の提供を受けるために支出した課税仕入れに係る支払対価のうち当該課税期間の末日においていまだ提供を受けていない役務に対応するものをいう。）につき所基通37－30の2又は法基通2－2－14《短期前払費用》の取扱いの適用を受けている場合は、当該前払費用に係る課税仕入れは、その支出した日の属する課税期間において行ったものとして取り扱う。

第4節　課税仕入れに係る支払対価の額（抄）

(課税資産の譲渡等に係る為替差損益の取扱い)

11－4－4　支払対価を外貨建てとする課税仕入れを行った場合において、課税仕入れを行った時の為替相場（外国為替の売買相場をいう。以下同じ。）と当該外貨建てに係る対価を決済した時の為替相場が異なることによって、為替差損益が生じたとしても、当該課税仕入れに係る支払対価の額は課税仕入れを行った時において当該課税仕入れの支払対価の額として計上した額となるのであるから留意する。

（課税仕入れに係る支払対価の額が確定していない場合の見積り）

11-4-5　事業者が課税仕入れを行った場合において、当該課税仕入れを行った日の属する課税期間の末日までにその支払対価の額が確定していないときは、同日の現況によりその金額を適正に見積もるものとする。この場合において、その後確定した対価の額が見積額と異なるときは、その差額は、その確定した日の属する課税期間における課税仕入れに係る支払対価の額に加算し、又は当該課税仕入れに係る支払対価の額から控除するものとする。

第5節　課税売上割合の計算等（略）

第6節　仕入税額の控除に係る帳簿及び請求書等の記載事項の特例（抄）

（通常必要であると認められる出張旅費、宿泊費、日当等）

11-6-4　規則第15条の4第2号《請求書等の交付を受けることが困難な課税仕入れ》に規定する「その旅行に必要な支出に充てるために事業者がその使用人等又はその退職者等に対して支給する金品」とは、例えば、事業者が、使用人等（同号に規定する「使用人等」をいう。以下11-6-5までにおいて同じ。）又は退職者等（同号に規定する「退職者等」をいう。以下11-6-5までにおいて同じ。）が次に掲げる旅行をした場合に、使用人等又は退職者等に出張旅費、宿泊費、日当等として支給する金品がこれに該当するのであるが、同号に規定する課税仕入れは、当該金品のうち、その旅行について通常必要であると認められる部分に係るものに限られることに留意する（令5課消2-9により追加）。
⑴　使用人等が勤務する場所を離れてその職務を遂行するために行う旅行
⑵　使用人等の転任に伴う転居のために行う旅行
⑶　退職者等のその就職又は退職に伴う転居のために行う旅行
　(注)　同号に規定する「その旅行について通常必要

であると認められる部分」の範囲は、所基通9-3《非課税とされる旅費の範囲》の例により判定する。

（通常必要であると認められる通勤手当）

11-6-5　規則第15条の4第3号《請求書等の交付を受けることが困難な課税仕入れ》に規定する「通勤者につき通常必要であると認められる部分」とは、事業者が通勤者に支給する通勤手当が、当該通勤者がその通勤に必要な交通機関の利用又は交通用具の使用のために支出する費用に充てるものとした場合に、その通勤に通常必要であると認められるものをいう。

　したがって、所法令第20条の2各号《非課税とされる通勤手当》に定める金額を超えているかどうかにかかわらないことに留意する（令5課消2-9により追加）。

（元請業者が作成する出来高検収書の取扱い）

11-6-7　建設工事等を請け負った事業者（以下11-6-7において「元請業者」という。）が、建設工事等の全部又は一部を他の事業者（以下11-6-7において「下請業者」という。）に請け負わせる場合において、元請業者が下請業者の行った工事等の出来高について検収を行い、当該検収の内容及び出来高に応じた金額等を記載した書類又は当該書類に記載すべき事項に係る電磁的記録（以下11-6-7において「出来高検収書」という。）を作成し、それに基づき請負金額を支払っているときは、当該出来高検収書は、法第30条第9項第3号《請求書等の範囲》に規定する書類又は令第49条第7項《書類に記載すべき事項に係る電磁的記録》に規定する当該書類に記載すべき事項に係る電磁的記録に該当するものとして取り扱う（当該出来高検収書の記載事項が同条第4項各号《仕入明細書等の記載事項》に規定する事項を記載しており、その内容について下請業者の確認を受けているものに限る。）。

　なお、元請業者は、当該出来高検収書を作成し下請業者に記載事項の確認を受けることにより、当該

出来高検収書に記載された課税仕入れを行ったこととなり、法第30条第1項《仕入れに係る消費税額の控除》の規定が適用できるものとして取り扱う。ただし、建設工事完了日において下請業者が適格請求書発行事業者でなかった場合には、建設工事完了日の属する課税期間における課税仕入れに係る消費税額から当該出来高検収書により仕入税額控除の対象とした消費税額を控除するものとする（平10課消2－9、令5課消2－9により改正）。

(注) この取扱いは下請業者の資産の譲渡等の計上時期により影響されるものではないことに留意する。

（課税仕入れに係る支払対価の額が確定していない場合の適格請求書の保存）

11－6－8　課税仕入れに係る支払対価の額が確定していない場合の課税仕入れについて、法第30条第1項《仕入れに係る消費税額の控除》の規定の適用を受けるためには、原則として、同条第9項《仕入税額控除に係る請求書等》に規定する請求書等の保存が必要となるのであるが、当該課税仕入れの日の属する課税期間の末日までに適格請求書の交付を受けられない場合であっても、適格請求書発行事業者との間において継続して行われる取引については、後日交付される適格請求書の保存を条件として、当該課税仕入れを行った日の属する課税期間の末日の現況により、適正に見積もった金額により仕入税額控除を行うことを認める。

なお、その後確定した対価の額が見積額と異なることにより課税仕入れに係る消費税額に差額が生じたときは、その差額は、その確定した日の属する課税期間における課税仕入れに係る消費税額に加算し、又は当該課税仕入れに係る消費税額から控除するものとする（令5課消2－9により追加）。

(注) 令第49条第4項第5号《仕入明細書等の記載事項》に規定する税率の異なるごとに区分して合計した課税仕入れに係る支払対価の額を見積額による場合の取扱いも同様である。

第7節　居住用賃貸建物（略）

第8節　非課税資産の輸出等を行った場合の仕入れに係る消費税額の控除の特例（略）

第12章　仕入れに係る消費税額の調整

第1節　仕入れに係る対価の返還等を受けた場合の控除の特例（抄）

第1款　対価の返還等の範囲（抄）

（事業者が収受する販売奨励金等）

12－1－2　事業者が販売促進の目的で販売奨励金等の対象とされる課税資産の販売数量、販売高等に応じて取引先（課税仕入れの相手方のほか、その課税資産の製造者、卸売業者等の取引関係者を含む。）から金銭により支払を受ける販売奨励金等は、仕入れに係る対価の返還等に該当する。

（事業者が収受する事業分量配当金）

12－1－3　法法第60条の2第1項第1号《協同組合等の事業分量配当等の損金算入》に掲げる協同組合等から事業者が収受する事業分量配当金のうち課税仕入れの分量等に応じた部分の金額は、当該事業者の仕入れに係る対価の返還等に該当することに留意する（平18課消1－16により改正）。

（仕入割引）

12－1－4　課税仕入れに係る対価をその支払期日よりも前に支払ったこと等を基因として支払いを受ける仕入割引は、仕入れに係る対価の返還等に該当する。

（債務免除）

12－1－7　事業者が課税仕入れの相手方に対する買掛金その他の債務の全部又は一部について債務免除を受けた場合における当該債務免除は、仕入れに係

る対価の返還等に該当しないことに留意する。

第2款　対価の返還等の時期（抄）

（仕入れに係る対価の返還等の処理）

12－1－12　事業者が、課税仕入れ（免税事業者であった課税期間において行ったものを除く。以下12－1－12において同じ。）につき返品をし、又は値引き若しくは割戻しを受けた場合に、当該課税仕入れに係る返品額又は値引額若しくは割戻額につき税率の異なるごとに合理的に区分した金額を、当該課税仕入れの税率の異なるごとの金額からそれぞれ控除する経理処理を継続しているときは、これを認める（令5課消2－9により改正）。

(注)　この場合の返品額又は値引額若しくは割戻額については、法第32条第1項《仕入れに係る対価の返還等を受けた場合の仕入れに係る消費税額の控除の特例》の規定の適用はないことに留意する。

第3款　課税貨物に係る消費税額の還付（略）

第2節　調整対象固定資産の範囲（略）

第3節　課税売上割合が著しく変動した場合の調整（略）

第4節　課税業務用から非課税業務用に転用した場合の調整（略）

第5節　非課税業務用から課税業務用に転用した場合の調整（略）

第6節　居住用賃貸建物を課税賃貸用に供した場合等の調整（略）

第7節　納税義務の免除を受けないこととなった場合等の調整（略）

第13章　簡易課税制度による仕入れに係る消費税額の控除

第1節　通　則（抄）

（貸倒れがあった場合の適用関係）

13－1－6　簡易課税制度を適用している事業者の行った課税資産の譲渡等に係る売掛金等について法第39条第1項《貸倒れに係る消費税額の控除等》に規定する事実が生じたこと（以下「貸倒れ」という。）により同項の規定の適用がある場合又は同項の規定の適用を受けた貸倒れに係る売掛金等を回収した場合における消費税額の計算は、次によるのであるから留意する（平9課消2－5、平25課消1－34、令元課消2－18により改正）。

(1)　その貸倒れとなった売掛金等に係る消費税額（当該売掛金等の金額に法第39条第1項に規定する割合を乗じて算出した金額をいう。以下13－1－6において同じ。）は、当該課税期間の課税標準額に対する消費税額から、法第37条第1項《中小事業者の仕入れに係る消費税額の控除の特例》の規定により当該課税期間における仕入控除税額とみなされる金額を控除した後の金額から控除する。

(2)　回収した売掛金等に係る消費税額は、その回収した日の属する課税期間における課税標準額に対する消費税額に加算され、加算後の金額を基に同項の規定により仕入控除税額を計算する。

第2節　事業区分の判定（略）

第3節　事業の区分及び区分記載の方法（略）

第4節　二以上の事業を営む場合のみなし仕入率の適用関係（略）

第14章　課税標準額に対する消費税額の調整

第1節　売上げに係る対価の返還等をした場合の消費税額の控除（抄）

第1款　売上げに係る対価の返還等の範囲（抄）

（海上運送事業者が支払う船舶の早出料）

14－1－1　海上運送事業を営む事業者が船舶による運送に関連して支払う早出料は、売上げに係る対価の返還等に該当する。

（事業者が支払う販売奨励金等）

14－1－2　事業者が販売促進の目的で販売奨励金等の対象とされる課税資産の販売数量、販売高等に応じて取引先（課税資産の販売の直接の相手方としての卸売業者等のほかその販売先である小売業者等の取引関係者を含む。）に対して金銭により支払う販売奨励金等は、売上げに係る対価の返還等に該当する。

（協同組合等が支払う事業分量配当金）

14－1－3　法法第60条の2第1項第1号《協同組合等の事業分量配当等の損金算入》に掲げる協同組合等が組合員等に支払う事業分量配当金のうち課税資産の譲渡等の分量等に応じた部分の金額は、当該協同組合等の売上げに係る対価の返還等に該当することに留意する（平18課消1－16により改正）。

（売上割引）

14－1－4　課税資産の譲渡等に係る対価をその支払期日よりも前に支払いを受けたこと等を基因として支払う売上割引は、売上げに係る対価の返還等に該当する。

（課税売上げと非課税売上げを一括して対象とする売上割戻し）

14－1－5　事業者が、一の取引先に対して課税資産の譲渡等（軽減対象課税資産の譲渡等を除く。）、軽減対象課税資産の譲渡等及びこれら以外の資産の譲渡等のうち2以上の区分の資産の譲渡等を同時に行った場合において、当該2以上の区分の資産の譲渡等の対価の額につき、一括して売上げに係る割戻しを行ったときは、それぞれの資産の譲渡等に係る部分の割戻金額を合理的に区分したところにより法第38条第1項《売上げに係る対価の返還等をした場合の消費税額の控除》の規定を適用することとなるのであるから留意する（令5課消2－9により改正）。

（免税事業者であった課税期間において行った課税資産の譲渡等について対価の返還等をした場合）

14－1－6　免税事業者であった課税期間において行った課税資産の譲渡等について、課税事業者となった課税期間において売上げに係る対価の返還等を行った場合には、当該対価の返還等については法第38条第1項《売上げに係る対価の返還等をした場合の消費税額の控除》の規定の適用はないことに留意する。

なお、この場合の法第9条第2項第1号《小規模事業者に係る納税義務の免除》、令第48条第1項第2号《課税売上割合の計算方法》又は第53条第3項第2号《課税売上割合が著しく変動した場合等》の規定の適用に当たっては、これらの各号に規定する消費税額に78分の100を乗じて算出した金額はないことに留意する（平9課消2－5、平25課消1－34、令元課消2－18により改正）。

（免税事業者等となった後の売上げに係る対価の返還等）

14－1－7　課税事業者が事業を廃止し、又は免税事業者となった後において、課税事業者であった課税期間における課税資産の譲渡等につき、売上げに係る対価の返還等を行った場合には、その返還等の金額に係る消費税額について、法第38条第1項《売上げに係る対価の返還等をした場合の消費税額の控除》の規定は適用されないのであるから留意する。

第2款　対価の返還等を行った時期（抄）

（取引が無効又は取消しとなった場合の資産の譲渡等の取扱い）

14－1－11　課税資産の譲渡等を行った後に、当該課税資産の譲渡等が無効であった場合又は取消しをされた場合には、当該課税資産の譲渡等はなかったものとする。

　　なお、当該課税資産の譲渡等の時が当該無効であったことが判明した日又は取消しをされた日の属する課税期間前の課税期間である場合において、当該判明した日又は取消しをされた日に売上げに係る対価の返還等をしたものとして、法第38条第1項《売上げに係る対価の返還等をした場合の消費税額の控除》の規定を適用しているときは、これを認める。

第3款　特定課税仕入れに係る対価の
返還等の範囲（略）

第2節　貸倒れに係る消費税額の控除（抄）

（免税事業者であった課税期間における売掛金等の貸倒れ）

14－2－4　課税事業者が、免税事業者であった課税期間において行った課税資産の譲渡等に係る売掛金等につき貸倒れが生じ、当該課税資産の譲渡等の価額の全部又は一部の領収をすることができなくなった場合であっても、当該領収をすることができなくなった金額については法第39条第1項《貸倒れに係る消費税額の控除》の規定の適用はないのであるから留意する。

（注）　同項の規定の適用を受けない貸倒額については、当該貸倒額の全部又は一部の領収をした場合であっても法第39条第3項《貸倒回収に係る消費税額の調整》の規定の適用はない。

（免税事業者等となった後における売掛金等の貸倒れ）

14－2－5　課税事業者が事業を廃止し、又は免税事業者となった後において、課税事業者であった課税期間において行った課税資産の譲渡等に係る売掛金等につき貸倒れが生じ、当該課税資産の譲渡等の税込価額の全部又は一部の領収をすることができなくなった場合であっても、当該領収をすることができなくなった金額については、法第39条第1項《貸倒れに係る消費税額の控除等》の規定の適用はないのであるから留意する。

（注）　課税事業者が事業を廃止し、又は免税事業者となった後に、課税事業者であった課税期間において同項の規定の適用を受けた貸倒額についてその全部又は一部を領収した場合であっても法第39条第3項《貸倒回収に係る消費税額の調整》の規定の適用はない。

第15章　申告、納付、還付等

第1節　中間申告（略）

第2節　確定申告（略）

第3節　還付を受けるための申告（略）

第4節　引取りに係る課税貨物についての
申告及び納期限（略）

第5節　仕入控除不足額の還付（略）

第16章　国、地方公共団体等に対する特例

第1節　通　則（略）

第2節　特定収入の取扱い（略）

第3節　申告関係（略）

〔索　　引〕

太字…軽減税率判定

【編著者紹介】

〔編 著〕

武田 恒男（たけだ つねお）

東京国税局課税第二部法人課税課課長補佐、国税庁長官官房税務相談官、東京国税局課税第二部次長、新宿税務署長等を経て平成25年7月退官、現在税理士
主な著書に「税務調査最前線」（編著、大蔵財務協会）、「消費税 軽減税率の実務ポイント」（共著、大蔵財務協会）

宮川 博行（みやかわ ひろゆき）

国税庁課税部審理室課長補佐、国税庁課税部消費税室課長補佐、税務大学校研究部教授、東京国税局課税第二部消費税課長、札幌国税不服審判所部長審判官、江戸川北税務署長等を経て平成30年7月退官、現在税理士
主な著書に「消費税の実務と申告」（共著、大蔵財務協会）、「税務必携 タックスファイル」（共著、大蔵財務協会）

〔著 者〕

米山 英一（よねやま えいいち）

東京国税局調査第二部主査、東京国税局調査第四部統括国税調査官付総括主査、麻布税務署特別国税調査官等を経て平成25年7月退官、現在税理士

名取 和彦（なとり かずひこ）

東京国税局課税第二部消費税課係長、課税第一部審理課主査、東京国税不服審判所副審判官、国税庁税務大学校総合教育部教授、成田税務署副署長、東京国税局総務部主任税務相談官、築館税務署長、大森税務署長等を経て、令和3年7月退官、同年8月税理士登録

令和6年改訂 消費税 課否判定・軽減税率判定早見表

令和5年12月25日 初版印刷
令和6年1月22日 初版発行

不 許
複 製

編著者 武 田 恒 男
宮 川 博 行
著 者 米 山 英 一
名 取 和 彦
（一財） 大蔵財務協会 理事長
発行者 木 村 幸 俊

発行所 一般財団法人 大 蔵 財 務 協 会

〔郵便番号 130-8585〕
東 京 都 墨 田 区 東 駒 形 1 丁 目 14 番 1 号
（販 売 部）TEL 03(3829)4141・FAX 03(3829)4001
（出版編集部）TEL 03(3829)4142・FAX 03(3829)4005
https://www.zaikyo.or.jp

乱丁、落丁の場合は、お取替えいたします。　　　　　　印刷・恵友社
ISBN978-4-7547-3198-4

項　　　目	項 目 の 説 明 及 び 取 扱 い	判　定	参考法令等
飲食料品	食品表示法第2条第1項《定義》に規定する食品（酒税法第2条第1項《酒類の定義及び種類》に規定する酒類を除く。）をいい、一定の一体資産を含む。なお、外食及びケータリング等は軽減税率の対象には含まれない。	8％	法2①九の二、別表第1一
人の飲用又は食用以外の用途に供するものとして取引されるもの （例）　工業用原材料として取引される塩	食品とは、人の飲用又は食用に供されるものをいうから、例えば、人の飲用又は食用以外の用途に供するものとして取引されるものは、飲食が可能なものであっても「食品」に該当しないから軽減税率の適用対象とならない。	10％	基通5-9-1
生きた畜産物 （例）　肉用牛、食用豚、食鳥等	販売の時点で、人の飲用又は食用に供されるものではないため「食品」に該当しないから、軽減税率の適用対象とならない。	10％	法2①九の二、別表第1一 基通5-9-1 個別 Q&A 2
畜産物 （例）　食肉（枝肉含む。）、生乳、食用鳥卵など	人の飲用又は食用に供するものであり、軽減税率の適用対象となる。	8％	
水産物 （例）　魚類、貝類、海藻類など	人の飲用又は食用に供するものは「食品」に該当し、軽減税率の適用対象となる。	8％	法2①九の二、別表第1一 基通5-9-1
人の食用に供する活魚	人の食用に供される活魚は「食品」に該当し、その販売は軽減税率の適用対象となる。	8％	法2①九の二、別表第1一 基通5-9-1 個別 Q&A 3
観賞用の魚 （例）　熱帯魚	人の飲用又は食用に供されるものではない熱帯魚などの観賞用の魚は、「食品」に該当しないことから、その販売は軽減税率の適用対象とならない。	10％	
家畜の飼料、ペットフード	人の飲用又は食用に供するものではないため、その販売は軽減税率の適用対象とならない。	10％	法2①九の二、別表第1一

早見表の見方

○ 対象品目別の区分（大分類）

項目欄に、ゴシック文字で記載しています。

判定を知りたい区分が掲載されているページを探す方法は、総目次及び小目次からと、巻末の50音順の索引（ゴシック文字）を使う方法があります。

○ 「判 定」欄

「項目」欄に掲げられたものが「項目の説明及び取扱い」欄の取扱いを受ける結果、軽減税率の適用を受けるものは「8％」、標準税率の適用を受けるものは「10％」と判定しています（非課税や不課税に該当する場合はその旨判定しています。）。

○ 「項目の説明及び取扱い」欄

項目欄に記載した区分・項目に係る具体的な取扱例を掲げています。

○ 対象品目別の区分（中分類・小分類）及び具体的項目

項目欄に対象品目別の区分（大分類）ごとに該当する具体的項目を掲げ、適用税率の判定を行っています。

判定を知りたい区分が掲載されているページは、小目次を使うと便利です。

○ 「参考法令等」欄

「判定」欄における、8％・10％・非課税・不課税の判定の根拠となる法令、取扱通達及び軽減税率制度に関するQ＆A等を掲げています。なお、巻末に消費税の軽減税率制度に関する取扱通達を収録しています。